Uwe Stehr
Vom Kapitalismus zum Kommunismus

Studien zur modernen Geschichte

Herausgegeben von

Fritz Fischer
Klaus-Detlev Grothusen
Günter Moltmann

Universität Hamburg

Band 9

Bertelsmann Universitätsverlag

Uwe Stehr

Vom Kapitalismus zum Kommunismus

Bucharins Beitrag zur Entwicklung einer sozialistischen Theorie und Gesellschaft

Bertelsmann Universitätsverlag

Umschlaggestaltung: studio für visuelle kommunikation, Düsseldorf
Satz: Ing.-Büro Zabel, Krefeld
Druck und Buchbinderei: Mohndruck Reinhard Mohn OHG, Gütersloh

Printed in Germany
ISBN 3-571-09045-4

Inhalt

Biographische Daten

Bucharin wurde am 27. September 1888 in Moskau geboren. Seine Eltern waren Volksschullehrer. 1906 trat er in die SDAPR ein. In den Jahren 1909 und 1910 wurde er zweimal verhaftet. 1911 emigrierte er. Bis zur Februar-Revolution 1917 hielt er sich u. a. in Deutschland, Österreich, Schweiz, Schweden, Norwegen und USA auf. Während der Emigration lernte er Lenin, Stalin und Trockij kennen.

Er schrieb in dieser Zeit „Die politische Ökonomie des Rentners", „Imperialismus und Weltwirtschaft" sowie eine Reihe kleinerer Schriften. Nach seiner Rückkehr im Frühjahr 1917 wurde er Mitglied des Exekutivkomitees des Moskauer Sowjets und Parteikomitees. Er arbeitete als Redakteur der Moskauer Tageszeitung „Sozialdemokrat". Auf dem VI. Parteitag (August 1917) hielt er eines der beiden politischen Hauptreferate. Nach der Großen Sozialistischen Oktoberrevolution 1917 wurde er Redakteur der Pravda. Er nahm als Verantwortlicher an der Ausarbeitung des neuen Parteiprogramms teil. Im Jahre 1918 legte er aus Protest gegen den Friedensschluß von Brest-Litowsk seine Funktionen nieder. Auf dem VII. außerordentlichen Parteitag (April 1918) hielt er das Korreferat gegen Lenin. Im Jahre 1919 wurde er Kandidat des Politbüros. In diesem Jahr schrieb er zusammen mit Preobraschenskij „Das ABC des Kommunismus" und begann mit dem Buch „Die Ökonomik der Transformationsperiode". Seine soziologisch-philosophische Hauptarbeit, die „Theorie des historischen Materialismus", erschien im September 1921. Im Verlaufe der zwanziger Jahre wurde Bucharin zum wichtigsten Repräsentanten der Neuen Ökonomischen Politik. Während dieser Zeit trat seine literarische Tätigkeit in den Hintergrund. Als wichtigstes Werk ist „Der Imperialismus und die Akkumulation des Kapitals" (1925) zu nennen.

Im Mittelpunkt der fraktionellen Auseinandersetzungen polemisierte Bucharin gegen Trockij und dessen Kritik an den Formen der Neuen Ökonomischen Politik. – Im Jahre 1926 wurde Bucharin als Nachfolger Zinovevs Vorsitzender der Kommunistischen Internationale. Er behielt diese Position bis zum Jahre 1929. Wegen „Rechtsabweichung" verlor er in diesem Jahr seine Stellung als Chefredakteur der Pravda, seine Position im Politbüro des ZK der KPdSU und seine Funktion in der Komintern.

Nach seinem Abgang von der politischen Bühne beschäftigte sich Bucharin mit philosophischen und kulturellen Fragen. Er schrieb Aufsätze über Goethe und Heine und widmete sich seiner Tätigkeit in der Akademie der Wissenschaften. Seine letzte große öffentliche Rede hielt er 1934. In diesem Jahr wurde er auch als Chefredakteur der „Izvestija" eingesetzt. Er behielt diese Position bis zum 16. Januar 1937. Kurz darauf wurde er verhaftet und im Jahre 1938 vor Gericht gestellt. In einem „Prozeß gegen den antisowjetischen Block der Rechten und Trotzkisten" vom 2. bis 13. März

1938 wurde ihm eine Beteiligung an der Ermordung Kirovs, Kujbyševs, Gor'kijs und Peskovs zur Last gelegt. Des weiteren wurde ihm terroristische Tätigkeit sowie die Organisation von Kulaken-Aufständen und andere Delikte vorgeworfen.

Am 13. März 1938 wurde das gegen ihn verhängte Todesurteil vollstreckt.

Über Bucharins letzte neun Jahre, von seinem Ausscheiden aus den Führungsgremien der Partei bis zu seiner Hinrichtung, gibt es nur bruchstückhafte Daten. Einige Besuche im Ausland, seine Tätigkeit in der politisch weniger bedeutenden „Izvestija", seine Mitarbeit an der Ausarbeitung einer neuen sowjetischen Verfassung 1936 – dies alles sind nur Schlaglichter, die seinen Lebensweg markieren, die aber seine politische Position und eine mögliche Weiterentwicklung seiner theoretischen Reflexion während dieser Zeit nicht deutlicher werden lassen. Insbesondere seine Haltung zu Stalin und dessen Politik bleibt dunkel. Wohl können bei ihm Ansatzpunkte für eine Kritik an den Formen der Herrschaftsausübung seitens des Generalsekretärs der Partei während der dreißiger Jahre gefunden werden, eine alternative Konzeption für die Weiterentwicklung des Sozialismus in der Sowjetunion ist jedoch nicht zu erkennen.

Einleitung

In der Diskussion über Fragen des Sozialismus, die seit einigen Jahren in der BRD geführt wird, ist die Entwicklung der Sowjetunion vielfach ausgeklammert worden: Sie diente, wenn überhaupt, zumeist nur als negatives Beispiel, das keine Perspektive für die Entwicklungsmöglichkeiten einer sozialistischen Gesellschaft aufzeigen konnte.

Die Erfahrungen aus der Zeit des Stalin-Regimes hatten unter den sozialistischen Theoretikern *außerhalb* der UdSSR[1] eine Zurück-zu-Marx-Strömung initiiert, die durch eine Wiederbesinnung auf die Quellen zu einer Neubestimmung des Sozialismus führen sollte. Die Praxis und Theorie der Sowjetunion, so war der allgemeine Eindruck, habe in eine Sackgasse geführt.

Wer auf dem falschen Weg ist, kann nur durch einen Rückschritt zum Fortschritt kommen. Das gilt auch für den Weg zum Sozialismus. Zurückgegangen wurde bis zu Marx und Engels, aber auch zu den Vätern des Anarchismus, zu Bakunin und Proudhon.[2]

Die Auseinandersetzung mit diesen „Klassikern" der sozialistischen Bewegung führte vor allem zur Kritik der modernen kapitalistischen Produktionsverhältnisse auf der Basis dieser Klassiker, ohne Vermittlung durch das in der Sowjetunion erarbeitete Lehrgebäude.[3] Sozialistische Theorie entwickelte sich also, – das sei hier betont – als Negation, und nicht als Antizipation einer möglichen Zukunft.

Erst in jüngster Zeit wurde auch dieser Bereich, der sich mit der Entwicklung des Sozialismus nach der Machtergreifung durch das Proletariat beschäftigt, wieder ins Blickfeld marxistischer Erörterungen gerückt. Hervorzuheben wäre beispielsweise Ch. Bettelheims „Theorie der Übergangsgesellschaft".[4] Bettelheim unternimmt in seiner Abhandlung den Versuch, die erforderlichen Begriffe auszuarbeiten, um „Wirken und Verbindung der gesellschaftlichen Verhältnisse zu analysieren, wie sie für den sozialistischen Übergang einer konkreten Gesellschaft charakteristisch sind". Aber auch er übergeht dabei die Ergebnisse, die auf diesem Gebiet in der Sowjetunion erzielt worden sind.[5]

Die nachfolgende Arbeit soll darstellen, daß es in der UdSSR nach der Revolution vom Oktober 1917 durchaus ernstzunehmende Beiträge zur Weiterentwicklung der sozialistischen Theorie gegeben hat. Dies soll anhand der soziologischen, philosophischen, ideologischen und ökonomischen Thesen N. I. Bucharins erarbeitet werden. Bucharin war unter den führenden bolschewistischen Politikern derjenige, der sich am intensivsten mit theoretischen Fragen des Sozialismus beschäftigte. Er bemühte sich, auf neue Erscheinungen im politischen Leben des Landes nicht nur mit entsprechenden praktischen Maßnahmen zu reagieren, sondern er versuchte sowohl die Erscheinungen als auch die Maßnahmen in ihrer Funktion für den Aufbau des Sozialismus zu analysieren. Die Sowjetunion ist das erste Land, in dem der Versuch unternommen wurde, sozialistische Theorie bewußt zu verwirklichen. Die Ausrichtung an der Theorie gibt der Entwicklung dieses Staates ihren spezifischen Stellenwert. Daher ist eine Untersuchung des Bucharinschen Beitrages zu dieser Thematik von besonderer Bedeutung für das Verständnis der sowjetischen Geschichte.

Wenn im folgenden von Bucharins Theoriebildung die Rede sein wird, dann bedeutet dies nicht, daß er eine fertige Systematik der einzelnen von ihm analysierten Probleme entworfen hätte. Lediglich seine vor der Revolution verfaßte Imperialismustheorie sowie Teile seiner Dialektik sind von ihm selbst im Zusammenhang dargestellt worden. Für die Revolutionstheorie und Transformationstheorie dagegen gilt dies nicht. Hier liegen zur Hauptsache Einzelanalysen vor, die erst miteinander verbunden werden müssen. Darin besteht eine der Hauptaufgaben dieser Arbeit. Es geht um die Zusammenfassung und Zuordnung von Gedanken und Analysen. Was sich somit als *Theorie* Bucharins ausgibt, ist die Interpretation des Sozialismus anhand von Bucharinschen Texten.

Aus dieser Aufgabe resultieren auch die Begrenzungen der Arbeit. Es ging nicht darum, Bucharins Theorie in ihrer chronologischen Entstehung zu verfolgen. Die einzelnen Teile wurden – im Rahmen der jeweiligen Kapitel – systematisch zugeordnet, unabhängig davon, welche Gedanken früher und welche später geäußert wurden. Chronologisch wird die Theorie nur insofern entwickelt, als in den einzelnen systematischen Etappen auch das Nacheinander des Geschichtsprozesses enthalten ist. Die drei Kapitel Imperialismustheorie, Revolutionstheorie und Transformationstheorie drücken zugleich auch den chronologischen Ablauf einer sich verändernden Gesellschaftsordnung aus:

1. die Imperialismustheorie untersucht den Verfall des alten Systems, sie analysiert die Gesetze seiner erweiterten negativen Reproduktion. Damit bezieht sie sich auf eine Zeit *vor* der Revolution.
2. die Revolutionstheorie dagegen beschäftigt sich mit Erscheinungen, die über die sozusagen „passive", mehr oder minder „automatische" Gesetzlichkeit des Verfalls hinausgehen. Sie versucht die Bedingungen für das *aktive Eingreifen* der Menschen zu erklären. Damit bezieht sie sich auf die Zeit *während* der Revolution.
3. die Transformationstheorie sagt etwas über Fragen des sozialistischen Aufbaus aus. Da der Aufbau *nach* vollzogenem Umsturz geschieht, steht sie in der chronologischen Reihenfolge an letzter Stelle.

Der Ablauf der historischen Ereignisse ist bereits vielfach erörtert worden. Neben allgemeinen Werken wie die Schapiros [6], von Rauchs [7], etc. haben auch Einzeluntersuchungen [8] den geschichtlichen Hintergrund für Bucharins Theoriebildung weitgehend dargestellt. Es geht in dieser Arbeit jedoch weniger um die Darstellung einzelner Bucharin miteinbeziehender historischer Zusammenhänge, sondern um die theoretische Verarbeitung dieser Zusammenhänge.

So wird an Bucharins Werk deutlich, welch einschneidende Bedeutung beispielsweise die Revolution für alles Handeln und Denken der damals führenden Bolschewiki gehabt hat. Die Revolution hat gesellschaftliche Analysen „umfunktioniert":

sie hat Theorien der Destruktion in Theorien der Konstruktion verwandelt, sie hat Überlegungen sozialer, wirtschaftlicher, theoretischer Art, die jahrelang unverbindlich erörtert wurden, nun zur materiellen Realität werden lassen. Was früher ein großer Diskussionsbeitrag über die Gestaltung einer möglichen Zukunft war, konnte hernach zur politischen Maßnahme, zum Gesetz werden.

Damit hat sich die Verantwortlichkeit für das Gesagte und Gedachte erhöht, d. h. die Pflicht, Antwort geben zu müssen auf Fragen, die das Leben des Landes betrafen. Hier bekam die Theorie nicht nur erklärende, sondern auch rechtfertigende Funktion. Sie rechtfertigte nicht allein das bestehende Faktum, sondern eine über das bislang Erreichte hinausweisende Entwicklung. Und dies war das Revolutionäre an der Theorie dieser Periode: Die Rechtfertigung des Bestehenden und *daraus* Entstehenden als revolutionäre Theorie – dies stellte kein Paradox dar, sondern war Ausdruck der neuen Qualität, die seit dem Oktober 1917 die gesellschaftlichen Verhältnisse bestimmte.

Bucharin war vor der Revolution ein Theoretiker, der Bücher über den Imperialismus schrieb, ein Propagandist des Marxismus, der auf Versammlungen und in Zeitungen das für den gesellschaftlichen Umsturz nötige geistige und moralische Rüstzeug vermittelte. Aber er erzeugte damit nicht die Bedingungen der gesellschaftlichen Entwicklung. Wenn zum Sturz des Kapitalismus sowohl die Aktion des Proletariats als auch der Bankrott des kapitalistischen Wirtschaftssystems gehörten, dann arbeitete Bucharin auf dem ersten Sektor: der Revolutionierung des Proletariats; auf den anderen reagierte er nur.

Ganz anders nach der Revolution. An die Stelle des Reagierens trat das Agieren. Zwar nicht unabhängig von den Gesetzen der Wirtschafts- und Sozialstruktur, aber doch den Rahmen für die Bedingungen dieser Gesetze mitbestimmend.

Das Ausbleiben der Weltrevolution ist ein zweiter Punkt von ähnlich gravierender Bedeutung für die Entwicklung des Landes und der Bucharinschen Theorie wie die Revolution. Von dem Zeitpunkt an, da Bucharin erkannte, daß die ursprüngliche theoretische Begründung des Umsturzes im Oktober durch den Gang der historischen Ereignisse nicht gerechtfertigt wurde, veränderte sich auch seine Auffassung über die Bedingungen für den Sozialismus in Rußland.

Das Kapital „Die Transformationstheorie" geht dieser Entwicklung im einzelnen nach. Die Ausführungen an dieser Stelle sollen lediglich erläutern, in welchem Sinne diese Arbeit den historischen Gesichtspunkt der Bucharinschen Theorie berücksichtigt.

Noch auf einen anderen Aspekt muß aufmerksam gemacht werden. Es wird in dieser Untersuchung mit Bucharin davon ausgegangen, daß die Beseitigung eines an der Profitmaximierung orientierten Wirtschafts- und Gesellschaftssystems ebenso im Interesse der Arbeiterschaft liegt wie die Aufhebung des Widerspruchs zwischen der gesellschaftlichen Bestimmung der Produktion und dem privatkapitalistischen Charakter ihrer Aneignung. Jede politische Maßnahme, die diesem Ziel dient, wird demzufolge als *proletarische* Politik oder Politik im Sinne des Proletariats bezeichnet.

Soweit die allgemeine Bestimmung dieses Begriffs. Die spezielle Aussage, welche politische Entscheidung in Übereinstimmung mit dem hier wiedergegebenen Grundsatz steht und welche nicht, muß jedoch jeweils einzeln begründet werden.

Aber auch diese Begründungen sind an bestimmte Bedingungen geknüpft. Sie müssen den historischen Rahmen berücksichtigen, innerhalb dessen proletarische Politik sich bewegt, und das heißt: Politik darf nicht als „freies Spiel der Kräfte" verstanden werden. Wenn schon in diesem Zusammenhang von „Spiel" gesprochen werden soll, dann geht es um ein unfreies, da an bestimmte notwendige soziale, ökonomische und kulturelle Voraussetzungen gefesseltes Spiel. Notwendig sind die Voraussetzungen dann, wenn ohne sie einer bestimmten Politik die existentielle Basis entzogen wäre. Die Diktatur des Proletariats beispielsweise, die zu einer bestimmten Zeit mit der Diktatur der Bolschewiki und ihrer Führer zusammenfällt, wird von Bucharin in seiner Revolutions- und Transformationstheorie als eine solche Voraussetzung angesehen. Spielräume für variable Entscheidungen im Interesse der Arbeiterklasse ergeben sich dementsprechend erst jenseits der hier angeführten Notwendigkeiten.

Durch diese Überlegungen soll sichtbar gemacht werden, für welche mögliche Praxis Bucharins Theorie konzipiert war.

Das Interesse an Bucharins Kritik des Kapitalismus und seinen Vorstellungen von der Entwicklung des Sozialismus ist in der letzten Zeit gestiegen. Aufgrund der Initiative sozialistischer Studentengruppen erschienen Neudrucke einiger seiner wichtigsten Werke[9], und im Rowohlt-Verlag wurde die 1921 verfaßte „Ökonomik der Transformationsperiode"[10] wieder veröffentlicht.

Die Spezialliteratur über Bucharin ist bislang noch überschaubar. Als einer der ersten hat sich P. Knirsch[11] mit den „ökonomischen Anschauungen Nikolaj J. Bucharins" beschäftigt. S. Heitman publizierte einen Aufsatz unter dem Titel „Zwischen Lenin und Stalin. Nikolaj J. Bucharin".[12] Besonders verdienstvoll ist die 774 Titel erfassende Bibliographie[13], die von Knirsch und Heitman zusammengestellt wurde. Heitman hat darüberhinaus acht kleinere Schriften Bucharins in russischer Sprache herausgegeben.[14] Die bislang einzige Biographie stammt von A. G. Löwy.[15] Ein besonderes Interesse für eine Beschäftigung mit Bucharin wurde durch die Umstände seines Todes hervorgerufen. Bucharin wurde im Jahre 1938 erschossen. Seiner Exekution ging eine Gerichtsverhandlung voraus, die ihn als Anführer eines antisowjetischen „Blocks der Rechten und Trotzkisten" zum Tode verurteilte. Dazu erschien im Jahre 1946/47 eine an marxistischen Fragestellungen orientierte Studie von M. Merleau-Ponty[16] und 1969 eine historische Darstellung von G. Katkov.[17]

In den allgemeinen Darstellungen ist Bucharin zumeist unter dem Gesichtspunkt des Machtkampfes betrachtet worden.[18] Es wurde dargestellt, wann Bucharin mit wem Meinungsverschiedenheiten hatte und wer dabei obsiegte. Bucharin gegen Lenin, Bucharin gegen Trotzkij, Bucharin gegen Stalin, das sind die wichtigsten Themen dieser Literatur. Daneben geht es noch um die Frage der Abweichung. Es wird erörtert, ob Bucharin links oder rechts von einer bestimmten „Linie" stand. Die „Linie" wird dabei als Ausdruck der jeweiligen Machtverhältnisse interpretiert.

An dieser Stelle sind auch die sowjetischen Hinweise auf Bucharins Tätigkeit zu erwähnen. Eine Monographie über ihn erschien in der UdSSR bislang noch nicht. Andere Darstellungen sind relativ allgemein gehalten und gehen über das in den offiziellen Lehrbüchern Geschriebene nicht hinaus.[19] In diesen Lehrbüchern aber spielen die verschiedenen Formen der Abweichung eine dominante Rolle. In bezug auf Bucharin werden *Linksabweichungen* von dem als „Leninsche Position" bezeichneten Parteikurs vor allem in Fragen des Staates, des Imperialismus, der Diktatur des Proletariats, des Selbstbestimmungsrechts der Nationen registriert. *Rechtsabweichungen* dagegen charakterisieren – so die offizielle Deutung – seine Politik seit 1928. Eine Auseinandersetzung mit den Inhalten seiner Analysen und Theorien findet nicht statt.

Diejenigen außerhalb der Sowjetunion erschienenen Arbeiten, die über die formalen und machtpolitischen Gesichtspunkte hinaus etwas über die Entwicklung des Sozialismus in der Sowjetunion aussagen, untersuchen den Bucharinschen Beitrag[20] vom Standpunkt der Totalitarismusforschung.[21] Die Theorie des Sozialismus wird daran gemessen, ob sie Diktatur, Gewalt und die Ausdehnung des „Apparates“ befürwortet oder nicht. Dieser Ansatz bezieht sich auf eine Analyse der Herrschaftsausübung. Die Frage nach den Zwecken der Herrschaft und ihrer theoretischen Beründung bleibt hierbei jedoch unbeantwortet.

Entsprechend der oben eingegrenzten Themenstellung wurden in erster Linie Bücher, Broschüren, Zeitungsartikel und Reden von Bucharin selbst verwertet. Besondere Bedeutung kommt vor allem seiner „Theorie des historischen Materialismus“ zu, in der grundlegende, auch für die spätere Theoriebildung wichtige methodologische Ansatzpunkte entwickelt werden.

Daneben wurden zur Ausarbeitung seiner Theorie speziell die „Ökonomik der Transformationsperiode“, „Put' k socializmu“, „Zametki ekonomista“, die imperialismustheoretischen Schriften sowie die Aktualisierung seiner Überlegungen auf Parteitagen und -konferenzen, sowie auf den Kongressen der Kommunistischen Internationale herangezogen.

Außer dem Werk Bucharins haben die von Lenin nach der Revolution entwickelten Fragestellungen für diese Untersuchung einen wichtigen Stellenwert.[22] Zumal zur Systematisierung der Bucharinschen Transformationstheorie wurden sie besonders weitgehend berücksichtigt.

Mein Dank gebührt in erster Linie Herrn Professor Georg von Rauch, der meine wissenschaftlichen Bemühungen mit steter Hilfsbereitschaft und vielfältigen Anregungen förderte. Außerdem hat die von ihm geleitete Doktorandenarbeitsgemeinschaft durch Diskussionen und Hinweise zum Gelingen der Arbeit beigetragen.

Dem Kultusministerium des Landes Schleswig-Holstein bin ich für seine finanzielle Unterstützung verpflichtet.

A. Bucharins methodischer Ansatz

I. Grundbegriffe

In seiner ersten großen Schrift, der 1914 geschriebenen „Politischen Ökonomie des Rentners“[1] entwickelte Bucharin u. a.[2] Grundsätze einer marxistischen Methodik. Die Interpretation und Popularisierung der methodischen Ausgangspunkte von Marx und Engels hatten zur damaligen Zeit einen ganz konkreten klassenkämpferischen Stellenwert. Es galt, aus dem Werk der „Klassiker“ diejenigen Bereiche herauszukristallisieren, die für das Proletariat wichtig waren, genauer: die für die in der bolschewistischen Partei organisierten Führer des Proletariats wichtig waren. Denn nicht die Arbeiterklasse als Ganzes trug die ideologischen Auseinandersetzungen mit dem Gegner in den eigenen Reihen und mit dem Klassenfeind aus, sondern deren jeweilige „Repräsentanten.“ Adressat also dieser Streitschrift waren die Kader der Partei, für die Bucharin einen methodischen Leitfaden (zur Analyse der Gesellschaftsstruktur) entwarf. Hierbei ging er von jeweils drei Alternativen aus. Eine Methode zur Analyse der Gesellschaftsstruktur könne

1. entweder objektivistisch oder subjektivistisch,
2. entweder historisch oder unhistorisch sein und
3. entweder der Produktion oder der Konsumtion den Primat einräumen.

Was diese drei Punkte im Einzelnen bedeuten und für welche Möglichkeit sich Bucharin entschied, soll nun ausgeführt werden.

Zur ersten Alternative erläuterte Bucharin, daß die Wissenschaft einerseits von der „Analyse der Gesellschaft als eines Ganzen“ ausgehen könne, einer Einheit, die „in jedem gegebenen Moment die Entscheidungen des individuellen Wirtschaftslebens bestimmt“. In diesem Falle sei es die Aufgabe der Wissenschaft, „die Zusammenhänge und Gesetzmäßigkeiten aufzudecken, die zwischen den verschiedenen Erscheinungen *gesellschaftlicher* Art bestehen und die die individuellen Erscheinungen bestimmen.“[3]

Andererseits könnten einer solchen Analyse auch die Gesetzmäßigkeiten des individuellen Lebens zugrunde gelegt werden. Die Gesellschaftsstruktur wäre in diesem Falle aus den „Gesetzmäßigkeiten des individuellen Wirtschaftslebens abzuleiten.“[4]

Dieser zweite Ansatz sei für die bürgerlichen Wissenschaften charakteristisch.[5] Die marxistische Wissenschaft dagegen betone die „Unabhängigkeit der sozialen Erscheinungen vom Willen, Bewußtsein und den Absichten des einzelnen Menschen.“[6] Am Beispiel der Bildung des Marktpreises demonstrierte Bucharin, daß die Ergebnisse der individuellen Handlungen über jeden ihrer Teile . . . herrschen. So sei der „Marktpreis nicht das, was der einzelne Käufer oder Verkäufer sich denkt, sondern der Markt ist eine *gesellschaftliche* Erscheinung, die als Resultat des Kampfes der verschiedenen ‚Willen' entstanden ist."[7]

Aber nicht nur die *Ergebnisse* von Einzelhandlungen, sondern auch deren *Voraussetzungen* seien vom Subjekt unabhängig, denn „die individuellen Wertschätzungen passen sich immer den bereits gebildeten Preisen an". So hänge z. B. das „Bestreben, das Kapital in einer Bank anzulegen, von der jeweiligen Zinshöhe ab."

Dieses Beispiel läßt sich auf den Geschichtsprozeß übertragen. Demnach ist Geschichte (wie der Marktpreis) die Resultante zahlloser menschlicher Einzelhandlungen. Zwar machen die Menschen Geschichte, indem jeder seine eigenen Zwecke verfolgt.[8] Indem das aber unzählig viele tun und ihre Zwecke einander vielfach durchkreuzen und widerstreiten, bringen sie meistens andere als die gewollten, oft sogar die entgegengesetzten Resultate hervor. „Ihre bewußten Beweggründe sind darum . . . für das Gesamtergebnis von untergeordneter Bedeutung."[9]

Bucharin hob gerade diesen methodisch bedeutsamen Punkt besonders hervor: „Marx untersucht die Gesetzmäßigkeit der *Ergebnisse* der verschiedenen Einzelwillen, ohne diese selbst als solche zu unterscheiden."[10] Will man diese Ergebnisse begreifen, so muß man hinter die Motivationen, die das Handeln des Individuums leiten, auf andere Ursachen zurückgehen, und zwar auf die allgemeinen Gesetze, die den Lauf der Geschichte bestimmen.

Die Bestimmung eben dieser Gesetze ist genau das, was Bucharin mit dem „objektivistischen" Ansatz meinte.

Aber der Preis war nicht nur in seinem Ergebnis eine objektive Größe, sondern auch in seinen Voraussetzungen. Dasselbe gilt für die Entwicklung der menschlichen Gesellschaft, die zwar von den Menschen selbst betrieben wird, aber „nicht unter selbstgewählten, sondern unter unmittelbar vorgefundenen, gegebenen und überlieferten Umständen."[11]

Die Präformation der Menschen durch die Gesellschaft ist mithin der andere Tatbestand, der eine „objektivistische" Methode begründete.

Die hier dargestellte Problematik spielte bei den Auseinandersetzungen um den historischen Materialismus in den 20er Jahren eine nicht geringe Rolle. Seit Korsch[12] und Lukács[13] Marxens „Thesen über Feuerbach" neu ausgewertet und gegen den Objektivismus der Engel'schen Naturdialektik gestellt hatten[14], war die Frage nach der Wechselwirkung zwischen Subjekt und Objekt Gegenstand zahlreicher Diskussionen. Im Zusammenhang mit Bucharins „Gleichgewichtstheorie" werden die inhaltlichen Aspekte des methodischen „Objektivismus" weiter erörtert werden.

Der zweite methodische Gesichtspunkt bezieht sich auf die Alternative einer historischen oder unhistorischen Interpretation. Bucharin kritisierte an den „bürgerlichen Geschichtsschreibern", daß sie „gerne die Kaufleute des Altertums als moderne Kapitalisten, und die schmarotzenden Lumpenproletarier Griechenlands und Roms als moderne Proletarier behandeln." Als Ursache solcher Darstellungsweise erkannte er den Klassenstandpunkt dieser Historiker: „Das braucht die Bourgeoisie, um die Lebensfähigkeit des Kapitalismus zu zeigen und den Nachweis zu führen, daß genau so, wie in Rom die Sklavenaufstände zu nichts geführt haben, auch die Aufstände der Proletarier mit nichts enden würden. In Wirklichkeit aber haben die römischen ‚Proletarier' mit den modernen Arbeitern nichts gemein, und die römischen Konflikte haben mit den heutigen Kapitalisten sehr wenig gemeinsam."[15]

Aus dieser ideologiekritischen Analyse zog er drei methodisch relevante Folgerungen:

„1. Eine jede Form der Gesellschaft muß in ihrer Eigenart begriffen und erforscht werden.
2. Jede solche Form muß im Prozeß ihrer inneren Veränderung erforscht werden.
3. Jede Form der Gesellschaft muß in ihrem Entstehen und ihrem notwendigen Vergehen, d. h. in ihrem Zusammenhang mit den anderen Formen, betrachtet werden."[16]

Zum letzten Punkt bemerkte Bucharin, diese Methode sei deshalb richtig, „weil sie die Dialektik des Lebens erfaßt, weil sie die Gegenwart furchtlos analysiert, ohne vor der Tatsache zurückzuschrecken, daß jeder gegebene Zustand den Keim seiner eigenen Vernichtung in sich trägt. Daher sei diese Methode ihrem Wesen (nach) kritisch und revolutionär (Marx)".[17]

In welcher Hinsicht gerade dieses methodische Vorgehen bedeutsam werden kann, verdeutlichte Bucharin am Beispiel der Betrachtung des Kapitalismus: „Die Erforschung des Kapitalismus ist eben die Erforschung dessen, was den Kapitalismus von jeder anderen gesellschaftlichen Struktur unterscheidet. Sobald wir von den für den Kapitalismus typischen Besonderheiten abstrahieren, kommen wir zu allgemeinen Kategorien, die auf alle möglichen gesellschaftlichen Produktionsverhältnisse angewandt werden können und demgemäß den historisch bestimmten, ganz eigentümlichen Entwicklungsprozeß des ‚modernen Kapitalismus' nicht zu erklären vermögen."[18] Damit trat Bucharin all jenen entgegen, die unterschiedliche Gesellschaftssysteme auf gemeinsame Erscheinungen hin untersuchten und dabei Gemeinsamkeiten als das Wesen der Sache ausgaben. Gleiche Erscheinungs*formen* sagen jedoch noch nichts über das Wesen der Erscheinung aus. Das Wesen eines gesellschaftlichen Tatbestandes sei nur zu erkennen, wenn man ihn in seinen historischen und spezifischen Bezügen untersucht. Auf diesen Umstand weist Bucharin nachdrücklich hin.[19]

Bürgerliche Repression und revolutionäre Gewalt, Diktatur der Bourgeoisie und Diktatur des Proletariats mögen formal vieles gemeinsam haben, aber erst die Analyse der strukturellen Unterschiede lasse die je spezifischen Inhalte deutlich werden.

Alle gesellschaftlichen Kategorien, vom „Kapital"[20] bis zur „politischen Ökonomie" seien historisch zu analysieren und in ihrer Vergänglichkeit zu begreifen. So untersuche beispielsweise die politische Ökonomie die kapitalistische Warengesellschaft. Sie werde verschwinden, wenn der Kapitalismus verschwindet: „es wird nur eine ‚Wirtschaftsgeographie' übrig bleiben – eine Wissenschaft vom ideographischen Typus und eine ‚ökonomische Politik', eine normative Wissenschaft".[21]

Der letzte Ansatzpunkt erörtert die Frage nach dem Primat der Produktion als Ausgangspunkt einer Gesellschaftstheorie. Mit Marx betrachtete Bucharin die Gesellschaft vor allem als „Produktionsorganismus" und die Wirtschaft als „Produktionsprozeß". Daraus ergab sich der methodische Gesichtspunkt, die gesellschaftlichen Phänomene mit einer Analyse der Produktion zu erklären.

Vom Standpunkt der Konsumtion könnten gesellschaftliche Erscheinungen nicht begriffen werden. Zwar gäbe es ohne Konsumtion keine Produktion, zwar bildeten die Bedürfnisse stets den Beweggrund einer jeden wirtschaftlichen Tätigkeit, aber die Priorität bei der Bestimmung *gesamtgesellschaftlicher Erscheinungen* gebühre der Produktion. Sie wirke entscheidend auf die Konsumtion ein, und zwar:

„1. indem die Produktion das *Material* für die Konsumtion schafft
2. indem sie ihre *Weise*, d. h. ihren qualitativen Charakter bestimmt;
3. indem sie *neue Bedürfnisse* schafft".[22]

Damit ist das Verhältnis der Produktion zu einem anderen Bereich, der Konsumtion, gekennzeichnet. Die Entwicklung der hierbei tätigen Produktivkräfte war nun in Bucharins Auffassung auch für andere Bereiche gesellschaftlicher Erscheinungen bestimmend, so für die Entwicklung von Wissenschaft und Kultur etc.

In dem Kapitel über die Rolle von Überbau und Basis in Bucharins Theorie wird auf diese Zusammenhänge inhaltlich eingegangen werden. Hier sollte das Problem lediglich von seiner methologischen Seite aus berührt werden.

II. Die Gleichgewichtstheorie – eine Theorie der Dialektik

1. Die Fragestellung

Der für Bucharin wichtigste aller methodischen Ausgangspunkte, seine Dialektik, bezieht sich auf die Interpretation und Anwendung des Marxismus. Auf diesem Gebiet herrschte in der Sowjetunion „bis zur Mitte der zwanziger Jahre völlige Unklarheit".[23] Auch Bucharins in den Jahren 1920/21 entwickelter Beitrag[24] blieb nicht unwidersprochen[25], ebensowenig wie die zuvor erschienenen Ausführungen Lenins, Plechanovs und Deborins.[26]

Als wichtig erscheint Bucharins Dialektik zum einen deswegen, weil sie systematisch entwickelt wird, zum anderen, weil sie fast allen seinen theoretischen Erörterungen (über Fragen der Revolution, der Ökonomie, der Philosophie) zugrunde liegt, und zwar bereits vor 1920, wenn auch da ohne die spätere definitorische Bestimmtheit.[27].

Zum Stellenwert seiner Systematisierung erklärte er: „Marx und Engels befreiten die Dialektik von ihrer mystischen Hülle *in der Praxis* (v deistvie), d. h. sie wandten die dialektische Methode bei der Erforschung verschiedener Gebiete der Natur wie der Gesellschaft materialistisch an. Jetzt ist die Rede von der theoretisch-systematischen Darstellung dieser Methode und ihrer theoretisch-systematischen Begründung. Eben dies wird durch die Gleichgewichtstheorie gegeben."[28]

Bucharin ging davon aus, daß eine solche Systematik bislang noch nicht – eben auch nicht von Marx und Engels – geleistet worden sei. Die Notwendigkeit einer solchen theoretischen Arbeit wurde jedoch gerade von seinen Kritikern bestritten. Doch davon später mehr.

Besonders hervorgehoben werden muß die eigentümliche Begrifflichkeit, mit deren

Hilfe Bucharin das Wesen der Dialektik entwickelte. In allererster Linie geht es dabei um den Begriff des „Gleichgewichts" zwischen verschiedenen Erscheinungen. Gleichgewicht – das verweist auf Stabilität, und für manchen Autor auf eine Theorie für eine Gesellschaft, die nicht aus der Ruhe gebracht werden möchte, die Ruhe braucht.[29] Als zentrale Kategorie einer *revolutionären* Dialektik wäre eine so verstandene Betrachtung des Gleichgewichts in der Tat nicht geeignet.

Nun hat jedoch Bucharin selbst die Gedankenkette: Gleichgewicht – Stabilität – Unveränderbarkeit der bestehenden Verhältnisse – nicht aufgestellt. Im Gegenteil. Er betonte ausdrücklich, daß die Gleichgewichtstheorie nichts gemein habe mit der Beschreibung einer „Harmonia praestabilita".[30] Durch die Untersuchung der Gleichgewichtsbedingungen einer Gesellschaft sollten zunächst nur die Bezugspunkte sozialer Veränderung *begrifflich* erfaßt werden, vergleichbar der Aufstellung eines Koordinatensystems. Die Qualität der Veränderung selbst wird hiervon nicht berührt.

Zur Erklärung seiner Gleichgewichtstheorie berief sich Bucharin auf den bereits erwähnten Grundsatz, jede Form der Gesellschaft „in ihrem Entstehen und notwendigen Vergehen" zu betrachten. Dies führte ihn zu einem von zwei hier auftauchenden Aspekten:

1. „Mitunter kann man nicht einmal die Grenze angeben, wo die eine Form der Gesellschaft aufhört und die andere anfängt . . . Die historischen Stufen sind überhaupt nicht feste, starre Einheiten . . . , sie sind Prozesse, fließende, lebendige Formen, die sich beständig verändern."[31] Hervorgerufen würden diese Veränderungen durch „Widersprüche, durch inneren Kampf". Bucharin berief sich in diesem Zusammenhang auf Hegel.[32]
2. Der zweite Aspekt wurde von ihm folgendermaßen beschrieben: „Zur theoretischen Erfassung des kapitalistischen Systems der Produktionsverhältnisse geht Marx von der *Tatsache ihrer Existenz* aus. Existiert einmal das System, so werden . . . die gesellschaftlichen Bedürfnisse befriedigt, wenigstens in einem solchen Grade, daß die Menschen nicht nur nicht aussterben, sondern leben, arbeiten und sich vermehren. In der Gesellschaft mit gesellschaftlicher Arbeitsteilung bedeutet dies, daß ein bestimmtes *Gleichgewicht* des ganzen Systems vorhanden sein muß."[33]

Es ist also die Frage nach der Kontinuität einer Erscheinung, hier: einer gesellschaftlichen Erscheinung, die Bucharin interessiert. Mit der Betrachtung des Gleichgewichts untersucht er die „Bedingungen der Dauerhaftigkeit"[34] eines gegebenen Systems.

Dieser zweite Aspekt darf dabei nicht als Gegensatz zum ersten verstanden werden: Die „fließenden, lebendigen Formen" des Geschichtsprozesses schließen eine bestimmte Balance zwischen den sich bewegenden Widersprüchen keineswegs aus. Im Gegenteil. Bucharin nutzt diese Balance, das Gleichgewicht,als methodischen Ausgangspunkt zur Erklärung dialektischen Fortschreitens und er nimmt an, sich dabei in Übereinstimmung mit dem Werk Karl Marx' zu befinden: „Erst nachdem man die Gesetze des Gleichgewichts erkannt hat, kann man weitergehen und die Frage nach den Schwankungen des Systems aufwerfen . . . Dabei hält Marx es für notwendig . . . zu begreifen, nicht nur wodurch das Gleichgewicht gestört, sondern auch wodurch es wiederhergestellt wird."[35]

Die Frage nach den Reproduktionsbedingungen einer jeglichen Gesellschaft, die Untersuchung ihrer verschiedenen Anpassungsmechanismen, dies gehört zu den zentralen Aufgabenbereichen der Bucharinschen Dialektik. Auf sie wird im folgenden noch häufiger zurückgegriffen werden. Hier sei noch einmal festgehalten: Gleichgewicht und Widerspruch gehören zusammen. Sie bilden die beiden Aspekte ein und derselben Sache. Die Widersprüche sagen etwas über die *Entwicklungsbedingungen* einer Erscheinung aus, während die Gleichgewichtsbetrachtung deren *Existenzbedingungen* untersucht und erklärt.

2. Die Systematik

Bucharin bringt das Wechselverhältnis von Kampf und Gleichgewicht widersprüchlicher Erscheinungen auf eine dreigliedrige Formel. Es herrscht: „Erstens, der Gleichgewichtszustand; zweitens, die Störung dieses Gleichgewichts; drittens, die Wiederherstellung des Gleichgewichts auf neuer Grundlage. Und dann beginnt die Geschichte von neuem; das neue Gleichgewicht wird zum Ausgangspunkt für die neue Störung, dann folgt wieder ein anderes Gleichgewicht, und so fort.“[36]

In dieser Form der Bewegung von Widersprüchen sieht Bucharin die Wurzel Hegelscher Dialektik. Nur habe Hegel diese anders benannt: „. . . den ursprünglichen Gleichgewichtszustand bezeichnete er als These, die Gleichgewichtsstörung als Antithese, . . . und die Wiederherstellung des Gleichgewichts auf neuer Grundlage – als Synthese.“[37] Die Parallele mit Hegel habe jedoch enge Grenzen. Die Vorzüge seiner Gleichgewichtstheorie beständen darin, daß sie „die Weltanschauung vom teleologischen Beigeschmack“ befreie, der Hegels Formulierung unvermeidlich anhafte, einer Formulierung, „die auf der Selbstentwicklung des Geistes beruht“. Die Gleichgewichtstheorie dagegen erlaube, „anstelle der Evolution und nur der Evolution . . . auch die Fälle der Zerstörung der materiellen Formen“ zu setzen. Und er definiert: „Dadurch ist sie eine allgemeine und von idealistischen Elementen gereinigte Formulierung der Gesetze der sich bewegenden Systeme.“[38]

Welche Erscheinungen können nun zueinander im Gleichgewicht oder Ungleichgewicht stehen? Zwischen welchen Kräften entwickeln sich die Widersprüche? Bucharin führt zur Beantwortung dieser Fragen drei neue Begriffe ein: Das „System“, das „Milieu“ und die „Elemente des Systems“. Ein „System“, das kann jedes beliebige Ding – sei es ein Stein, ein Lebewesen, eine menschliche Gesellschaft – sein. Wichtig ist, daß „wir es als etwas Ganzes betrachten, das aus miteinander verbundenen Teilen (Elementen) besteht“. Die Wechselwirkung der Teile muß hier betont werden, sie ist für das System konstitutiv. Als „Elemente“ beispielsweise der menschlichen Gesellschaft führt Bucharin Klassen, Gruppen, Parteien, Zirkel, usw. an, sofern sich diese gegenseitig beeinflussen. Umgeben wird ein solches System „von anderen Elementen der Natur, die man ihm gegenüber als Milieu oder Umwelt bezeichnet“.[39]

Zwischen diesen drei Bereichen (System, Elemente des Systems, Milieu) entwickelt sich also die dialektische Bewegung. Hier verschärfen und lösen sich die Widersprüche.

Um genauer zu bestimmen, auf welche Weise Milieu und System aufeinander einwirken, entwickelt Bucharin ein Modell, das drei Gleichgewichtstypen unterscheidet:

1. ein stabiles Gleichgewicht,
2. ein bewegliches Gleichgewicht mit positivem Vorzeichen,
3. ein bewegliches Gleichgewicht mit negativem Vorzeichen.

Diese drei Typen erklären Stagnation, Wachstum und Zerfall eines gegebenen Systems, wobei für Bucharin die Stagnation keine wirkliche, sondern nur eine „idealtypisch“ gedachte Erscheinung darstellt.

Wie ist nun das „stabile Gleichgewicht“ definiert? Es ist dadurch bestimmt, daß „das Wechselverhältnis von Milieu und System sich ausdrückt in einer unveränderten Lage der Dinge“.[40] Stabiles Gleichgewicht bedeutet: die Reproduktion des Systems auf immer der gleichen qualitativen Grundlage.

Aus der Erkenntnis, daß eine Störung des Gleichgewichts zwischen Milieu und System in Wirklichkeit niemals zur Wiederherstellung des Gleichgewichts auf der früheren Grundlage führt, leitet Bucharin den Begriff eines „beweglichen Gleichgewichtstypes mit positivem oder negativem Vorzeichen her. Das bewegliche Gleichgewicht mit positivem Vorzeichen bedeutet eine Weiterentwicklung des Systems, während ein solches Gleichgewicht mit negativem Vorzeichen zur Zerstörung des Systems führt. Hier werden die Widersprüche zwischen System und Umwelt auf verengter Grundlage reproduziert und kommen auf diese Weise wieder ins Gleichgewicht.[41]

Hiermit ist das dialektische Verhältnis zweier Größen, des Systems und des Milieus, umrissen. Bucharin nennt die Widersprüche zwischen diesen beiden Bereichen „äußere Widersprüche“. Entsprechend dieser Präzisierung gibt es in einem anderen Bereich „innere Widersprüche“.

Solche inneren Widersprüche herrschen zwischen den einzelnen Bestandteilen, den sogenannten „Elementen“ des Systems. Es läßt sich beispielsweise die menschliche Gesellschaft als ein System betrachten, dessen einzelne Elemente im Widerspruch zueinander stehen. „Der Klassenkampf“, führt Bucharin an, „ist der krasseste Ausdruck der ‚gesellschaftlichen Widersprüche‘ “.[42] Diese Widersprüche beziehen sich also auf die Struktur, den „widerstrebenden Aufbau“ der Gesellschaft.

Damit sind die beiden Widerspruchstypen der Bucharinschen Dialektik genannt.

3. Das äußere Gleichgewicht

Bislang hat sich die Darstellung der Gleichgewichtstheorie an die schematischen Abläufe gehalten, die dieser Theorie zugrunde liegen. Die Formen, in denen verschiedene Dinge, Systeme, existieren, wurden allgemein gekennzeichnet, ebenso wie deren Veränderung. Der Hauptansatz war – um das zu wiederholen – eben die Betrachtung eines sich wandelnden Systems vom Standpunkt seiner Existenzbedingungen, und das bedeutete, daß sich ein System mit seinem Milieu im Gleichgewicht zu befinden hatte.

Nun hatte aber Bucharin seine Gleichgewichtstheorie nicht entwickelt, um erklären zu können, in welcher Weise sich Bäume, Steine oder Tiere an ihre jeweilige Umwelt angepaßt haben. Vielmehr richtete sich sein Interesse auf das System der menschlichen Gesellschaft. Deshalb soll an dieser Stelle erörtert werden, welche Antwort Bucharin auf die Frage nach dem Verhältnis zwischen der Gesellschaft und der äußeren Natur gibt. Diese Problematik ist von so großer Bedeutung, weil hierbei Aussagen über die *Möglichkeit menschlicher Subjektivität* gemacht werden.

Die Gesellschaft wird von Bucharin vor allem durch ein Merkmal definiert: durch Arbeit. Arbeit bildet die „Lebensgrundlage" der Menschen, ihre „absolut notwendige Gleichgewichtsbedingung": „Würden ... die Menschen im Arbeitsprozeß ... nicht vor allem durch die Arbeit verbunden, so gäbe es überhaupt keine Gesellschaft. Die Gesellschaft ist vor allem eine Arbeitsorganisation, ein Arbeitssystem, ein menschlicher Arbeitsapparat."[43] Wie die Arbeit die Gesellschaft konstituiere, so werde die Gesellschaft selbst zur notwendigen Bestimmung auch des Einzelmenschen. „Der einzelne Mensch", schreibt Bucharin, „ist undenkbar außerhalb der Gesellschaft, ohne die Gesellschaft, abgesehen von der Gesellschaft. Das ist seine gesellschaftliche Natur".[44]

Welche Funktion erfüllt nun die Arbeit bei der Reproduktion des gesellschaftlichen Lebens? Darauf gibt Bucharin folgende Antwort: „Die Arbeit ist der Berührungsprozeß zwischen Gesellschaft und Natur. Durch die Arbeit fließt aus der Natur in die Gesellschaft Energie über, auf Kosten deren die Gesellschaft lebt und sich entwickelt (falls sie sich entwickelt)."[45] Der Ablauf dieses Vorgangs wird von Bucharin mit Hilfe der Begriffe: Produktion, Distribution und Konsum systematisiert. Es werde menschliche Energie zunächst verausgabt (= Produktion), um aus der Natur Energie „herauszupumpen". Diese „Naturenergie" werde dann der Gesellschaft geliefert (= Distribution) und schließlich von ihr angeeignet (= Konsum). Die Aneignung bilde die Grundlage weiterer Produktion, d. h. weiterer Vorausgabung menschlicher Energie – „Arbeitsenergie", wie Bucharin zur Unterscheidung von der „Naturenergie" sagt. Es folgt ein Kreislauf: die sogenannte „einfache Reproduktion", d. h. der „beständige Ersatz des für die Produktion Notwendigen".[46]

Aus diesen Ausführungen geht hervor, daß die Anpassung der Gesellschaft an die Natur durch Arbeit als ein *aktiver* Vorgang angesehen werden muß.[47] Aktive Anpassung – das bedeutet für Bucharin, daß sich die menschliche Gesellschaft „an die Umwelt anpaßt, indem sie diese *an sich* anpaßt. Sie unterliegt der Einwirkung der Natur als Material. Aber zu gleicher Zeit verwandelt sie sich die Natur in ein Material für sich."[48]

Mit dieser Formulierung bestimmte Bucharin klar und deutlich die Natur als eine gesellschaftlich *vermittelte* Kategorie. Ebenso eindeutig erklärt sich die vorherige *Trennung* von Gesellschaft und Natur aus den methodischen Notwendigkeiten des Analysierens: die Gleichgewichtsbetrachtung trennt Bereiche (System – Milieu), um besser die Bedingungen ihres Zusammenhanges und ihrer Bewegung zu erkennen, und nicht deswegen, weil sie ihrem Wesen nach als isolierte Bereiche aufgefaßt werden.

Dieser Sachverhalt ist von manchen Kritikern[49] der Bucharinschen Dialektik übersehen worden. So rückte beispielsweise G. Lukács die Gleichgewichtstheorie in eine „bedenkliche Nähe zum bürgerlichen (nach Marx' Worten: anschauenden) Materialismus".[50] Unter „bürgerlichem Materialismus" wird eine *mechanische*, kausale, und das heißt: unvermittelte Ableitung der Gesetze der Gesellschaft aus den Gesetzen der Natur verstanden.

In jüngster Zeit war es vor allem O. Negt, der bei Bucharin Hinweise auf die eigenständige, aktive Rolle der Gesellschaft gegenüber der Natur vermißte. Über Bucharins Naturverständnis sagt er: „Die Natur organisiert sich nicht, wie bei Marx, als Moment der geschichtlichen Praxis, sondern umgekehrt: die geschichtliche Praxis wird zum *Bestandteil von Naturzusammenhängen*".[51]

Ein solches Denken kennzeichnet Negt als „unhistorisch", „undialektisch", „mechanizistisch"[52] und „unvermittelt". Unter anderem aus diesem Grunde zählt er Bucharin zu den Mitbegründern der „stalinistischen Philosophie". Bucharins zuvor zitierte allgemeine Aussagen über den Modus gesellschaftlicher Reproduktion nehmen jedoch solchen Einwänden ihre Berechtigung.

Es wird in den nachfolgenden Kapiteln, die sich mit seiner Imperialismus-, Revolutions- und Transformationstheorie beschäftigen, zu zeigen sein, daß auch in Bezug auf konkret gegebene Gesellschaften der dialektische Gesichtspunkt der Vermittlung für Bucharin von zentraler Bedeutung ist.

4. Das innere Gleichgewicht

In den vorhergehenden Abschnitten war das Verhältnis der Gesellschaft zur Natur erörtert worden. Dieses Verhältnis bezog sich auf das sogenannte „äußere" Gleichgewicht. An dieser Stelle sollen nun Fragen des „inneren" Gleichgewichts zwischen den einzelnen Elementen der Gesellschaft behandelt werden. Die Beschäftigung mit den speziellen Merkmalen der Gesellschaftselemente findet bei Bucharin folgende Begründung: „Wir wissen wohl, daß die Menschen nicht einfach *physische* Körper sind: sie denken, fühlen, wünschen . . . Die Beziehungen zwischen den Menschen sind nicht nur materielle Arbeitsbeziehungen, sie sind auch psychische, ‚geistige' Beziehungen, die Gesellschaft produziert ja nicht nur materielle Güter: sie produziert auch sogenannte ‚geistige' Werte. . . Auf diese Weise finden wir in der Gesellschaft dreierlei Elemente: Sachen, Menschen, Ideen. . . Grob gesagt, heißt es ungefähr: die Gesellschaft könnte nicht existieren, wenn die Ordnung der Dinge, die Ordnung der Menschen und die Ordnung der Ideen einander nicht entsprechen würden."[53]

Bucharin sagt, diese drei Elemente müßten einander „entsprechen", nicht etwa gegenüberstehen. Denn die Sachen, die Menschen und die Ideen sind Bucharins Auffassung nach keine für sich allein und unabhängig existierenden Bereiche, sondern Teile einer Gesamtheit, Teile der Gesellschaft. Sie sind alle gleichermaßen notwendig zur Reproduktion des Gleichgewichtes dieser Gesellschaft, wenn sie auch in ihrem Ursprung und ihrer Entwicklung von der ökonomischen Struktur der Gesellschaft hergeleitet werden.

a) Der „Überbau"

Bevor auf das Reproduktionsmittel des inneren Gleichgewichts, den sogenannten „Überbau" näher eingegangen wird, soll zunächst noch auf den Stellenwert der inneren gegenüber den äußeren Widersprüchen hingewiesen werden.

Die äußeren Widersprüche (zwischen Gesellschaft und Natur) werden von Bucharin als die entscheidenden angesehen. Sie bestimmen die Grundformen der Bewegung[54]: Verfall, Entwicklung, Stagnation und damit das jeweilige Gleichgewichtsniveau (auf erweiterter oder verengter Basis). Die Entwicklung der Produktivkräfte und die ihnen entsprechenden gesellschaftlichen Verhältnisse ergeben sich aus den äußeren Gleichgewichtsbedingungen.

Das aber bedeutet: Die inneren Widersprüche sind von der Entwicklung der äußeren abhängig. Sie können nicht zu einem Gleichgewicht auf entgegengesetzter Basis führen. Dazu Bucharin: „Ist die menschliche Gesellschaft an die Umwelt nicht angepaßt, so ist sie nicht von Bestand."[55] Das äußere Gleichgewicht ist also die *existentielle* Voraussetzung für die Bewegung innergesellschaftlicher Widersprüche.

Soweit die Einordnung der inneren Struktur einer Gesellschaft in die Systematik der Bucharinschen Dialektik. Der Überbau selbst, der zur Reproduktion des inneren Gleichgewichts eines Gesellschaftssystems beiträgt, wird von Bucharin folgendermaßen beschrieben: „Da sind die materiellen Gegenstände (Werkzeuge, Instrumente usw.), ferner die verschiedenartigsten Menschenorganisationen, dann streng systematisierte Kombinationen von Ideen und Gestalten; dann auch verschwommene, nicht systematisierte Gedanken und Gefühle, und schließlich Ideologien ‚zweiter Ordnung', Wissenschaften der Wissenschaften, Wissenschaften der Künste usw."[56]

Dem letzten Bereich, den systematisierten und nicht systematisierten Gedanken und Gefühlen ordnet Bucharin zwei Kategorien zu: die „gesellschaftliche Ideologie" und „die gesellschaftliche Psychologie". „Unter der gesellschaftlichen *Ideologie* werden wir das *System der Gedanken, Gefühle oder Verhaltensmaßregeln* (Normen) verstehen. Dazu gehören folglich solche Erscheinungen wie der Inhalt der Wissenschaft und der Kunst, die Gesamtheit der Normen, Sitten oder der Moral usw. Unter *gesellschaftlicher Psychologie* werden die nicht systematisierten oder wenig systematisierten Gefühle, Gedanken und Stimmungen verstanden, die die gegebene Gesellschaft, Gruppe, Profession usw. aufweist."[57]

Bucharin versuchte in verschiedenen Arbeiten die Gesamtheit des Überbaus klarer zu untergliedern. Er glaubte gerade in diesem Punkt Marx weiterentwickeln zu müssen.[58] Am Beispiel der Ideologie soll Bucharins Theoriebildung weiter verfolgt werden.

Ideologien, so definierte er, stellten eine Art geistigen Produktes dar, eine Form gesellschaftlicher Arbeit, durch die geistige, nicht materielle Güter erzeugt würden. Diese Arbeit erwachse aus der materiellen Produktion, aber – einmal entstanden – trenne sie sich von ihr und bilde dann ein *selbständiges* Gebiet gesellschaftlicher Tätigkeit. Als Ursache dieser Trennung nennt Bucharin die Entwicklung der Produktivkräfte. Mit ihr habe sich „eine Teilung der Arbeit auf dem Gebiete der materiellen Produktion einerseits und eine Aussonderung (otdifferencirovanie) der ideologischen Arbeit und eine Teilung *innerhalb* derselben andererseits" vollzogen.[59] In der gleichen Organisationsform beider Arbeitsarten bestehe deren gemeinsame Klammer. Das hierarchische Prinzip beispielsweise der kapitalistischen Produktion erstrecke sich in gleicher Weise auf den Bereich des Überbaus.[60]

Doch nicht der Zusammenhang des Überbaus mit der ökonomischen Grundstruktur interessiert an dieser Stelle. Hier soll die Eigenbedeutung des Überbaus dargestellt werden. Über den Inhalt der verschiedenen Manifestationen des Überbaus läßt sich dabei kaum etwas aussagen. Einmal von der unmittelbaren Produktion getrennt, entwickeln sie sich entsprechend ihrer eigenen Gesetze (der Mathematik, der Verwaltung, der Sprache etc.) Wohl aber läßt sich die Funktion der „überbauenden Arbeit" bestimmen. „Man zerstöre den kapitalistischen Staat, und die kapitalistische Produktion wird unmöglich".[61] Hier wird die bereits erwähnte wesentliche Funktion des Überbaus (in der Form des Staates) angedeutet. Konkret erfüllen die mannigfaltigen Varianten des Überbaus insgesamt jeweils Funktionen für den Zusammenhalt eines gegebenen Systems.[62] Im Überbau wird die Basis auf verschiedene Weise vermittelt. Er ermöglicht damit die aktive Anpassung an die Natur.

Soweit der Aufbau der Gesellschaft vom Standpunkt des inneren Gleichgewichts. Vom Standpunkt der sich widersprechenden Entwicklung der Gesellschaft ergibt sich, „daß innerhalb *einer jeden Reihe* gesellschaftlicher Erscheinungen Widersprüche bestehen (z.B. in der Ökonomie – die Widersprüche zwischen den Klassen, in den ideologischen Systemen – die Widersprüche zwischen den ideologischen Systemen der Klassen usw.)"[63].

Darüber hinaus bilden sich Widersprüche „zwischen den Reihen verschiedener gesellschaftlicher Erscheinungen", so etwa zwischen Ökonomie und Politik, Ökonomie und Ideologie, Psychologie und Ideologie, Wissenschaft und Philosophie. Die Verschärfung und Aufhebung solcher Widersprüche kennzeichnen jeweils die Bewegung der Gesellschaft. Sie *kennzeichnen* die Bewegung, aber – wie bereits abgehandelt – sie *verursachen* sie nicht. Verursacht wird der Konflikt zwischen den verschiedenen Formen der gesellschaftlichen Elemente durch die Gleichgewichtsstörung zwischen Gesellschaft und Umwelt. Die dialektische Einheit dieser Gegensätze wird durch das Wachstum (oder den Verfall) der Produktivkräfte hergestellt.

Somit werden auf dieser Ebene der äußeren Widersprüche systemsprengende Wirkungen ausgelöst. Der Vorgang einer solchen revolutionären Veränderung muß dann aber in jedem einzelnen Teil des Systems und jedem Bereich des Überbaus *jeweils einzeln* vollzogen werden. Karl Korsch hat diesen revolutionären Aspekt des Überbaus an einem speziellen Bereich ausgeführt: an der Philosophie. Er formulierte 1925 entsprechend der Bucharinschen Theorie, daß eine „revolutionäre Philosophie ihre Aufgabe als Philosophie darin sieht, den in allen Sphären der gesellschaftlichen Wirklichkeit gleichzeitig gegen den gesamten bisherigen Gesellschaftszustand geführten revolutionären Kampf in einer bestimmten Sphäre dieser Wirklichkeit, in der Philosophie, wirklich zu führen." Am Ende dieses Kampfes würde dann „zugleich mit der Aufhebung der gesamten bisherigen gesellschaftlichen Wirklichkeit, auch die Philosophie, die dieser Wirklichkeit als ihr wenn auch ideeller Teil mit angehört, aufgehoben" werden müssen.[64]

Auf diesen von Bucharin und Korsch hervorgehobenen Gesamtzusammenhang gesellschaftlicher Erscheinungen soll im nächsten Abschnitt noch etwas gründlicher eingegangen werden.

b) Theorie und Praxis

Für den Theoretiker Bucharin ist die Frage nach dem Verhältnis zwischen Theorie und Praxis von entscheidender Bedeutung. Er entwickelte seine Gedanken hierzu bereits 1921, kam jedoch zehn Jahre später sehr viel ausführlicher darauf zurück.[65] In einem im Juli 1931 in London vor dem International Congress of the History of Science gehaltenen Referat betonte er vor allem die zuvor dargestellten beiden Arten von Arbeit.

Er ging davon aus, daß sowohl Theorie als auch Praxis die *Tätigkeit* des gesellschaftlichen Menschen darstellen: „Wenn wir die Theorie nicht als versteinerte ‚Systeme' und Praxis nicht als fertige Produkte, d. h. nicht als in Dingen versteinerte ‚tote' Arbeit betrachten, sondern in der Aktion, dann haben wir *zwei Formen von Arbeitsaktivität* vor uns, die Gabelung der Arbeit in intellektuelle und physische Arbeit, ‚geistige und materielle', theoretische Erkenntnis und praktisches Handeln".[66]

Der Zusammenhang von Theorie und Praxis „in der Aktion" bedeutet für Bucharin also keineswegs unterschiedlose Einheitlichkeit oder Identität zwischen beiden. Mit dem Begriff der „differenzierten (otdifferencirovannaja) Arbeit" versucht er, diesen Sachverhalt zu umreißen. Die Vermittlung beider Kategorien, ihre Einheit, vollzieht sich durch gegenseitige Einwirkung: „Theorie ist die akkumulierte und kondensierte Praxis. Soweit sie die Praxis materieller Arbeit verallgemeinert und qualitativ eine besondere Fortsetzung materieller Arbeit darstellt, ist sie selbst qualitativ eine spezielle theoretische Praxis, eine Praxis, die durch das Denken geformt ist. Andererseits macht sich die praktische Tätigkeit die der Theorie zunutze und insoweit ist Praxis selbst theoretisch."[67]

Theorie als Fortsetzung der Praxis, „aber – um eine bekannte Bemerkung von Clausewitz zu gebrauchen – ‚mit anderen Mitteln' ", diese These gewinnt Bucharin aus der Reflexion über Marxens Feuerbachthesen.[68]

In der ersten These über Feuerbach heißt es: „Der Hauptmangel alles bisherigen Materialismus. . . ist, daß der Gegenstand, die Wirklichkeit, Sinnlichkeit nur unter der Form des *Objekts oder der Anschauung* gefaßt wird; nicht aber als *menschliche sinnliche Tätigkeit. . .*" Und die zweite These lautet: „Die Frage, ob dem menschlichen Denken gegenständliche Wahrheit zukomme, ist keine Frage der Theorie, sondern eine *praktische* Frage. In der Praxis muß der Mensch die Wahrheit, das heißt die Wirklichkeit und Macht, die Diesseitigkeit seines Denkens beweisen."[69]

Das heißt, die Frage nach der Möglichkeit von Erkenntnis ist mit der Möglichkeit, die Welt zu verändern, verbunden. Wissenschaftliche Erkenntnis ist daher die „Praxis von materieller, in besonderer Formen fortgesetzter Arbeit (Naturwissenschaften), von Verwaltung und Klassenkampf (Sozialwissenschaft)".[70] Hierin besteht der Hauptpunkt Bucharinscher Erkenntnistheorie.

Über die Priorität der Praxis gegenüber der Theorie braucht kaum noch etwas ausgeführt zu werden. Sie ergibt sich aus der Bedeutung der Arbeit für die Reproduktion des gesellschaftlichen Lebensprozesses. Bucharin begründet sie historisch und soziologisch: „(1) Historisch: Die Wissenschaften ‚wachsen' aus der Praxis, die Produktion von Ideen sondert sich aus der ‚Produktion von Dingen' ab; (2) Soziologisch: ‚Das gesellschaftliche Sein bestimmt das gesellschaftliche Bewußtsein', die

Praxis der materiellen Arbeit ist der konstante ‚Antriebsmotor' der ganzen Entwicklung"[71].

In seiner Studie „Marx' Teaching" bezieht sich Bucharin zur Illustration des Praxisprimats auf die Wagner-Randglossen von Marx, in denen es heißt: „Aber die Menschen fangen keineswegs damit an, in theoretischen Beziehungen zu den Objekten der äußeren Welt zu stehen. Wie andere Tiere fangen sie damit an, zu essen, trinken etc., das heißt, sie ‚stehen' nicht in irgendeiner Beziehung, sondern sie handeln energisch und beherrschen mit Hilfe von Aktion die Objekte der äußeren Welt und befriedigen auf diese Weise ihre Bedürfnisse."[72]

Dieser Praxisbezug, sowie die Entwicklung einer Dialektik, in der Theorie und Praxis zur Einheit gelangen, sei nun die spezifische Leistung marxistischer, an den revolutionären Bedingungen des Proletariats orientierter Denk- und Handlungsweisen. Bürgerliche Philosophie und Gesellschaftstheorie trenne dagegen Basis und Überbau, Theorie und Praxis, Subjekt und Objekt der Geschichte. Bucharin charakterisiert solche Denkmethoden als „trübe intellektuelle Abstraktion", die von einer „bloß intellektuellen Seite des Menschen" ausgehen und damit die soziale Arbeitsteilung der kapitalistischen Produktionsverhältnisse lediglich reflektieren.[73]

Den Begründungszusammenhang, aus dem heraus Bucharin an dieser Stelle argumentiert, haben Marx und Engels wiederum in der oben zitierten „Deutschen Ideologie" geliefert. „Die Teilung der Arbeit", heißt es da, „äußert sich nun auch in der herrschenden Klasse als Teilung der geistigen und materiellen Arbeit, so daß innerhalb dieser Klasse der eine Teil als die Denker dieser Klasse auftritt (die aktiven, konzeptiven Ideologen derselben, welche die Ausbildung der Illusion dieser Klasse über sich selbst zu ihrem Hauptnahrungszweige machen), während die anderen sich zu diesem Gedanken und Illusionen mehr passiv und rezeptiv verhalten, weil sie in der Wirklichkeit die aktiven Mitglieder dieser Klasse sind und weniger Zeit dazu haben, sich Illusionen und Gedanken über sich selbst zu machen. Innerhalb dieser Klasse kann diese Spaltung derselben sich sogar zu einer gewissen Entgegensetzung und Feindschaft beider Teile entwickeln, die aber bei jeder praktischen Kollision, wo die Klasse selbst gefährdet ist, von selbst wegfällt, wo denn auch der Schein verschwindet, als wenn die herrschenden Gedanken nicht die Gedanken der herrschenden Klasse wären und eine von der Macht dieser Klasse unterschiedene Macht hätten. Die Existenz revolutionärer Gedanken in einer bestimmten Epoche setzt bereits die Existenz einer revolutionären Klasse voraus."[74]

Mit diesen Ausführungen ist die Funktion bürgerlichen Denkens in der kapitalistischen Gesellschaft erklärt. Bucharin begnügt sich in seiner theoretischen Arbeit jedoch nicht damit, diesen Sachverhalt bei zeitgenössischen Theoretikern immer wieder aufzudecken. Vielmehr gehört zu seiner theoretischen Praxis die Aufhebung des ideologischen Scheins *im Detail*.

Im Zusammenhang mit seiner Kritik der Grenznutzenschule in der „politischen Ökonomie des Rentners", von der Löwy behauptet, sie sei so fundiert geschrieben, daß sie gleichzeitig als Lehrbuch der Grenznutzentheorie dienen könnte[75], begründete Bucharin die Berechtigung seines detaillierten und nicht nur am Grundsatz orientierten Vorgehens: „Der Marxismus beansprucht Allgemeingültigkeit eben gerade deshalb, weil er der theoretische Ausdruck der fortschrittlichsten Klasse ist, deren ‚Ansprüche' auf Erkenntnis viel kühner sind, als die konservative und infolgedessen auch beschränkte Denkweise der herrschenden Klasse der kapitalistischen Gesellschaft es ist. Trotzdem ist es klar, daß man diese Richtigkeit gerade im Kampfe der Ideologien untereinander beweisen muß, und zwar durch die logische Kritik der uns feindlichen Theorien. Und so entbindet uns die soziologische Charakteristik[76] einer Theorie keineswegs von der Pflicht, den Kampf gegen sie auch auf dem Boden der reinen logischen Kritik zu führen.

Dasselbe gilt auch für die Kritik der Methode. Sicherlich wirft die Feststellung, daß der Ausgangspunkt der methodologischen Grundlagen falsch ist, das ganze theoretische Gebäude über den Haufen. Indes fordert der Kampf der Ideologien, daß man die Unrichtigkeit der Methode an den falschen Teilschlußfolgerungen des Systems nachweist, und zwar kann man entweder auf die inneren Widersprüche des gesamten Systems hinweisen, oder auf seine Unvollständigkeit, auf seine organische Unfähigkeit, eine Reihe für die betreffende Disziplin wichtiger Erscheinungen zu erfassen und zu erklären. Daraus folgt, daß der Marxismus eine *ausführliche* Kritik der neuesten Theorien geben muß, die sowohl die soziologische Kritik als auch die methodologische Kritik mit einschließt, gleichzeitig aber auch eine Kritik des ganzen Systems bis in alle Verästelungen ist."[77]

Soweit die Darstellung der Bucharinschen Dialektik, entwickelt aus den vielfältigen Zusammenhängen der Bearbeitung der Natur durch die Gesellschaft.

5. Lenins Kritik an Bucharins Dialektik

Bucharins Theorie von Basis und Überbau sowie seine dialektische Interpretation des Verhältnisses von Theorie und Praxis mußte deswegen so detailliert rekonstruiert werden, weil ohne Kenntnis seiner theoretischen Position Lenins Kritik an der Bucharinschen Praxis unverständlich bleibt.

Bucharin war nicht nur vor der Revolution, sondern auch danach ein Theoretiker. Wohl hatte er in der Partei und im Staate sehr viele praktische Aufgaben in voller Verantwortung zu lösen. Dennoch betrachtete er es als wichtig, diesen politischen Tätigkeiten den theoretischen Hintergrund zu verleihen. Deshalb interessierten ihn Fragen von „grundsätzlicher" Bedeutung auch in der Übergangsperiode nach der Revolution mehr als andere Politiker. Dies hat ihm zuweilen den Vorwurf der Phrasenhaftigkeit und Praxisferne eingetragen, ein Vorwurf, dessen Berechtigung er selbstkritisch zugestand. So schilderte er in einem Epilog auf den gerade verstorbenen „Theoretiker der Revolution"[78] Vl. Lenin seine eigene spezifisch „intellektuelle Kurzsichtigkeit, die Gewohnheit eines ‚Buchgelehrten', das Spezialistentum des Nur-Theoretikers".[79]

Lenin hatte diese Eigenschaften an Bucharin gelegentlich bemängelt. Anläßlich der verschiedenen Kontroversen zwischen beiden Politikern – so 1918 in der Frage der Fortsetzung des Krieges gegen Deutschland, 1919 wegen eines Entwurfes zum zukünftigen Programm der Partei, 1920 in der Auseinandersetzung über die Rolle der Gewerkschaften – erhob Lenin den Vorwurf, Bucharin habe die Dialektik nicht verstanden, er argumentiere „eklektisch".

Was Lenin hiermit meinte, läßt sich am besten anhand der Gewerkschaftskontroverse belegen. Hier gab es zwei Standpunkte. Der eine, von Zinovev vertreten, bestimmte die Funktion der Gewerkschaften als „Schule des Kommunismus". Trockij, der die andere Position einnahm, verstand sie als „administrativ-technischen Apparat zur Leitung der Produktion". Bucharin versuchte beide Auffassungen miteinander zu vermitteln. Er führte hierzu einen Vergleich an: „Da kommen zwei Menschen und fragen einander, was das Trinkglas ist, das auf dem Rednerpult steht. Der eine sagt: ‚das ist ein Glaszylinder, und jeden soll der Bannfluch treffen, der sagt, daß dem nicht so ist'. Der zweite sagt: ‚Das Glas, das ist ein Trinkgefäß und jeden soll der Bannfluch treffen, der sagt, daß dem nicht so ist' ".[80] Bucharin folgerte hieraus für die unterschiedlichen Meinungen in der Gewerkschaftsfrage: „Ich sehe keinerlei logische Gründe, die dafür sprächen, daß das eine oder das andere nicht richtig wäre: richtig sind diese beiden Thesen und die Vereinigung dieser beiden Thesen."[81]

Mit diesem Vergleich zog er sich Lenins Kritik zu. Seine ganze Argumentation zeige, so analysierte Lenin, „daß er hier – vielleicht unbewußt – auf dem Standpunkt der formalen oder scholastischen Logik, nicht aber der dialektischen oder marxistischen Logik steht".[82] Zur Erläuterung seines Urteils griff Lenin den Bucharinschen Vergleich auf: „Ein Glas ist unstreitig sowohl ein Glaszylinder als auch ein Trinkgefäß. Das Glas besitzt aber nicht nur diese zwei Merkmale oder Eigenschaften oder Seiten, sondern eine unendliche Zahl anderer Merkmale, Eigenschaften, Seiten, Wechselbeziehungen und ‚Vermittlungen' mit der gesamten übrigen Welt. Ein Glas ist ein schwerer Gegenstand, der ein Wurfinstrument sein kann. Ein Glas kann als Briefbeschwerer, als Behälter für einen gefangenen Schmetterling dienen, ein Glas kann von Wert sein als Gegenstand mit künstlerischer Gravierung oder Zeichnung, ganz unabhängig davon, ob es sich zum Trinken eignet, ob es aus Glas gefertigt, ob seine Form zylindrisch oder nicht zylindrisch ist, und soweiter und dergleichen mehr.

Weiter. Brauche ich jetzt ein Glas als Trinkgefäß, so ist es für mich absolut unwichtig zu wissen, ob seine Form ganz zylindrisch und ob es wirklich aus Glas gefertigt ist, dagegen ist es wichtig, daß der Boden keinen Sprung aufweist. Brauche ich ein Glas dagegen nicht zum Trinken, sondern zu einer Verwendung, für die jeder Glaszylinder taugt, so genügt mir auch ein Glas mit einem Sprung im Boden oder sogar ganz ohne Boden usw. ".[83]

Mit diesem Ausführungen verdeutlichte Lenin seinen Vorwurf des Eklektizismus, der verschieden formale Definitionen ganz zufällig vereinigte (sowohl Glaszylinder als auch Trinkgefäß) und lediglich auf verschiedene Seiten eines Gegenstandes hinweise. Dialektische Logik dagegen müsse weitergehen: „Um einen Gegenstand wirklich zu erkennen, muß man alle seine Seiten, alle Zusammenhänge und ‚Vermittlungen' erfassen und erforschen. Wir werden das niemals vollständig erreichen, die Forderung der Allseitigkeit wird uns aber vor Fehlern und vor Erstarrung bewahren. Das zum ersten. Zweitens verlangt die dialektische Logik, daß man den Gegenstand in seiner Entwicklung, in seiner ‚Selbstbewegung' (wie Hegel manchmal sagt), in seiner Veränderung betrachtet. In Bezug auf das Glas ist das nicht ohne weiteres klar, aber auch ein Glas bleibt nicht unverändert, besonders aber ändert sich die Bestimmung des Glases, seine Verwendung, sein *Zusammenhang* mit der Umwelt.

Drittens muß in die vollständige ‚Definition' eines Gegenstandes die ganze menschliche Praxis sowohl als Kriterium der Wahrheit wie auch als praktische Determinante des Zusammenhanges eines Gegenstandes mit dem, was der Mensch braucht, eingehen. Viertens lehrt die dialektische Logik, daß es ‚eine abstrakte Wahrheit nicht gibt, daß die Wahrheit immer konkret ist', wie der verstorbene Plechanov – mit Hegel – zu sagen pflegte."[84]

Entsprechend diesem Verständnis der Dialektik vermißte Lenin bei Bucharin in der Gewerkschaftsfrage die konkrete Analyse. Die Gewerkschaften seien von der einen Seite betrachtet eine Schule, von der anderen – ein Apparat, von der dritten – eine Organisation der Werktätigen, von der vierten – eine Organisation fast ausschließlich von Industriearbeitern, von der fünften – eine Organisation nach Produktionszweigen usw. „Von irgendwelcher Begründung, von irgendwelcher selbständigen Analyse, um zu beweisen, warum man die ersten zwei ‚Seiten' der Frage . . . und nicht die dritte, die vierte die fünfte usw. nehmen muß, ist bei Bucharin auch nicht die geringste Spur zu finden."

Soweit Lenins Analyse, die die praktisch-politischen Folgen eines Satzes, seine gegenständliche Form zum Anlaß von methodischer Kritik nimmt. Allerdings muß vermerkt werden, daß die theoretische Abstraktion, wie sie hier wiedergegeben wird, den materellen Kern einiger Fragestellungen verdeckt. Bucharins Tendenz, theoretisch „korrekten" Lösungen[85] den Vorrang zu geben gegenüber einer allzu starken Betonung des praktisch Möglichen oder Nicht-Möglichen, hat ebenfalls „irdische Wurzeln". Gemeint sind die ökonomischen, sozialen, politischen und kulturellen Voraussetzungen der Revolution. Deren Rechtfertigung war zunächst ebenfalls auf Hypothesen[86] gestützt, auf „richtige" Theorie. Wohlgemerkt: deren Rechtfertigung, nicht deren praktischer Vollzug.

Der Satz Marxens von der „Theorie, die zur materiellen Gewalt wird, sobald sie die Massen ergreift" bestätigt Bucharins Festhalten an Standpunkten, die mit der gegebenen Praxis zunächst nicht vermittelt sind. Allerdings nur so lange, wie die Theorie die Massen zu ergreifen imstande ist. Lenins Standpunkt geht bereits von dem Verlust des revolutionären Schwungs der Massen aus, vom Alltag und seinen konkreten Bedingungen. Auf diesen Aspekt wird im Zusammenhang mit Bucharins Transformationstheorie noch näher eingegangen werden.

B. Imperialismustheorie

Eine Theorie, die untersucht, unter welchen Bedingungen die Veränderung einer Sozialstruktur *möglich* ist, hat von zwei – zusammenhängenden – Aspekten auszugehen:

1. Sie muß die Entwicklungstendenzen der gegebenen ökonomischen Verhältnisse einer Gesellschaft analysieren.
2. Sie muß zu bestimmen versuchen, wie die Menschen auf die Veränderung dieser Verhältnisse reagieren.

Zum zweiten Aspekt gehört eine passive und eine aktive Seite. Solange sich die Gesellschaft den Mechanismen der ökonomischen Struktur „blind" unterwirft, vollzieht sich ihre Entwicklung aufgrund einer „passiven" Mitwirkung der Menschen. Die Individuen erscheinen als Gegenstand, als Objekte von Veränderungen, nicht als deren Subjekte. In diesem Fall ist der Ausdruck „re-agieren" durchaus angebracht.

Aber unter bestimmten Umständen reagieren sie nicht nur, sondern werden selbst aktiv. Das Kapitel „Revolutionstheorie" analysiert die Umstände, die eine aktive Beteiligung der Menschen an der Veränderung des gesellschaftlichen Lebens *möglich* und notwendig werden lassen.

Zuvor aber sollen in einem Kapitel über Bucharins Imperialismustheorie[1] die Gesetzmäßigkeiten dargestellt werden, die den Kapitalismus in der Phase *vor* der proletarischen Revolution kennzeichnet und die als die „passiven" Bedingungen des Revolutionsprozesses interpretiert werden sollen.

Bucharin hat seine Auffassungen über den Imperialismus im wesentlichen während des ersten Weltkrieges konzipiert. Im Jahre 1915 verfaßte er seine in diesem Zusammenhang wichtigste Schrift „Imperialismus und Weltwirtschaft"[2], die zunächst nur auszugsweise in der Emigrantenzeitschrift „Kommunist" erschien; vollständig wurde sie zum ersten Male 1918 in Moskau veröffentlicht.

Ein Aufsatz „Zur Theorie des imperialistischen Staates"[3] stammt aus dem Jahre 1916. Er wird in der historischen Literatur[4] vor allem deswegen häufiger zitiert, weil er Anlaß zu Meinungsverschiedenheiten zwischen Bucharin und Lenin über die Rolle des Staates gegeben hatte.

Eine weitere größere Abhandlung schrieb Bucharin nach der Revolution. Sie erschien 1925 unter dem Titel „Der Imperialismus und die Akkumulation des Kapitals".[5] Hierin setzt er sich kritisch mit dem 1913 erschienenen Beitrag Rosa Luxemburgs zur Imperialismusforschung auseinander.[6]

Neben diesen Spezialabhandlungen werden Fragen des Imperialismus auch in vielen anderen Schriften und Reden berührt, dort jedoch zumeist nicht so systematisch und für die Theoriebildung weniger ergiebig.

Über Fragen des Imperialismus hat Bucharin nicht voraussetzungslos geschrieben. Er kannte die einschlägige Literatur und verarbeitete sie in seinen Schriften. Das galt vor allem von R. Hilferding („Das Finanzkapital", Wien 1910), J. H. Hobson („Der Imperialismus", London und New York 1902), O. Bauer („Die Nationalitätenfrage und die Sozialdemokratie" Wien 1907) und Rosa Luxemburg („Die Akkumulation des Kapitals", Berlin 1913).

Neben Bucharin hat sich innerhalb der bolschewistischen Kreise vor allem Lenin mit den Erscheinungsformen des Imperialismus beschäftigt. Dies fand seinen literarischen Niederschlag in den „Heften zum Imperialismus"[7] und der Schrift „Der Imperialismus als höchstes Stadium des Kapitalismus".[8] Ein Vergleich der von Lenin und Bucharin entwickelten Thesen läßt erkennen, daß beide Autoren den Stand der damaligen Imperialismusforschung aufarbeiteten und für die Zwecke ihrer politischen Tätigkeit nutzbar machten. Sachliche Unterschiede in den *Ergebnissen* der jeweiligen Imperialismusschriften sind kaum festzustellen.[9]

Lenin schrieb zu Bucharins „Theorie des Imperialismus" ein Vorwort, in dem er die wissenschaftliche Bedeutung der Arbeit und ihre Funktion im Klassenkampf würdigte. Damit legte er auch den Maßstab zur Beurteilung seiner eigenen Arbeit fest. Nicht auf Originalität kam es in diesem Zusammenhang an, sondern darauf, daß die jeweiligen Imperialismustheorien als Instrument im Kampf der Bolschewiki für eine sozialistische Revolution verwertet werden konnten. Diesen Aspekt meinte auch Bucharin, als er im November 1917 wünschte, daß „sich diese Arbeit möglichst bald aus einem Werkzeug des Kampfes gegen den Imperialismus in ein geschichtliches Dokument verwandeln und vom Staube der Archive bedeckt werden möge".[10]

I. Ökonomische Kennzeichen des Imperialismus

Bucharin betrachtet – wie im vorhergehenden Kapitel erläutert – gesellschaftliche Probleme vom Standpunkt ihrer Gleichgewichtsbedingungen. Das gilt auch für den – als Form des kapitalistischen Gesellschaftssystems begriffenen – Imperialismus. Seine Theorie hat die Funktion, nachzuweisen,

1. daß eine Reproduktion des Kapitalismus auf erweiterter Basis möglich ist. Hiermit sollte die relative Stabilität der kapitalistischen Verhältnisse nach der Revolution von 1848 sowie die Folgeerscheinungen dieser Stabilität für die Theorie und Praxis der Arbeiterbewegung erklärt werden.[11]
2. daß die erweiterte Reproduktion des Kapitalismus zugleich zu einem verstärkten Anwachsen der dem Kapitalismus innewohnenden Widersprüche führt. Die Frage nach dem Zusammenbruch des kapitalistischen Systems hängt im Rahmen der Bucharinschen Theorie eng mit der Frage der sich entwickelnden Widersprüche zusammen.

Für die Analyse der ökonomischen Kennzeichen des Imperialismus geht Bucharin von der Tatsache aus, daß sich die Produktivkräfte des Kapitalismus im Weltmaßstab weiterentwickelt haben. Die internationale Verflechtung der kapitalistischen

Verhältnisse hatte diesen Aufschwung der Produktivkräfte möglich werden lassen. Das bloße Faktum der Entwicklung ist bereits von erheblicher Bedeutung. Es weist darauf hin, daß es für die Spannungen und Widersprüche des Konkurrenz-Kapitalismus noch Entwicklungsmöglichkeiten, und das heißt, noch einen anderen „Ausweg" als die proletarische Revolution gab.[12]

Diese Entwicklung habe zu einer Veränderung der nationalen Wirtschaft geführt, einer Veränderung, die sich in erster Linie in der Bildung kapitalistischer *Monopolorganisationen* geäußert habe. Mit Monopolorganisationen waren Trusts, Syndikate und Bankkonzerne gemeint.

Bucharin bezeichnete die Entstehung kapitalistischer Monopole als „die logische und historische Fortsetzung des Prozesses der Konzentration und Zentralisation".[13]

Konzentration – das bedeutet die Vergrößerung des Kapitals. Dieser Begriff ist mit dem der Akkumulation identisch.[14] Der Zentralisationsprozeß erfolgt – so Bucharin – „in der Form der Aufsaugung der kleinen Kapitalisten".

Die Konsequenz dieser Entwicklung wird von ihm wie folgt geschildert: „Nach Maßgabe des Wachstums der großen und größten Unternehmen nahm der extensive Charakter der Konkurrenz (in den gegebenen territorialen Grenzen) immer mehr ab, die Zahl der Konkurrenten nahm parallel mit dem Zentralisationsprozeß ab. Aber die *Intensität* der Konkurrenz nahm in ungeheurem Maße zu, denn eine geringere Anzahl größerer Unternehmen warf nunmehr eine solche Menge von Waren auf den Markt, wie man sie in früheren Epochen nie gekannt hat."[15]

Diese Erscheinung: die Zentralisation des Konkurrenzkampfes auf immer weniger Beteiligte, fördere die Monopolisierungs so weit, daß am Ende dieser Entwicklung nur noch die Zusammenfassung der einzelnen Produktionszweige in einheitliche und organisierte Körperschaften stehe. Die Konkurrenz werde auf dieser Ebene aufgehoben. „Die Volkswirtschaft verwandelt sich in einen einzigen gewaltigen kombinierten Trust, dessen Teilhaber die Finanzgruppen und der Staat sind. Solche Bildungen nennen wir *staatskapitalistische Trusts.*"[16] (Vom Verfasser kursiv.)

Auf dem Wege zu einem solchen System werde die Produktion durch die Banken zusammengefaßt. Durch die Verschmelzung von Bankkapital und Industriekapital entstehe Finanzkapital, das die Basis abgibt für eine Beherrschung der Gesellschaft durch eine Finanzoligarchie. Die Reproduktion dieses Systems ist ein Aspekt dessen, was Bucharin unter dem Begriff Imperialismus versteht. Bucharin: „Die Politik des Finanzkapitals – das ist der Imperialismus".[17]

Der Imperialismus hat aber nicht nur eine „nationale" Seite. Er muß – so Bucharins These – auch im Zusammenhang mit der Weltwirtschaft untersucht werden. Hier kann vor einer Aufhebung der Konkurrenz nicht gesprochen werden. Im Gegenteil: der „Prozeß der Organisation der wirtschaftlich fortgeschrittenen Teile der Weltwirtschaft (ist) von einer außerordentlichen Verschärfung der gegenseitigen Konkurrenz begleitet".[18]

Zu denjenigen Merkmalen, die eine verschärfte Konkurrenz auslösen, gehören

1. die Überproduktion von Waren, die mit der Zunahme der Großbetriebe zusammenhängt;
2. die Ausfuhrpolitik der Kartelle und die Verengung der Absatzmärkte, die aufgrund der Kolonial- und Zollpolitik der kapitalistischen Mächte entstand;

3. die wachsende Disproportionlität zwischen der hochentwickelten Industrie und der rückständigen Landwirtschaft;
4. die ungeheure Zunahme des Kapitalexports und die wirtschaftliche Unterwerfung ganzer Gebiete durch die nationalen Bankkonsortien.

Der Kampf um Absatzmärkte, Rohstoffmärkte und Sphären der Kapitalanlagen verschärft sich, weil die internationale Konkurrenz ein Eindringen in die von ihr jeweils beherrschten Märkte freiwillig nicht mehr zuläßt. Da sich aber aus dem „ureigensten Wesen der kapitalistischen Gesellschaftsstruktur" die Tendenz zur Expansion ergibt, sieht Bucharin als spezifische Form der Konkurrenz in der Epoche des Finanzkapitals die Eroberungspolitik: „Das System des Weltfinanzkapitals (ruft) unvermeidlich den *bewaffneten Kampf* der imperialistischen Konkurrenz hervor."[19]

„Dieser Kampf der finanzkapitalistischen Organisationen", so formuliert Bucharin, „ist der krasseste Ausdruck für die Gegensätze und die Anarchie der kapitalistischen Produktionsmethode, wo die im Weltmaßstab vergesellschaftete Arbeit auf staatlich-‚nationale' Subjekte der Aneignung stößt."[20]

Zur gesellschaftlichen Einordnung dieser Erscheinung hat Bucharins Gleichgewichtstheorie das begriffliche Instrumentarium geliefert. Danach wird in antagonistischen Gesellschaften das Gleichgewicht nur durch Zerstörung der Produktivkräfte erreicht. Drücken sich die Antagonismen der Gesellschaft beispielsweise in Absatzschwierigkeiten aus, dann kommt es zu Produktionseinschränkungen, Arbeitslosigkeit, Zusammenbruch von Unternehmen, mit anderen Worten: zur Vernichtung von Produktivkräften. Dadurch werden die Schwierigkeiten beseitigt und die Möglichkeiten für eine Weiterentwicklung der Gesellschaft bereitgestellt.[21]

Krisen haben somit innerhalb des Kapitalismus *systemstabilisierende* Funktionen. Dasselbe gilt ebenfalls für die Kriege. Aber auch in diesem Fall ist wieder der zweite Aspekt des Reproduktionsprozesses zu berücksichtigen. Denn: „Der Prozeß der kapitalistischen Reproduktion ist nicht allein ein Prozeß der erweiterten Reproduktion der kapitalistischen Produktionsverhältnisse; er ist auch zugleich ein Prozeß der erweiterten Reproduktion der kapitalistischen Widersprüche."[22]

Soweit die ökonomischen Entwicklungsbedingungen des Imperialismus.

II. Entwicklungstendenzen des politischen Herrschaftssystems

Der Imperialismus als Politik des Finanzkapitals ist undenkbar ohne die überragende Rolle, die der Staat hierbei einnimmt. Dessen Grundfunktion besteht nach Engels in der Erhaltung, Festigung und Erweiterung des Ausbeutungsprozesses, insofern es sich um die Herrschaft einer Minorität handelt.[23] Unter den Bedingungen des monopolistischen Kapitalismus fallen ihm darüber hinaus noch andere Aufgaben zu. Im Interesse „seiner" Wirtschaft erhebt der Staat Zölle, schützt die nationale Industrie, erschwert die Entfaltungsmöglichkeiten für Ausländer. Der Staat schließt Handelsverträge ab und baut die Armee aus. Bucharin verweist wiederholt auf die Wichtigkeit der militärischen Organisation für die finanzkapitalistischen Formen der Konkurrenz. „Der Kampf unter den staatskapitalistischen Trusts wird in erster Linie durch das Verhältnis ihrer militärischen Machtmittel entschieden, denn die militärische Macht eines Landes ist die letzte Instanz, an die die kämpfenden „nationalen“ Kapitalistengruppen appellieren.“[24]

Bei aller Veränderung, die die finanzkapitalistische Monopolisierung der Wirtschaft und der Politik bewirkt hat, darf – Bucharins Auffassung nach – eine Grundtatsache nicht aus den Augen verloren werden. Es geht darum, daß eine prinzipiell neue Produktionsstruktur, d. h. eine Änderung der Klassenverhältnisse, nicht eingetreten ist. Die kapitalistische Produktionsweise beruht nach der marxistischen Theorie darauf, daß die Produktionsmittel durch die Klasse der Kapitalisten auf der Basis der Warenwirtschaft monopolisiert sind. Bucharin weist in diesem Zusammenhang nach, daß es nach wie vor auf der einen Seite die Käufer, auf der anderen die Verkäufer der Ware Arbeitskraft gebe.

Von zentraler Wichtigkeit ist hierbei Bucharins Begründung, daß es völlig gleichgültig sei, ob die Staatsmacht der unmittelbare Ausdruck dieser Monopolisierung sei, oder ob diese Monopolisierung auf „privatem Wege“ organisiert sei. Denn: „In dem einen wie im anderen Fall bleibt die *Warenwirtschaft* (vor allem der Weltmarkt) bestehen und was noch wichtiger ist, das *Klassenverhältnis zwischen Proletariat und Bourgeoisie.*“[25]

Selbst für den von Bucharin als Hypothese vorgestellten Fall, daß die gesamte Weltwirtschaft in einem einzigen staatskapitalistischen Trusts organisiert wäre und also der Markt und mit ihm die Warenwirtschaft entfiele, hätte sich die Wirtschaftsstruktur noch nicht dem Sozialismus angenähert. Es bliebe die Herrschaft einer Klasse über die andere bestehen.[26]

III. Klassen und Imperialismus

Unter dem Kapitalismus – so entwickelte Bucharin – sind sowohl Kapitalisten als auch Arbeiter „Bestandteile, Gegenpole derselben kapitalistischen Gesellschaft“. Die Gleichgewichtsbedingungen dieser Gesellschaft reproduzieren sich nicht zuletzt aufgrund einer gegenseitigen Abhängigkeit dieser gegensätzlichen Klassen, einer Abhängigkeit, „die sich in der Form einer *relativen* Solidarität der Interessen ausdrückt“.[27]

Diese Identifikation der Interessen beruht, Bucharins Auffassung nach,

1. auf der ungenügenden Entwicklung des Klassenbewußtseins;
2. auf der Kolonialpolitik der Großmächte, deren Arbeiter an der Expansion durch Lohnerhöhung teilhatten.

In seiner „Theorie des historischen Materialismus“ schreibt Bucharin: „Mit der Entwicklung der kapitalistischen Gesellschaft müßte sich die Lage der Arbeiterklasse verschlechtern. Aber die räuberischen Staaten der Bourgeoisie, die in den Kolonien und in den ‚Einflußsphären‘ dem Arbeiter das Fell über die Ohren ziehen, fütterten ‚ihre‘ Arbeiter und interessierten sie an der *Ausbeutung der Kolonien.*“[28] Auch auf der Ebene der Psychologie und Ideologie hätten die Produktionsverhältnisse ihre

Entsprechung gefunden. So sei den Arbeitern folgende Überlegung durch den Kopf gegangen: „Wenn sich die Industrie entwickelt, wird auch der Arbeitslohn steigen, die Industrie entwickelt sich aber dann, wenn sie Märkte und Sphären für ihre Kapitalanlage hat, folglich ist die Arbeiterklasse an der Kolonialpolitik der Bourgeoisie interessiert, folglich gilt es, die ‚vaterländische Industrie' zu verteidigen, folglich muß man ‚für den Platz an der Sonne' kämpfen."[29]

Bucharins Einschätzung der so beschriebenen Arbeiterklasse war vernichtend. „(Sie) gab ihre dauernden und allgemeinen Interessen preis für jene Brocken, die ihr die Bourgeoisie zuwarf, während sie aus den Kolonialarbeitern, Halbarbeitern usw. die letzten Säfte herauspreßte."[30]

IV. Der Zusammenbruch der kapitalistischen Ordnung

Die Frage, unter welchen Bedingungen der Kapitalismus zusammenbrechen könnte, umreißt die Motivation und das Ziel marxistischer Gesellschaftstheorie. Alle anderen Seiten, die zur Analyse der kapitalistischen Bewegungsgesetze gehören, sind Beiwerk, interessante und gelehrige Studien zwar, aber doch – für sich genommen – ohne Funktion. Erst die Aussicht auf eine mögliche Abschaffung des alten Systems gibt der Imperialismustheorie einen benennbaren Stellenwert im Rahmen einer allgemeinen Theorie vom Sozialismus.

Das Interesse marxistischer Theoretiker für die zunehmende Konzentration und Zentralisation des Kapitals, für das Anwachsen der vom Finanzkapital beherrschten Monopole, richtet sich mithin auf die historische Dimension dieser Erscheinungen, darauf, daß sie vergänglich sind.

Bucharin hat das gegenständliche Material für seine Überlegungen der damaligen Zeit des Weltkriegs entnommen. Dieser erste Krieg im Weltmaßstab drückte die Negativität der überkommenen Ordnung überdeutlich aus. Der Krieg als eine besondere Form kapitalistischer Konkurrenz spielt daher für den Zusammenbruch in Bucharins Imperialismustheorie eine entscheidende Rolle.

Auf welche Weise dies geschieht, soll nun kurz skizziert werden. Bucharin überlegte sich, welche Entwicklung sich hätte vollziehen können, wenn der Weltkrieg im zweiten Jahr mit dem Sieg einer der Machtgruppen geendet hätte. Seine Antwort: unter diesen Umständen hätte die kapitalistische Ordnung viele Chancen gehabt, sich wieder aufzurichten, mehr noch: nach Wiederherstellung der zerstörten Teile des konstanten Kapitals wäre seiner Meinung nach sogar eine gewisse Weiterentwicklung, und zwar in höherer, zentralisierterer Form, möglich gewesen. Aus dieser hypothetischen Betrachtung resümierte er: „Das, was vom Standpunkt der Produktionskreisläufe, die an den Krieg unmittelbar gebunden . . . waren, sich als reiner Verlust präsentierte, das konnte sich also vom Standpunkt der allgemeinen Bewegung des kapitalistischen Systems in seinem großen historischen Maßstab als vorübergehende Herabsetzung der Produktivkräfte erweisen, zu welchem Preise eine weitere und dabei mächtigere Entwicklung dieser Kräfte erkauft worden wäre."[31]

Mit anderen Worten: die Frage, ob der Krieg zur teilweisen Aufhebung von Widersprüchen führt und damit als Faktor des gesellschaftlichen Gleichgewichts zu verstehen ist oder als notwendige Bedingung des Zusammenbruchs – diese Frage läßt sich aus den Reproduktionsprozessen der *materiellen Elemente der Reproduktion* allein nicht beantworten.

Vielmehr müsse die Analyse zu erfassen suchen, wie lange sich die Arbeiterklasse die Zuspitzung der Widersprüche, die den anderen Aspekt der erweiterten Reproduktion ausdrücke, gefallen lassen. Als besonders gravierende Widersprüche nennt Bucharin

1. die Teuerung, die auf der Disproportionalität der kapitalistischen Produktion beruht, und die zur realen Lohnsenkung führt;
2. die Disproportionalität zwischen Weltindustrie und Weltlandwirtschaft;
3. die Zunahme des Militarismus, die eine verstärkte Besteuerung nach sich zieht. Überdies müssen die kollossalen unproduktiven Ausgaben der Kriegsmaschinerie aufgebracht werden;
4. Preissteigerungen infolge der Erhöhung der Zollsätze und wegen der Monopolbildung.

Diese den einzelnen Arbeiter unmittelbar betreffenden Widersprüche verursachen eine „nicht nur relative, sondern auch absolute Verschlechterung der Lage der Arbeiterklasse“.[32]

Und schließlich nennt Bucharin noch einen letzten Grund, der unter den Arbeitern das Bedürfnis nach Sprengung der imperialistischen Ketten wachrufen könnte, und zwar: die „tatsächliche Versklavung durch den imperialistischen Staat“.[33] Den Arbeitern wurde im Krieg das Streikrecht, das Koalitionsrecht, das Recht auf freie Wahl des Betriebes etc. genommen. Daher, so folgert Bucharin, verwandeln sie sich in „Leibeigene, die nicht an den Boden, sondern an den Betrieb gefesselt sind. Sie werden zu weißen Sklaven des imperialistischen Raubstaates, der die gesamte Produktion in den Rahmen seiner Organisation hineingedrängt hat.“[34]

All diese Widersprüche finden ihre schärfste Ausformung im Krieg. Umgekehrt wird der Krieg zugleich zur wichtigsten Voraussetzung für die Aufhebung der Widersprüche. Er sprengt die „letzte Fessel, die die Arbeiter an die Unternehmer knüpfte, die sklavische Ergebenheit gegenüber dem imperialistischen *Staat.*“[35]

Zusammenfassung

Die Gleichgewichtstheorie angewandt auf die Verhältnisse entwickelter kapitalistischer Gesellschaftssysteme zur Zeit des I. Weltkrieges – dies ist Bucharins methodischer Ansatz für seine Theorie des Imperialismus. Er fragt nach den Widersprüchen des imperialistischen Systems und nach der Klammer, die diese Widersprüche zusammenhält. Er untersucht die sich verändernden Erscheinungsweisen des Kapitalismus und die Reaktion der hieran beteiligten Menschen.
Im einzelnen kommt er zu folgenden Ergebnissen:

1. Der Imperialismus ist ein System zur Reproduktion finanzkapitalistischer Interessen.
2. Durch die Bildung kapitalistischer Monopolorganisationen hat der Imperialismus einige Widersprüche der vorhergehenden Phase des Kapitalismus, namentlich die innerstaatliche Konkurrenz und die damit verbundene „Anarchie" der Produktionsweise aufgehoben.
3. Dies führte jedoch nicht zur Beseitigung dieser Widersprüche insgesamt. Sie wurden vielmehr von der nationalen auf die internationale Ebene verlagert und erfuhren dadurch eine ungeheure Verschärfung. Die weltweiten Wirtschaftskrisen und die imperialistischen Kriege sind der krasseste Ausdruck für die neuen Konkurrenzverhältnisse.
4. Krisen und Kriege bewirken nicht automatisch den Zusammenbruch des imperialistischen Systems. Im Gegenteil. Für sich genommen haben sie system*stabilisierende* Funktionen. Sie beseitigen die Hindernisse für eine noch weitergehende Zentralisation und Konzentration des Kapitals. Die damit zusammenhängende vorübergehende Vernichtung von Produktivkräften ist der Preis für diese Entwicklung.
5. Der Staat spielt für das Gleichgewicht des imperialistischen Systems eine entscheidende Rolle. Seine einzelnen Institutionen dienen unmittelbar den Interessen der finanzkapitalistischen Bourgeoisie. Besondere Bedeutung kommt dem Militär zu, das als Instrument des Konkurrenzkampfes eingesetzt wird.
6. Die beiden Hauptklassen des Imperialismus, die Arbeiter und die Kapitalisten, sind Gegenpole ein und derselben Gesellschaft. Diese Gesellschaft reproduziert ihr Gleichgewicht nicht zuletzt aufgrund der gegenseitigen Abhängigkeit beider Klassen voneinander, was zu einer „relativen Solidarität der Interessen" führt.
7. Die Stabilität des imperialistischen Staates kann nur durchbrochen werden, wenn die Arbeiterklasse nicht mehr bereit ist, den Preis (d.h.: vorübergehende Herabsetzung der Produktivkräfte, die damit verbundene Arbeitslosigkeit, Preissteigerung, Entrechtung der Arbeiter etc.) für die erweiterte Reproduktion der monopolkapitalistischen Produktionsverhältnisse zu zahlen.
8. Von den Bedingungen für eine solche Aktivität des Proletariats wird im folgenden Kapitel die Rede sein. Bucharins Imperialismustheorie hat im Rahmen einer allgemeinen Theorie des Sozialismus die Funktion, die Voraussetzungen und die Perspektive für den Zusammenbruch des kapitalistischen Systems zu analysieren.

C. Revolutionstheorie

I. Voraussetzungen der Revolution

Die Bestimmung des Übergangs in eine neue historische Qualität ist einer der zentralen Bereiche jeder Revolutionstheorie.[1] In Bucharins Denken, gerade auch dort, wo es sozialdemokratischen Einwänden begegnet, nimmt die Frage der „Reifung neuer Produktionsverhältnisse, einer neuen Gesellschaftsform oder – was dasselbe ist – einer neuen ‚Produktionsweise' im Schoße der alten sozio-ökonomischen und politischen Hülle"[2] einen wichtigen Platz ein. Die von ihm benannten und hier darzustellenden Voraussetzungen für das Entstehen einer revolutionären Situation zeigen, wie vorsichtig er im Umgang mit historischen Verallgemeinerungen und vermeintlichen Marx'schen ‚Gesetzen' sein kann.

Zunächst soll zur Eingrenzung und Problematisierung dieses Kapitels referiert werden, mit welchen Argumenten Bucharin mechanischen Revolutionstheorien begegnete.

Bucharin polemisiert gegen marxistische Theoretiker[3], die den Prozeß des Übergangs von der feudalen in die kapitalistische Gesellschaft und die dabei auftretenden und von Marx dargestellten Gesetzmäßigkeiten mechanisch auf die Umwandlung einer kapitalistischen in eine sozialistische Gesellschaft übertrügen.

Mit einem solchen methodischen Ansatz kamen sie zu zwei Folgerungen: erstens, daß der Kapitalismus in Rußland für den Sozialismus überhaupt nicht reif sei; zweitens, daß die russische Revolution in keiner Weise für sich die Bezeichnung proletarische Revolution beanspruchen könne.

Durch die Ausarbeitung der spezifischen Unterschiede zwischen dem kapitalistischen Wachstum in einer feudalen Gesellschaft und dem sozialistischen Wachstum in einer kapitalistischen Gesellschaft versucht Bucharin die Haltlosigkeit der theoretischen Aussagen seiner Gegner zu belegen.

Der Kapitalismus, so schildert er, reife innerhalb der feudalen Gesellschaft in der Stadt heran, die sich als Gegensatz zum feudalen Landgut entwickele. „Aus der Stadt läßt er Millionen Fühler ins Dorf wachsen, löst die Naturalwirtschaft auf, untergräbt die alten Verhältnisse und beginnt eine Welt nach eigenem Muster zu schaffen."[4] Charakteristisch daran sei dies, daß „die neuen Verhältnisse *als Ganzes*, in all ihrer Gesamtheit wachsen."[5] Nicht nur das materielle Gerippe des Kapitalismus, sein Apparat, seine Technik, seine gesellschaftlichen Beziehungen, sondern die Gesamtheit dieser Beziehungen wüchsen bereits innerhalb des Feudalismus. Beide Pole der gesellschaftlichen Produktionsverhältnisse des Kapitalismus, die Bourgeoisie und das Proletariat, seien in den Städten vorhanden. „Die ganze kapitalistische Hierarchie, . . . vom ungelernten Arbeiter über den Unteroffizier der Industrie zum höchsten Kommandopersonal und zur besitzenden Oligarchie, all dies besteht bereits in fertigem Zustand im Rahmen der feudalen Gesellschaft.“[6]

Der Sozialismus dagegen könne auf vergleichbare Weise im Rahmen des kapitalistischen Systems nicht heranreifen[7], denn „der Sozialismus hat kein sozusagen eigenes ökonomisches Feld, wo er selbständig wachsen könnte. Das Proletariat entwickelte sich nicht *neben* der Bourgeoisie, sondern unter ihr, ohne seine eigene administrative Produktionsspitze.“[8]

Ein weiterer Bereich der Divergenz im Reifungsvorgang der jeweiligen Produktionsverhältnisse bezieht sich auf die Rolle der Widersprüche zwischen den Klassen. Die Widersprüche zwischen Bourgeoisie und Grundbesitzern seien völlig anderer Art als die zwischen Proletariat und Bourgeoisie.[9]

Das Proletariat werde von der Bourgeoisie wirtschaftlich ausgebeutet, während zwischen der Bourgeoisie und den Grundbesitzern eher Übereinstimmung ihrer Interessen herrsche. Beide teilen das von Bauern und Handwerkern geschaffene Mehrprodukt – wenn auch zu ungleichen Teilen – untereinander auf. Lediglich politisch sei die Bourgeoisie in diesem Stadium der Entwicklung noch nicht völlig gleichgestellt.

Alles, was die Entwicklung sozialistischer Produktionsverhältnisse einleite und fördere, vollziehe sich also unterhalb der Schwelle einer neuen Qualität, bewege sich tendenziell in diese Richtung, bedürfe aber zusätzlicher Impulse, um neue Verhältnisse als Ganzes entstehen zu lassen. Von diesen zusätzlichen Impulsen, die die Rolle des Überbaus, der Führer, der Partei etc. betreffen, soll in einem besonderen Abschnitt die Rede sein.

Der Vorwurf, Rußland sei aufgrund seiner schwach ausgebildeten sozialistischen Formen für den Sozialismus nicht reif, ließ also, Bucharins Auffassung nach, die spezifischen Entwicklungsbedingungen einer unter dem Kapitalismus heranreifenden Revolution außer acht.

Was die auf eine künftige sozialistische Gesellschaft weisenden Zeichen innerhalb der Spätphase des Kapitalismus und damit die Voraussetzung für den revolutionären Umsturz angeht, so erkennt Bucharin folgende Tendenz:

1. die konzentrierten und zentralisierten Produktionsmittel, die fürderhin einen *regulierten* Arbeitsprozeß ermöglichen,
2. das Proletariat, das immer vollständiger den *gesellschaftlichen* Charakter der Arbeit verkörpert,
3. die zunehmende Qualifikation der Arbeiter durch organisatorische und administrative und leitende Arbeit,
4. die Entwicklung von „Arbeitsorganisationen, die künftig zur Grundlage des Verwaltungsapparates der proletarischen Diktatur werden können.“[10]

Diese vier, an anderer Stelle näher darzustellenden Bereiche antizipieren in Bucharins Sicht bereits ein Stück sozialistischer Gesellschaftsordnung, selbst wenn sie diese bei weitem nicht ausmachen.

Hiermit soll zunächst einer der Ausgangspunkte der Bucharinschen Revolutionstheorie umrissen sein. Dabei gilt es, den praktischen Bezug dieser allgemeinen Aussagen zu berücksichtigen. Bucharin sprach von „Tendenzen" und „Ansätzen" deswegen, weil mehr in der Wirklichkeit Rußlands noch nicht zu erkennen war.

Ob aber eine „Tendenz" schon die Sprengkraft besitzen kann, die zum Zerreißen der kapitalistischen Hülle erforderlich wäre, – dies ist eine Frage, die Bucharin durch seine Imperialismustheorie[11] und seine Parteitheorie[12] positiv beantwortete. Bucharin nahm darin den Marx'schen Bedingungen für den Übergang: hoher Entwicklungsgrad der Produktivkräfte und ein entsprechend hohes gesellschaftliches Bewußtsein auf seiten der revolutionären Klasse, ihre Ausschließlichkeit. Es wird auf diesen Themenbereich wieder eingegangen, nachdem auch die anderen Ausgangspunkte der Revolutionstheorie dargestellt wurden.

Die negative Bestimmung der „Reife", auf die an dieser Stelle nur hingewiesen werden soll, fällt Bucharin relativ leicht. Er interpretiert die Marx'sche Aussage, nach der eine Gesellschaftsordnung erst dann durch eine andere abgelöst werden kann, wenn sie nicht mehr entwicklungsfähig ist, am Beispiel der damaligen historischen Situation: „Der Weltkrieg, der Beginn der revolutionären Ära usw. *ist gerade ein Ausdruck jener objektiven ‚Reife'*, von der die Rede ist. Denn hier war ein Konflikt von höchster Intensität die Folge des maximal erweiterten Antagonismus, der sich beständig reproduzierte und im Schoße des kapitalistischen Systems *wuchs.* Seine erschütternde Kraft ist ein ziemlich genauer Anzeiger für den Grad der kapitalistischen Entwicklung und ein tragischer Ausdruck der vollkommenen Unvereinbarkeit eines weiteren Wachstums der Produktivkräfte unter der Hülle der kapitalistischen Produktionsverhältnisse . . . Die imperialistischen Kriege zeigen, daß sich die Weltwirtschaft auf kapitalistischer Basis nicht weiter entwickeln kann."[13]

Der Krieg ist „Ausdruck" und „Anzeiger" einer gesamtgesellschaftlichen Entwicklungsstörung, die unter kapitalistischen Verhältnissen nicht mehr reparabel ist – dies ist Bucharins negative Definition der „Reife".

Es wurde bislang dargestellt, wie weit sich die dem kapitalistischen System innewohnende Negativität bereits entwickelt hat. Die andere, damit verbundene Frage: wieweit die unter diesem System Lebenden zur Aufhebung der Negativität bereit sind, führt zum nächsten Abschnitt.

1. Träger der Revolution

Auf die Frage, wer Träger dieser neuen, zur Revolution führenden Entwicklung sei, hatte Marx bereits die für alle Sozialisten gültige allgemeine Antwort gegeben: die Arbeiterklasse. Durch sie und mit ihr werde die Revolution realisiert, wobei Gemeinsamkeit zwischen den verschiedenen Marx-Interpreten nur über die formale Seite des Begriffs der „Arbeiterklasse" besteht, nicht indes über den Inhalt. Der Inhalt betrifft Fragen wie z. B., wer zur Arbeiterklasse gehört, durch welche Merkmale sich eine Klasse bestimmen läßt, welche Rolle diese Klasse vor, während und nach der revolutionären Umgestaltung der kapitalistischen Wirtschafts- und Gesellschaftsordnung spielt und welche Bündnisse sie einzugehen habe.

Auf die Bedeutung der Klassen für den revolutionären Umsturz und die Zeit danach weist Bucharin in allen Beiträgen, die sich mit der Revolution beschäftigen, hin. In seiner „Theorie des historischen Materialismus" heißt es in diesem Zusammenhang: „Die Klassen bilden in dem objektiv sich entfaltenden Prozeß der gesellschaftlichen Veränderung den grundlegenden Transmissionsapparat, durch den die ganze Gesamtheit der Gesellschaft verändert wird." Eine solche Funktion würden die Klassen nicht automatisch erfüllen, sondern aufgrund des Wollens und Handelns von Menschen. „Die Struktur der Gesellschaft ändert sich *durch* die Menschen und nicht außerhalb der Menschen ... Aber wenn wir unter den unzähligen individuellen Willen, die in verschiedenen Richtungen verlaufen und letzten Endes eine gewisse gesellschaftliche Resultante ergeben, versuchen werden, die Grundrichtungen festzustellen, so werden wir jeweils gleichartige Willensbüschel erhalten: das werden die *Klassenwillen* sein. Sie treten besonders scharf einander gegenüber in der Revolution, d. h. in der Erschütterung der Gesellschaft beim Übergang von einer Klassenform in die andere."[14]

Zur Rechtfertigung der besonderen, geschichtsverändernden Position des Proletariats äußert sich Bucharin unterschiedlich. Zum einen erklärt er: „Diejenige Klasse" – und er meint das Proletariat – „hat ... das historische Recht, in der Gesellschaft zu herrschen und zu regieren, die *aus sich heraus* (von mir kursiv, U.S.) eine genügende Anzahl von Administratoren, Organisatoren und Ideologen produzieren kann, die die Gesellschaft auf den bestimmten Klassenweg führen kann",[15] und betont damit die Fähigkeit dieser Klasse zur Selbstorganisation. An anderer Stelle dagegen wird er nicht müde zu versichern, daß es erst die höhere Einsicht der Partei und Parteiführer in den Lauf der Geschichte und in das Interesse der Arbeiter ist, die dem Proletariat als Klasse zur Geschichtswirksamkeit verhilft.[16]

Mit diesen beiden, einander widersprechenden Aussagen drückt Bucharin in der Theorie aus, was auch in der Praxis der Jahre nach der Revolution als Widerspruch sich darstellt.

In seinem Buch „Theorie des historischen Materialismus" definiert Bucharin gesellschaftlichen Klassen als „die Gesamtheit der Personen, die in der Produktion die gleiche Rolle spielen, *die im Produktionsprozeß in gleichen Verhältnissen zu den anderen stehen, wobei diese Verhältnisse auch in den Dingen* (Arbeitsmitteln) *ihren Ausdruck finden.*[17] Daraus ergibt sich der Umstand, daß im Distributionsprozeß jede Klasse durch die einheitliche Einkommensquelle verbunden ist, denn die Verhältnisse der *Distribution der Produkte* werden durch die Verhältnisse der Produktion bestimmt."[18]

Die Betonung der Produktion als dem Ausgangspunkt für die Unterscheidung von Klassen und Einkommensarten ist der in diesem Zusammenhang wichtigste Punkt der Bucharinschen Deutung. Die Rolle der Menschen in der Produktion und das Eigentum an den Produktionsmitteln, in Bucharins Worten: „Die Distribution der Menschen" und die „Distribution der Produktionsmittel"[19] gelten ihm als die – innerhalb einer gegebenen Produktionsweise – feststehenden und entscheidenden Größen, die auch den Verteilungsprozeß der verschiedenen Einkommensformen bestimmen.[20]

Den Einkommensformen Profit, Grundrente, Arbeitslohn entsprechen die drei Klassen der Kapitalisten, Grundeigentümer und Proletarier.

Einschränkend führt Bucharin an, daß sich Klassen auch noch nach anderen Kriterien unterscheiden. Außer den Bereichen von Produktion und Distribution nennt er Politik, Psychologie und Ideologie. „Denn das eine hängt vom anderen ab, alle diese Erscheinungen sind gegenseitig miteinander verbunden . . . Aber dieser Zusammenhang ist eben letzten Endes durch die Lage der Klassen im Produktionsprozeß bedingt. Deshalb müssen wir die Klassen nach einem Produktionsmerkmal definieren."[21]

Klassen und ihre Merkmale interessieren in diesem Kapitel nur insoweit, als sie die mit der Revolution verknüpfte Problematik erhellen können. Daher wird auf weiterführende Aspekte des Begriffs an anderer Stelle eingegangen werden. Hier soll die Frage geklärt werden, warum für Bucharin eine bestimmte Klasse, und zwar das Proletariat, der bewegende, die Geschichte verändernde Teil der Gesellschaft ist. Bewegung in der Geschichte vollzieht sich entsprechend der Marxschen Lehre durch die Zuspitzung und Aufhebung gesellschaftlicher Widersprüche. Eine Klasse wird zum Motor der gesellschaftlichen Entwicklung, sofern sie sich als Widerspruch zur bestehenden Ordnung konstituiert. Bucharin erklärt diesen Widerspruch als „Antagonismus zwischen der Klasse, die die Produktionsmittel monopolisiert, und der Klasse, die keine Produktionsmittel hat".[22] Dieser Antagonismus finde konkret seinen Ausdruck im Antagonismus des Einkommens, „im Widerspruch zwischen den Anteilen an dem erzeugten Produkt, die jeder Klasse bei der Verteilung der ganzen erzeugten Produktmasse zufällt. Dieses verschiedene ‚Sein' der Klassen bestimmt auch ihr ‚Bewußtsein'. Die Widersprüche des ‚Seins' . . . finden ihr nächstes Abbild im Entstehen der *Klasseninteressen*"[23], deren allgemeinster Ausdruck das Bestreben der Klasse sei, ihren Anteil bei der Verteilung der Produktmasse zu vergrößern.

Dieses an der *Verteilung* orientierte Interesse eigne sich jedoch lediglich zur äußeren Kennzeichnung eines Systems, in dem zwangsläufig eine Klasse benachteiligt wird. Eine weiterführende Analyse werde durch die Betrachtung des *Produktionsprozesses* ermöglicht: im System der Klassengesellschaft vollziehe sich die wirtschaftliche Ausbeutung der physisch Arbeitenden im *Produktionsprozeß*; folglich werde die Aktion, die die arbeitende Klasse zur Befreiung von der Ausbeutung unternimmt, nicht nur gesellschaftsverändernden Charakter haben, sondern notwendig zur Organisierung neuer und höherer Formen der *Produktion* führen. Höher, da mit der Klassenspaltung diejenigen Widersprüche aufgehoben werden, die die Entwicklung der Produktivkräfte hemmten.

Für die nähere Bestimmung der Merkmale einer revolutionären Klasse nennt Bucharin fünf Kriterien:

„1. Es muß eine Klasse sein, die in der kapitalistischen Gesellschaft eine *wirtschaftlich ausgebeutete und politisch unterdrückte Klasse* darstellt. Ist es nicht der Fall, so wird sie natürlich keinen Grund haben, gegen die kapitalistische Ordnung anzuschlagen: sie wird unter keinen Umständen rebellieren.

2. Daher muß diese Klasse, einfach ausgedrückt, auch eine ‚arme Klasse' sein; sonst kann sie ihre Armut mit dem Reichtum der anderen Klasse nicht vergleichen.

3. Sie muß eine produzierende Klasse sein. Sonst, wenn die betreffende Klasse keine produzierende Klasse ist, d. h. wenn sie an der Erzeugung von Werten keinen unmittelbaren Anteil nimmt, kann sie bestenfalls zerstören, nicht aber erzeugen, schaffen, organisieren.
4. Es muß eine Klasse sein, die *durch das Privateigentum nicht gebunden* ist. Denn, wenn wir eine Klasse haben, deren materielle Existenz auf Privateigentum beruht, dann wird sie selbstverständlich bestrebt sein, ihr Eigentum zu vergrößern, nicht aber das Privateigentum abzuschaffen, wie es der Kommunismus verlangt.
5. Die Klasse muß eine Klasse sein, die durch ihre Existenzbedingungen *zusammengeschweißt* und an *gemeinsame* Arbeit Schulter an Schulter gewohnt ist. Denn sonst wird sie außerstande sein, eine Gesellschaft herbeizuwünschen oder gar aufzubauen, die die Verkörperung der gesellschaftlichen, kameradschaftlichen Arbeit wäre. Noch mehr, sonst wäre sie nicht imstande, auch nur den *organisierten* Kampf zu führen, nicht imstande, eine neue Staatsmacht zu organisieren."[24]

Diese fünf Merkmale beschreiben deutlich die Situation nur einer Klasse im damaligen Rußland: des Proletariats.[25] Zwar waren z. B. die Bauern ebenfalls wirtschaftlich ausgebeutet und politisch unterdrückt. Und sie gehören auch zu den Klassen, die in der Lage waren, Werte zu schaffen, zu produzieren. Aber: ihre Existenz beruhte auf Privateigentum, „der Bauer", schreibt Bucharin, „hat seine ganze Freude an einem eigenen Stück Land."[26] Hinzu kommt noch die Vereinzelung der Bauern in der Produktion, die sie daran hindert, die Erfahrung der Solidarität, des gemeinschaftlichen Handelns und Wirtschaftens, zu machen.

Für das von Bucharin als besondere Klasse charakterisierte Lumpenproletariat erweist sich dessen mangelnde Produktivität als Haupthindernis für die Rolle eines Trägers der Revolution. Was also bleibt, ist die Arbeiterklasse. Nur auf sie treffen alle fünf Merkmale der Bucharinschen Bestimmung zu. Diese auf dem gesellschaftlichen Sein der betreffenden Klassen beruhende Kennzeichnung habe für den psychologischen und ideologischen Bereich dieser Klasse ganz konkrete Konsequenzen: „Bei dem Proletariat – Hass gegen das Kapital und seinen Staat, revolutionärer Geist, Gewohnheit, organisiert vorzugehen, kameradschaftliche Psychologie, produzierende, aufbauende Auffassung der Sache, Ablehnung des Althergebrachten, negative Stellungnahme zu dem ‚geheiligten Privateigentum', dieser Säule der bürgerlichen Gesellschaft usw.; bei dem Bauern – Hang zum Privateigentum, das ihn von allem Neuen abhält, Individualismus, Abgesondertheit, Argwohn gegen alles, was jenseits seines Dorfes liegt; bei dem Lumpenproletarier – Schlampigkeit und Haltlosigkeit, Hass gegen das Alte und zugleich die Ohnmacht, etwas aufzubauen und zu organisieren, Individualismus der deklassierten ‚Persönlichkeit', die das tut, was ihrem linken Fuß Spaß macht."[27]

Bucharin ordnet dem Lumpenproletariat die Ideologie des Anarchismus[28] zu, von dem im Zusammenhang mit seiner Theorie der Transformationsperiode noch die Rede sein wird.

Bislang wurden Bucharins theoretische Ausführungen über die Rolle des Proletariats als dem Träger einer revolutionären Umgestaltung dargestellt. Unerwähnt blieb dabei der Aussagewert solcher Bestimmungen, d. h. die Frage, ob Bucharin den konkreten Inhalt, eine Tendenz oder nur die Vorbedingungen einer revolutionären Entwicklung aufgezeigt haben wollte. Die Beantwortung dieser Frage muß im Zusammenhang mit Bucharins Theorie vom Heranreifen des Sozialismus innerhalb der kapitalistischen Gesellschaftsordnung erfolgen. Dann wird deutlich, daß sich die gerade dargestellte Entwicklung des Proletariats nicht tatsächlich so vollzogen haben kann, daß vielmehr alle diese Merkmale *potentiell* vorhandene, sich fortschreitend mit der Bewegung der gesellschaftlichen Verhältnisse entwickelnde Kennzeichen des Proletatiats sind, und – was wichtig ist – daß nur das Proletariat mit seiner revolutionären Kraft die Voraussetzungen zu ihrer vollständigen Reifung mit sich bringt. Die Begründung dieser Voraussetzungen ist es, die den theoretischen Gehalt der oben wiedergegebenen Punkte ausmacht.

Zur Entfaltung dieser Voraussetzungen bedarf es aber – wie bereits erwähnt – wegen des alle Lebensbereiche umfassenden Totalitarismus der kapitalistischen Ordnung – zusätzlicher organisierender und initiierender Kräfte (Partei, Parteiführer etc.).

Aus alle dem wird zweierlei deutlich:
1. daß ohne die Marxschen Revolutionsbedingungen zwangsläufig sehr viel mit Überlegungen gearbeitet werden muß, in denen die Potentialität, Tendenz, Hypothese, die wichtigsten Begriffe ausmachen. Aber Revolutionstheorie ist für Bucharin Anleitung zum Handeln, nicht Analyse eines Zustandes. Darin liegt die Rechtfertigung für sein Vorgehen;
2. daß der Entwicklungsabstand zwischen Potentialität und Realität, der durch die mangelhafte Entwicklung der Produktivkräfte in Rußland erklärbar ist[29], durch die Theorie von der Rolle der Partei verkürzt wird.

Diese Entwicklung läßt sich auch an einem anderen Bereich verdeutlichen: der Kulturrevolution.

2. Kulturrevolutionäre Bedingungen

Zum Problem des Heranreifens einer neuen Gesellschaftsform, zu den Voraussetzungen eines revolutionären Sprunges gehört neben der Frage nach den Trägern dieser Entwicklung auch deren kulturelle Qualifikation.[30] Bucharin läßt keinen Zweifel daran, daß das Proletariat, unter den Bedingungen ökonomischer Ausbeutung kulturell nicht höher stehen könne als die herrschende Bourgeoisie[31], die es stürzen wolle: „Völlig falsch ist die Ansicht, daß nach und nach bereits im Schoße des kapitalistischen Systems der Unterschied zwischen dem Techniker und dem Arbeiter . . verwischt wird. Es wäre natürlich wunderschön, wenn die Arbeiterklasse selbst . . . schon im Kapitalismus sich in eine technische Intelligenz verwandelte, mit ihr verschmölze und auf diese Weise kulturell so gereift wäre, daß sie die Funktionen der Produktionsverwaltung ausüben könnte."[32] Bucharin betont, daß gerade die gegenläufige Tendenz über eine verstärkte Arbeitsteilung und Mechanisierung realisiert werde.

Proletarische Kultur dagegen entwickele sich überwiegend aus dem Anwachsen der Arbeiterorganisationen und stütze sich überdies auf Überläufer aus den Reihen der Intelligencija. Inhalt und Methoden einer solchen Kultur reflektierten die Formen proletarischen Produzierens, bei dem Zusammenarbeit und Erfahrung der Solidarität im Kampf die charakteristischen Merkmale bildeten.

„Das Proletariat . . . erhebt die Vereinigung . . . der Gesamtsumme menschlichen Wissens zum Prinzip seiner Ideologie. Es verficht dieses Prinzip gegen jene Arbeitsteilung, die die verschiedenen Kulturbereiche völlig zerstückelt, deren Zusammenhang im Bewußtsein der Bourgeoisie beseitigt, deren Synthese verhindert . . . Das Proletariat unterstreicht darüber hinaus die *praktische Bedeutung* jeglichen ‚Kulturwertes' und beseitigt dadurch jenen *Fetischismus*, von dem die Ideologie der Bourgeoisie durchdrungen ist."[33] „Absolute Ideale" würden ersetzt durch das „Prinzip der sozio-technischen Nützlichkeit".[34]

Die Kraft zur Koordination, die Bucharin dem Proletariat zuspricht und die sich auf die kulturelle Bewältigung des Lebens bezieht, versteht er zugleich als Indiz für die Möglichkeit künftiger Harmonie. Es ist dieses Moment, das die Überlegenheit proletarischer Kultur gegenüber der bürgerlichen anzeigt, und das etwas aussagt über die Prinzipien und die Struktur der jeweiligen Kultur.

Allerdings reicht diese Kraft im Rahmen von bürgerlichen Produktionsverhältnissen nicht aus, um eine proletarische Kultur extensiv und intensiv entwickeln zu können. Voraussetzung dafür wäre, daß das Proletariat die politische Macht in seinen Händen hätte. Das Proletariat „verändert seine Natur und reift als Organisator der Gesellschaft nur in der Periode seiner Diktatur heran."[35]

3. Die Rolle der Partei und der Parteiführer

Die Rolle der Revolutionsführer steht mit den Aussagen über die kulturelle Entwicklung der revolutionären Klasse in engstem Zusammenhang. Je gefestiger die kapitalistische Ordnung auf dem Gebiete der sie reproduzierenden und rechtfertigenden Kultur erscheint, desto wichtiger wird die Rolle der gebildeten Führer für den Umsturz dieser „stabilen" Macht.[36]

Im vorhergehenden Abschnitt wurde dargestellt, warum Bucharins Auffassung nach die Arbeiterschaft in ihrer geistigen und beruflichen Ausbildung während der Periode des Kapitalismus unterentwickelt bleiben müsse. Hier nun soll erörtert werden, wie Bucharin die Arbeiter im Verhältnis zueinander betrachtet. Er bezieht sich offenbar auf seine Erfahrungen und Beobachtungen in Rußland, obwohl die Allgemeinheit seiner Formulierungen dazu verleiten kann, diesen Umstand außer acht zu lassen.

Wenn Bucharin schreibt, es sei naiv, vorauszusetzen, daß „jede Klasse ein durchaus einheitliches Ganzes darstellt, wo alle Teile gleich sind, wo Hinz genau dasselbe ist wie Kunz" und über das Proletariat aussagt, daß „sogar das ‚Sein' der verschiedenen Teile der Arbeiterklasse ungleich (ist)"[37], dann könnte man glauben, Uneinheitlichkeit und Ungleichheit der Arbeiterschaft sei in Bucharins Augen deren wesentliches Charakteristikum. Daß dem – auch nach Bucharins Willen – nicht so ist, läßt sich Überlegungen entnehmen, die er – an anderer Stelle – in die Diskussion einbringt.

Immerhin: auf der historisch vorgefundenen Ungleichheit als *einem* Merkmal des *russischen* Proletariats baut seine gesamte Argumentation über Partei und Parteiführer auf. So erklärt er die Unterschiede innerhalb der Arbeiterklasse mit der „Ungleichartigkeit der wirtschaftlichen Einheiten", (die je nach ihrer Größe unterschiedlich bewußte Arbeiter produzierten) und mit dem Umstand, daß „die Arbeiterklasse . . . sich aus (anderen) Gruppen der kapitalistischen Gesellschaft (z. B. Bauern, Handwerker, etc.) bildet."[38]

In ihrem „Sein" unterscheidet sich die Arbeiterklasse also nach ihrer Herkunft und nach der Größe des Betriebes. Diesen Unterschieden entspricht auch ein jeweils anderer Bewußtseinsstand. Dazu Bucharin: „Die Arbeiterklasse zerfällt also, *ihrem Klassenbewußtsein nach*, d. h. in bezug auf ihre dauernden, allgemeinen, nicht ihre persönlichen, nicht ihre Zunft- und Gruppeninteressen, sondern in bezug auf die Interessen *der Gesamtklasse, in eine Reihe von Gruppen und Untergruppen.*"[39]

Zu selbsttätiger Veränderung der eigenen Lage ist das Proletatiat also nicht nur wegen seiner kulturellen Rückständigkeit, sondern auch wegen seiner starken Differenzierung außerstande. Wenn Veränderung sich mit Hilfe der Arbeiterschaft vollziehen soll, dann könnte sie sich – zumindest im industriell und proletarisch schwach entwickelten Rußland – nur über eine Organisation ergeben, die die Unterschiede innerhalb der Gesamtklasse des Proletariats aufzuheben vermag.

Eine solche Organisation ist in Bucharins Augen die kommunistische Partei. Aus den hier erörterten Gründen geht hervor, daß sie für die Revolution als „notwendig" angesehen wird.[40]

Das gleiche gilt für die Parteiführer. Ihre Rolle bestimmt sich aus der Ungleichheit der Parteimitglieder und dem Wunsch nach „stabilen Gruppierungen". Bucharin: „Stellen wir uns einen der Wirklichkeit entgegengesetzten Fall vor, nämlich die völlige Gleichartigkeit der Partei – nach dem Klassenbewußtsein, der Erfahrung, dem Vermögen zu leiten usw. Dann brauchte man natürlich keine Führer. Die Funktionen der ‚Führer' könnten der Reihe nach von allen ausgeführt werden ohne jeden Schaden für die Sache selbst."[41]

Es handelt sich bei der Rolle der Führer und der Partei folglich um keine „ewige" Position, die ein für alle mal zu gelten hat. Bucharins „Notwendigkeiten" weisen sich vielmehr auch in diesem Zusammenhang als „historisch" und damit vergänglich aus.

Daß das Verhältnis zwischen Proletariat und Partei von der allgemeinen Entwicklung des Klassenkampfes nicht unabhängig ist, leuchtet leicht ein. In einer revolutionären Phase beispielsweise, d. h. einer Phase, in der die Zerstörung der kapitalistischen Produktivkräfte einhergeht mit der physischen und geistigen Bereitschaft des Proletariats, die Ursachen für eine solche Zerstörung zu erkennen und zu beseitigen, besteht die Funktion der Partei im wesentlichen lediglich darin, die Aktionsbereitschaft des Proletariats zu begreifen, zu erklären und zu steuern.

In einer anderen historischen Situation, in der Bewußtsein und Aktionen des Proletariats überwiegend von den „blinden Gesetzen" des Kapitalismus bestimmt sind, in der also das Proletariat als ein *Objekt* der geschichtlichen Entwicklung erscheint und nicht zum verändernden *Subjekt* wird, – in einer solchen Situation findet eine kommunistische Partei, so wie Bucharin sie definiert, ihre Identität nicht in der Übereinstimmung mit den Aktionen des Proletariats, sondern in einer auf „richtiger" Erkenntnis der „eigentlichen" Interessen des Proletariats beruhenden Theorie.

Insofern diese Theorie ihrerseits das Proletariat zum *Gegenstand* politischer Überlegungen macht, reflektiert sie die bürgerliche Betrachtungsweise, in der das Proletariat als Objekt des historischen Prozesses angesehen wird. Die Schwierigkeit für Partei und Proletariat in dieser zweiten Situation besteht vor allem darin, die „Erkenntnisse" der Parteiführer mit den aktuellen Möglichkeiten der Arbeiter zu vermitteln.[42]

Dies also sind die erkennbaren, von Bucharin implizit oder explizit benannten Voraussetzungen einer Revolution, soweit sie den Reifungsgrad einer neuen, sozialistischen Gesellschaftsformation betreffen. Selbstverständlich korrespondiert mit dieser einen (positiven) Linie der gesellschaftlichen Entwicklung die andere (negative), die den Verfall der alten Ordnung aufzeigt. Zur Revolution kommt es – und das ist das Fazit dieses Abschnitts über die Voraussetzungen der Revolution bei Bucharin –, wenn beide Linien sich kreuzen.

II. Der Prozeß der Machtergreifung

„Den Reichen ihre Gewalt nehmen, indem man mit Gewalt ihnen den Reichtum nimmt" – mit diesem einprägsamen Satz umreißt Bucharin „die allererste Aufgabe, die sich die Arbeiterklasse und die Arbeiterpartei, die Partei der Kommunisten, stellt."[43] Er verweist damit auf die aktivistische Seite des Revolutionsbegriffes, in der der Wille der handelnden Menschen für das historische Geschehen konstitutiv ist. Bucharin erwähnt an vielen Stellen subjektive Faktoren, durch die sich die gesellschaftliche Entwicklung erst tatsächlich vollziehe. In dem Buch „Ökonomik der Transformationsperiode"[44] ist vom Untergang der Kultur als Alternative zur sozialistischen Fortentwicklung die Rede und damit die entscheidende Rolle der Individuen bei der Verwirklichung gesellschaftsverändernder Umwälzung auch theoretisch lokalisiert.

Wenn die Arbeiterklasse den Reichen ihre Gewalt nimmt, dann deswegen, weil sie sich die Unterdrückung nicht länger gefallen lassen will, und nicht etwa deswegen, weil irgendeine Gesetzmäßigkeit der Geschichte sie unabänderlich dazu zwingt. Gerade diesen Aspekt betont Bucharin an mehreren Stellen.[45] Er erklärt, daß man den Zerfall des Kapitalismus deshalb nicht aufhalten könne, weil die grundlegende Produktivkraft der Gesellschaft, die Arbeiterklasse, sich weigern wird, ihre kapitalistische, kapitalbildende Funktion zu erfüllen.[46]

1. Die Bedeutung des Krieges

Wie nun kommt es zu einer derart krisenhaften Verschärfung der Situation, daß die revolutionäre Erhebung sich als einziger Ausweg anbietet? Dazu Bucharin: „In der kapitalistischen Gesellschaft führt die widerspruchsvolle *ökonomische* Struktur der Gesellschaft schließlich zu einer scharfen Krise in ihrer *politischen* Gestaltung. Und zwar geschieht es in *zwei Grundrichtungen:* die Anarchie des Weltkapitalismus, d. h. der Gegensatz zwischen der gesellschaftlichen Weltarbeit und der ‚national'staatlichen Aneignung drückt sich in dem Zusammenstoß der staatlichen Organisation des Kapitals und den kapitalistischen Kriegen aus; andererseits führt der Gegensatz zwischen den Klassen der kapitalistischen Gesellschaft, der sich durch die Entfaltung des ersten Gegensatzes ungeheuerlich verschärft, zur Revolution."[47]

Aus dieser Aussage geht hervor, daß dem Krieg die Rolle einer notwendigen Bedingung für die Revolution zukommt. Erst der Krieg und seine Folgen schafft die Voraussetzungen, die das Proletariat zur Erfüllung seiner revolutionären Aufgaben braucht. Dabei hebt Bucharin die unterschiedliche Relevanz beider Erscheinungen – des Krieges und der Revolution – jeweils deutlich hervor: „Der Krieg ruft eine Umgruppierung der Kräfte auf derselben Basis hervor: der Typus der Staatsgewalt und ihr sozialer Inhalt bleiben bestehen."[48] Die *Revolution* dagegen verändere auch die Grundlage der staatlichen Organisation, indem sie neue Klassen ans Ruder bringe und einen neuen Typus des Staates ins Leben ruft.

Zu dieser allgemeinen Aussage kam Bucharin durch die Analyse der Situation des ersten Weltkrieges. Er registrierte, eine welch entscheidende Rolle der Krieg für die Entwicklung des revolutionären Bewußtseins in Rußland gespielt hatte und zog daraus allgemeine Folgerungen. „Erst der Krieg mit seinen Folgen, der Krieg, der ein Ausdruck der Widersprüche der kapitalistischen Entwicklung war, zeigte, oder richtiger, fing an zu zeigen, daß ‚es so nicht weiter geht'. An Stelle der Psychologie und der Ideologie des Burgfriedens traten allmählich die Psychologie und die Ideologie des Bürgerkrieges und auf rein ideologischem Gebiet trat an Stelle des ‚Marxismus' der II. Internationale der wahre Marxismus, d. h. der *wissenschaftliche Kommunismus.*"[49]

2. Phasen der Revolution

Der revolutionäre Prozess selbst, d. h. die Eroberung der Staatsgewalt durch das Proletariat, die Zerstörung des bürgerlichen Staates und die Schaffung einer neuen Ordnung vollzieht sich nach Bucharins Darlegung in vier Phasen.[50]

1. *Ideologische Revolution.* Der Konflikt zwischen den Produktivkräften und den Produktionsverhältnissen finde seinen subjektiven Klassenausdruck in der „Empörung des Proletariats", d. h. er determiniert den Klassenwillen auf bestimmte Art. „Die Arbeiterschaft wird sich ihrer selbst bewußt als Klasse, die die Herrschaft zu übernehmen hat."
2. *Politische Revolution.* „Die ideologische Revolution verwandelt sich in Aktion, in Bürgerkrieg, in Kampf um die politische Macht. Hierbei wird der politische

Apparat der Bourgeoisie, die ganze gewaltige Organisation der Staatsmaschinerie zerstört. An Stelle dessen tritt . . . das System der proletarischen Diktatur, die Räterepublik."

3. *Ökonomische Revolution.* „Die proletarische Diktatur, in der sich die Macht der als Staatsgewalt organisierten Arbeiterklasse konzentriert, dient als mächtiger Hebel der ökonomischen Umwälzung. Die kapitalistischen Produktionsverhältnisse werden zerschlagen . . . Die Elemente des alten Systems werden in neue Kombinationen genommen, in einem langen und qualvollen Prozess entsteht ein neuer Typus der Produktionsverhältnisse. Es wird das Fundament der sozialistischen Gesellschaft gelegt."
4. *Technische Revolution.* „Das relative Gesellschaftsgleichgewicht, das durch die Reorganisation in der Struktur der Gesellschaft erreicht wird, sichert die Möglichkeit eines *richtigen Funktionierens* der Produktivkräfte, sei es ursprünglich auch nur auf verengter Basis. Die folgende Stufe ist die Revolution in den technischen Methoden, d. h. das Wachstum der Produktivkräfte, die Änderung und rasche Verbesserung der rationalisierten gesellschaftlichen Technik."

Diese vier Phasen beschreiben den Weg zum Sozialismus. Sie sind allgemein formuliert und haben, so Bucharins These, nicht nur für russische Verhältnisse Gültigkeit. Die Phasen sagen nichts aus über die Bedingungen, unter denen sie jeweils verwirklicht werden können. Denn: solche Bedingungen lassen sich nicht für alle Länder schematisieren. Sie müssen vielmehr für jedes Land gesondert analysiert werden.

Eine Analyse der Bedingungen für die Verwirklichung der vier Phasen des Revolutionsprozesses in Rußland wird im letzten Kapitel dieser Arbeit, das sich mit Bucharins Transformationstheorie beschäftigt, erfolgen.

An dieser Stelle soll nur auf einen Punkt des schematisierten Revolutionsablaufes hingewiesen werden, und zwar: auf die ideologische Revolution. Sie wird von Bucharin vor allen anderen Thesen genannt. Nicht die sozialen Verhältnisse, nicht die wirtschaftlichen Verhältnisse, sondern Ideologie bewirkt die unmittelbare Aktion des Proletariats. Ideologie setzt demnach *objektive* Verhältnisse in *subjektive* Motivationen für praktisches Handeln um.

Dieser Sachverhalt war bereits durch die Darstellung der Bucharinschen Gleichgewichtstheorie entwickelt worden. „Jede Gesellschaftsordnung", hieß es in der Theorie, „basiert . . . nicht allein auf ökonomischer Grundlage, denn auch jede beliebige Ideologie, die unter der betreffenden Ordnung herrscht, ist eine Klammer, die diese Ordnung zusammenhält. Fragen wir uns nun, was eintreten würde, wenn die Psychologie und die Ideologie der unterdrückten Klassen der bestehenden Ordnung total feindlich wären? Es ist klar, daß unter solchen Umständen diese Ordnung sich nicht halten könnte."[51]

III. Theorie der Weltrevolution

In den ersten Kapiteln ist darauf aufmerksam gemacht worden, daß die Betrachtungsweise gesellschaftlicher Erscheinungen vom Standpunkt ihrer Gleichgewichtsbedingungen den für Bucharin wichtigsten methodischen Ansatz darstellt. Für den Vorgang der qualitativen Veränderung der Sozialstruktur, deren Ursachen hier nicht erörtert werden sollen, ist die Bestimmung der *bis dahin* stabilisierenden Faktoren dieser Struktur entscheidend. Sie bestimmen die Voraussetzungen für Form, Verlauf und Folgen der Revolutionen und begründen die große Variabilität solcher Prozesse.

So sei der Maßstab für die Stabilität z. B. der kapitalistischen Systeme „die Höhe der staatskapitalistischen Organisation“[52], d. h. diejenige Entwicklungsstufe des Kapitalismus, auf der das wirtschaftliche Subjekt vom Individuum zum Staat übergegangen ist, und auf der der Staat als „kollektiver Gesamtkapitalist“ erscheint.[53]

Eine so organisierte kapitalistische Gesellschaft habe Formen des Gleichgewichts entwickelt, die auch durch den Prozeß der erweiterten negativen Reproduktion nicht, jedenfalls nicht leicht, grundlegend erschüttert werden können. Bucharin sieht diese Überlegung in der Wirklichkeit bestätigt und folgert: „Deshalb begann der Zusammenbruch des imperialistischen Weltsystems mit den volkswirtschaftlich schwächsten Systemen, mit der am wenigsten entwickelten staatskapitalistischen Organisation.“[54] Es ist dies die These Lenins vom Zusammenbruch des Kapitalismus an seiner schwächsten Stelle, die Bucharin unabhängig von Lenin formulierte und die später beide vertraten. Allerdings differenzierte Bucharin seine Aussage 1921 in dem Buch „Ökonomik der Transformationsperiode“. Er deutete darin an, daß die Weltrevolution der russischen Revolution nicht notwendig folgen müsse, zumindest nicht in der Weise, in der sie bislang allgemein erwartet wurde.

Lenin hatte noch angenommen, daß die Weltrevolution als Folge der Initialzündung in Rußland in einer nicht zu fernen Zukunft ausbrechen würde. Bucharin dagegen spricht von einer allmählichen Entwicklung, davon, daß „der Prozeß der Entfaltung des kapitalistischen Zusammenbruchs und der kommunistischen Revolution eine ganze historische Etappe bedeutet.“[55] Und weiter erkennt Bucharin eine Gesetzmäßigkeit, nach der die Unterentwicklung eines Landes nicht nur – wie Lenin glaubte – für den einen, die Weltrevolution als ganzes *auslösenden* Fall, sondern auch in *anderen* Fällen zur Voraussetzung eines sozialistischen Umsturzes wird. „Die Schnelligkeit des Angriffs der Revolution ist umgekehrt proportional der Reife der kapitalistischen Beziehungen und der Höhe des Typus der Revolution.“[56] Die jeweilige Qualität der Revolution unterscheidet Bucharin mit dem Hinweis: „Man darf keineswegs die Frage nach der Höhe des Typus der betreffenden Revolution mit der Frage der chronologischen Reihenfolge der proletarischen Revolution verwechseln.“[57]

Das jeweils Sozialistische[58] an den Revolutionen wird hier nicht zu einer Grundsatzfrage, die mit dem bloßen Faktum der Revolution schon beantwortet wäre, sondern zu einer Sache des Grades, bei der undogmatisch die Nuancierungen historischen Geschehens auch theoretisch berücksichtigt werden. Im übrigen relativiert

Bucharin mit dieser Äußerung das Marxsche Junktim zwischen proletarischer Revolution und hohem Wirtschaftsniveau. Auf diese Weise verliert die Bestimmung des Entwicklungsstandes einer Volkswirtschaft ihre polemische Brisanz für die Kennzeichnung einer revolutionären Situation.

Gerade in den Auseinandersetzungen zwischen Menschewiki und Bolschewiki über Zeitpunkt, Phasen und Träger der Revolution hatte die jeweilige Einschätzung dieses ökonomischen Faktors eine bedeutende Rolle gespielt.

Selbst Lenins Theorie von der Rolle „des schwächsten Gliedes" für die Weltrevolution ging davon aus, daß die Entwicklung der Produktivkräfte in den Ländern Westeuropas eine bestimmte Höhe erreicht haben muß, bevor der Umsturz in einem wirtschaftlich schwachen Land das Proletariat der entwickelten Länder zur sozialistischen Weltrevolution veranlassen könne. Lenins Konstruktion diente als Anstoß für die Nutzung der in der Welt real vorhandenen Revolutionsbedingungen. Die Rußland von Lenin zugeordnete Rolle verändert die Marxschen Aussagen über die Voraussetzungen des kapitalistischen Untergangs schon deswegen nicht, weil die russische Revolution ausdrücklich an die Erwartung einer Revolution in den hauptsächlichen Industrienationen gekoppelt wurde,[59] ihr damit eine nur *einmalige* Funktion – die des Initiators[60] – zuerkannt wurde und sie nicht als sozialistische angesehen wurde.[61]

Bucharin mißt dagegen schwach entwickelten Ländern eine sehr viel größere Bedeutung für das Fortschreiten weltrevolutionärer Entwicklung zu. Er integriert Erhebungen in diesen Ländern in den Prozeß der Weltrevolution, und zwar nicht nur als *auslösende* Momente, sondern als *wesentliche* Bestandteile der gesamten revolutionären Entwicklung. Damit gibt er eine neue Sicht der weltrevolutionären Zusammenhänge. Sie läßt sich wie folgt darstellen. Bucharin erkennt, daß

1. die Weltrevolution nicht auf einmal, sondern nach und nach, in zunächst kleinen Sprüngen erfolgen wird;
2. der hohe Entwicklungsstand der Produktivkräfte zwar den Charakter der Revolution und der ihr nachfolgenden sozialen Veränderungen bestimmt, nicht aber die Tatsache der Revolution überhaupt. Empirisch konstatiert Bucharin sogar ein reziprokes Verhältnis zwischen der Möglichkeit einer Revolution und dem Niveau der Volkswirtschaft;
3. unterentwickelte Länder grundsätzlich als integraler Bestandteil in eine Theorie der Weltrevolution miteinbezogen werden müßten, was als eine Folge aus 1. und 2. verstanden werden kann;
4. ein Zusammenhang zwischen Revolution und Sozialismus erst hergestellt werden muß, und zwar durch den Aufbau der neuen Gesellschaft; daß er sich nicht automatisch aus der Beseitigung der alten Sozialordnung ergibt.

Die hier erörterten Aussagen, die weniger die Ursachen als vielmehr den Prozeß der Weltrevolution berühren, werden von Bucharin in folgender Weise zusammengefaßt: „Der wichtigste Faktor des Zerfalls des kapitalistischen Systems ist die Auflösung der Verbindung zwischen den imperialistischen Staaten und ihren zahlreichen Kolonien . . ."[62] „Gewiß, die kolonialen Aufstände und die nationalen Revolutionen (Irland, Indien, Kenia usw.) haben absolut keine *direkte* Beziehung zu der sich entfaltenden Revolution; ihr *lokaler* und unmittelbarer Sinn besteht keineswegs in der Einführung der Diktatur des Proletariats; das Proletariat spielt hier im allgemeinen nicht die leitende politische Rolle, denn es ist äußerst schwach. *Aber dennoch* bilden diese kolonialen Aufstände und nationalen Revolutionen einen Bestandteil des grossen revolutionären Weltprozesses, der die ganze Achse der Weltwirtschaft verschiebt. Denn objektiv sind hier Faktoren des allgemeinen Zerfalls der kapitalistischen Produktionsverhältnisse gegeben, der den Sieg der proletarischen Revolution und der Diktatur der Arbeiter erleichtert . . ."

Wenn die Entwicklungsländer das Gleichgewicht der Welt ins Wanken gebracht haben, dann sind die negativen Voraussetzungen für eine Weltrevolution gegeben.

Als positive Bedingung für die Weltrevolution nennt Bucharin: den Sieg des Proletariats zumindest in einem Lande.

„Die revolutionäre Eroberung der Macht durch das Proletariat und die Umwälzung in der Produktionsweise, sei es auch nur *eines*[63] Landes, verschärfen außerordentlich den Prozeß der Zerstörung der alten Ideologie, ‚revolutionieren' die Arbeiterklasse in den anderen Ländern, wozu ja die Voraussetzung durch die ganze vorhergehende Entwicklung gegeben ist. In den ersten Sowjetrepubliken hat das Proletariat seine Organisationen, die über ein Maximum an sozialer und materieller Macht verfügen. Inmitten des zerfallenen Weltsystems der kapitalistischen Wirtschaft bilden sich also unvermeidlich neue Kristallisationspunkte, Anziehungszentren der proletarischen Energie. Diese Bastionen der Arbeiterklasse stellten „den *größten* Faktor einer weiteren Zersetzung des kapitalistischen Systems" dar.[64]

Was hier anklingt, ist eine Auffassung vom Vorgang der Weltrevolution, die dann erst Jahre später in der offiziellen Politik des Sowjetstaates wieder auftauchte.[65] Danach vollzieht sich die Weltrevolution durch allmähliche Vergrößerung des Macht- und Einflußbereiches des Sowjetstaates. Die Gemeinsamkeit mit der späteren Version geht allerdings nicht sehr weit. Wenn Bucharin von den „Sowjetstaaten" spricht, meint er eine „Verbindung, eine Kohäsion, eine Zusammenschließung, ein Bündnis zwischen allen entstehenden proletarischen Sowjetrepubliken"[66], nicht die Ausweitung eines einzigen Staates.

Den weiteren Verlauf der revolutionären Entwicklung bis hin zur endgültigen Weltrevolution stellte sich Bucharin wie folgt vor: „In dem Maße, wie das ökonomische und politische Gewebe der Weltwirtschaft umgestaltet wird und der Schwerpunkt auf die *proletarischen* Staaten und ihr Bündnis übergeht, verändert sich das ganze Bild der Weltwirtschaft. Die früheren Kolonien und die rückständigen Agrarländer, wo keine proletarische Diktatur besteht, treten dennoch in eine wirtschaftliche Verbindung mit den sozialistischen Industrierepubliken. Sie werden nach und nach in das sozialistische System hineingezogen, ungefähr nach demselben Typus, wie die bäuerliche Landwirtschaft der einzelnen sozialistischen Länder hineingezogen wird. So wächst *allmählich* die Weltdiktatur des Proletariats. Mit ihrem Wachstum nimmt der Widerstand der Bourgeoisie ab, und die schließlich übriggebliebenen Komplexe der Bourgeoisie werden sich wahrscheinlich mit all ihren Organisationen in corpore ergeben."[67]

Hiermit zeigt Bucharin eine ihm als möglich erscheinende Perspektive zur Weltrevolution, die jedoch nicht notwendig sich so entwickeln muß und die unterschiedliche Grade von Wahrscheinlichkeiten umschließt. Gerade zur letzten Behauptung, daß sich die Bourgeoisie ergeben werde, kommen Bucharin selbst Zweifel.[68]

Verständlich wird eine solche These, wenn man berücksichtigt, daß sie sich auf eine Endphase eines – zuvor sehr erbittert geführten – Klassenkampfes bezieht.[69]

Aufmerksamkeit verdient noch die Integration schwach entwickelter Länder in das sozialistische System.

Bucharin beschreibt sie als einen allmählichen Vorgang, und vergleicht sie mit der Integration der Landwirtschaft in den proletarischen Staat. Daß die Rolle der Landwirtschaft und der bäuerlichen Klasse in Rußland als Schlüsselkategorie zur Erklärung gesellschaftlicher Veränderung überhaupt dient, wird bei der Behandlung der Übergangsperiode noch deutlicher werden.

IV. Perspektive einer kommunistischen Zukunft

An das eben behandelte Kapitel soll sich die Erörterung dessen anschließen, was Bucharin unter Sozialismus und Kommunismus verstand.

Es wurde von den Voraussetzungen der Revolution, ihren Trägern, dem revolutionären Vorgang gesprochen, als Ziel aber immer nur die formale Beschreibung des Umsturzes der alten und der Aufbau einer neuen Gesellschaftsordnung angegeben.

Die nachfolgenden Kapitel werden sich mit dem Modus des Aufbaus, mit seinen allgemeinen und speziell für Rußland geltenden Bedingungen beschäftigen. Es wird wieder die Frage gestellt werden, wer Träger einer bestimmten Entwicklung ist, wer die Ziele bestimmen soll und bestimmt usw.

An dieser Stelle aber soll die Frage nach dem Inhalt des Sozialismus beantwortet werden.

Bucharin hat die Zurückhaltung von Marx und Engels[70] bei der Ausmalung der Zukunft gekannt, hielt diese Auffassung aber für überholt. „Wenn sie heute lebten", argumentierte er, „hätten sie die Sache anders gesehen."[71]

Nun, da die Zukunft nicht mehr so weit entfernt sei, sei die Charakterisierung der sozialistischen Ordnung in ihrer entwickelten Form eine direkte Forderung des praktischen Lebens. Die Antwort: Sozialismus sei Enteignung und Vergesellschaftung der Produktionsmittel, reiche nicht aus.[71]

Was Bucharin konkret entwickelte, kristallisierte sich erst im Laufe der Jahre heraus, und ist von unterschiedlichem Gewicht. Seine Auffassung vom Frühjahr 1918, Sozialismus sei „die Beseitigung jeglichen politischen Überbaus", wird später nicht eben oft wiederholt. Sie verliert ihre politische und theoretische Prägnanz durch den Gang der Ereignisse.

Lenin hatte sich zu den hier zu behandelnden Fragen zurückhaltend geäußert.[73] Selbst gegen die, in dieser allgemeinen Form sicher von Marx geteilten Aussage über die Abschaffung des Staates, wandte sich Lenin mit dem Vorwurf des mangelnden Praxisbezuges. „Wir sind derzeit zweifellos für den Staat."[74]

Alle anderen Kennzeichnungen des Sozialismus führten zu nichts, allenfalls zu dem Prinzip: jeder nach seinen Fähigkeiten. Aber bis dahin sei es noch weit und dies zu sagen, bedeute nichts zu sagen. „Wie der Sozialismus sein wird, wann er seine fertige Form erreicht haben wird – das wissen wir nicht, das können wir nicht sagen."[75]

Lenin weigerte sich, wie Marx und Engels, durch theoretische Überlegung eine Perspektive der Zukunft zu antizipieren. Er hielt nichts von der Ausarbeitung allgemeiner Normen und Maßstäbe, die später anzuwenden wären. Lukács gibt dafür eine Interpretationsanleitung[76]: „Wird die Theorie *unvermittelt* neben eine Aktion gestellt, ohne daß es klar würde, wie ihre Entwicklung auf jene gemeint ist, also ohne die organisatorische Verbindung zwischen ihnen klar zu machen, so kann die Theorie selbst nur in bezug auf ihre theoretischen Widersprüche usw. kritisiert werden." Genau dazu aber hatte Lenin nach der Revolution wenig Neigung und wohl auch nur wenig Zeit. Bucharin hingegen sah hier eine zentrale Aufgabe.

Er war auf dem 7. außerordentlichen Parteitag in die Programmkommission gewählt worden und hatte ein großes Interesse gerade für diese Frage.

Wie sich Bucharin das Leben in einer künftigen Gesellschaft vorstellte, für dessen Verwirklichung er seine ganze Kraft[77] einsetzte, läßt sich einer im Frühjahr 1918 erschienenen und für die kaum des Lesens und Schreibens kundigen proletarischen und bäuerlichen Parteimitglieder geschriebenen Broschüre entnehmen. Zwei Aspekte stellt Bucharin hierin heraus: einen wirtschaftlichen und einen emanzipatorischen. Zunächst der wirtschaftliche Aspekt.

„Bei der kommunistischen Gesellschaftsordnung gehören alle Güter nicht den einzelnen Personen und nicht den einzelnen Klassen, sondern der gesamten Gesellschaft. Da ist die ganze Gesellschaft wie eine einzige, ungeheuer große Arbeitsgenossenschaft. Einen Herrn gibt es dabei nicht. Alle sind gleiche Kameraden untereinander. Alle arbeiten gemeinschaftlich nach festgestelltem und genau berechnetem Arbeitsplan."[78] Ein zentrales statistisches (Rechen)-Büro ermittele, wieviel „Stiefel, Hosen, Schinken, Wichse, Weizen, Leinwand usw." gebraucht würden und wieviele Arbeiter zur Produktion dieser Güter eingesetzt werden müßten. Ebenso planmäßig würden auch die jährlichen Bedürfnisse der Gesellschaft berechnet.[79]

Zu dem für jede Gesellschaft äußerst wichtigen Problem der Verteilung äußert sich Bucharin im Sinne eines durch die veränderten Umstände vereinfachten Verfahrens: „Die erzeugten Produkte werden in öffentlichen Magazinen aufgespeichert und von da aus unter die Genossen, die Arbeiter, verteilt."[80]

Er nennt zwanzig bis dreißig Jahre als Übergangszeit für die Gewöhnung des Menschen an das neue Verteilungssystem. Als Voraussetzung für einen verändert handelnden Menschen nennt Bucharin die Überflußgesellschaft: „Es wird weder Not noch Mangel geben". Unter der Bedingung des Überflusses würde keiner ein Interesse daran haben, mehr zu nehmen als er braucht, denn er könnte mit dem Überschuß nichts anfangen, er könnte ihn beispielsweise nicht verkaufen.[81]

Es ist an dieser Stelle wichtig festzuhalten, daß Bucharin keineswegs einen „neuen Menschen" schaffen will, der als Produkt einer bestimmten Erziehung den Kommunismus verwirklichen soll, sondern umgekehrt, daß er den Menschen an sein Interesse, und das Interesse an den Entwicklungsstand seiner wirtschaftlichen Situation bindet. Unter den Bedingungen des Mangels würden die Menschen anders handeln als unter den Bedingungen des Wohlstandes.[82] Daß auf dem Weg zum Wohlstand, d. h. im Verlauf der erweiterten Reproduktion der sozialistischen Wirtschaft, auch Erziehung als ein Mittel einzusetzen sei, davon sprechen Bucharins gesamte Ausführungen über die Transformationsperiode. Aber der hohe Entwicklungsstand der Produktion, der mit solchen und anderen Methoden erreicht werden soll, ist nicht *Ziel,* sondern *Voraussetzung* für den Sprung ins „Reich der Freiheit", ist Voraussetzung des Kommunismus.

Mit der Schilderung der künftigen Produktionsorganisation versucht Bucharin die Vorzüge geplanten Wirtschaftens besondern hervorzuheben. Die kulturellen Voraussetzungen seiner Leser berücksichtigend, erklärte er: „Da kommt es nicht vor, daß an dem einen Ort die Sache auf diese Weise, an einem anderen Ort auf eine andere Weise hergestellt wird; daß man an dem einen Ort nicht weiß, was an dem anderen geschieht. Da ist, im Gegenteil, fast die ganze Welt erwogen und berechnet."[83]

Dieser wirtschaftliche Aspekt der künftigen Gesellschaftsordnung hat noch eine weitere, eine emanzipatorische Dimension: die Befreiung des Menschen von der Unterdrückung durch andere Menschen; die Befreiung davon, „daß der Eine auf dem Nacken des Anderen sitzt" und die Befreiung vom „Joche der Natur".[84] Erst wenn dieses Ziel erreicht sei, werde es möglich sein, „daß jeder Mensch zur Erzeugung von Nahrung, Stiefeln, Kleidern, Häusern usw. nur wenig Zeit braucht, die übrige Zeit aber für seine geistige Entwicklung verwenden kann; für die Wissenschaft, die Kunst, für all das, was das Menschendasein verschönt."

In der kommunistischen Gesellschaft „genießen alle Menschen eine vielseitige Bildung und alle finden sich in allen Produktionszweigen zurecht."[85]

In Bucharins Zukunft gibt es keine Klassen[86] mehr, keine „verschiedenen Sorten von Menschen ... (arme und reiche)", es gibt keinen Staat und die „Verwaltung der Menschen" fällt weg. Die „einzelnen Vaterländer sind vernichtet" und alle Völker bilden „eine einzige, große, friedliche Arbeitsfamilie".[87]

Für die Schwierigkeit einer positiven Bestimmung des Kommunismus, die auch in Bucharins Bemühungen zu erkennen ist, hat Marcuse eine einleuchtende Erklärung gegeben. Es gebe keine Marxsche Theorie des Sozialismus, „weil die antagonistisch-dialektischen Gesetze, die die vorsozialistische Geschichte beherrschen, auf die Geschichte der freien Menschheit nicht anwendbar sind, und die Theorie die Gesetze der Freiheit nicht vorherbestimmen kann."[88]

Daher besteht das Hauptinstrument zur Charakterisierung des Kommunismus in der Kritik, also der negativen Bestimmung der bestehenden Ordnung. So auch für Bucharin: keine Gutsbesitzer, Kapitalisten, Lohnarbeiter, Klassen, Klassenkampf, Klassenorganisation, Staat, Schmarotzertum etc.; die positive Aussage dagegen ist knapp: „Es gibt nur einfache Menschen – Genossen."[89]

Im Zusammenhang mit den Inhalten einer kommunistischen Zukunft muß noch Bucharins Antwort auf ein von R. Michels aufgeworfenenes Problem erörtert werden, ein Problem, das bis heute hin ein Gegenstand von Diskussionen ist.

R. Michels hatte in seiner „Soziologie des Parteiwesens"[90] dargelegt, daß gesellschaftliche Entwicklungen sich als bloße Ablösung von Führungsgruppen vollziehen. Er hatte daraus gefolgert, daß wohl *Sozialisten* siegen können, nicht aber der Sozialismus. Die Verfügungsgewalt über die Produktionsmittel bringe den Sozialisten dieselbe Macht wie der Besitz den Kapitalisten.[91]

Bucharin wandte dagegen ein, daß die von Michels benannte Verfügungsgewalt als Macht über Menschen sich nur unter einer Bedingung auswirken konnte: unter der Bedingung des gesellschaftlichen Mangels. In Überflußgesellschaften muß das auf die Menschen einwirkende *Instrument der Macht,* und das ist: *die Möglichkeit, knappe Güter zu entziehen*[92] – wirkungslos sein. Bucharin aber definiert die kommunistische Gesellschaft gerade als eine solche Überflußgesellschaft. Überfluß nun würde es nach Bucharins Vorstellung nicht nur im ökonomischen Bereich geben, sondern auch auf dem kulturellen Sektor. Die Macht der Fachleute werde auf diese Weise gebrochen. Bucharin erklärt, daß die von Michels zum Ausgangspunkt seiner Elitetheorie erhobene „Inkompetenz der Masse" keineswegs ein notwendiges Attribut jeder Gemeinschaft sei: „sie ist ebenfalls ein Produkt der ökonomischen und technischen Verhältnisse, die sich durch das allgemeine kulturelle Sein und durch die *Bildungsverhältnisse* auswirken."[93] In der kommunistischen Gesellschaft der Zukunft würden andere Verhältnisse herrschen. In ihr werde „eine kolossale Überproduktion von Organisatoren sein, und deshalb wird die Stabilität der herrschenden Gruppierung verloren gehen".

Immerhin: für nicht und noch-nicht-kommunistische Gesellschaften läßt sich Bucharins Argumentation nicht anwenden. Die Zeit des Übergangs vom Kapitalismus zum Sozialismus ist zunächst gerade den Gesetzen der Knappheit unterworfen. Dies gilt speziell für die Situation Rußlands nach der Revolution. Bucharins ökonomische Analysen hatten ausführlich begründet, warum die Menschen in dieser Periode „unter Verhältnissen der sinkenden Produktivkräfte und der materiellen Unsicherheit der breiten Masse"[94] lebten.

Die Konsequenzen, die Bucharin daraus zieht, kommen denen Michels sehr nahe. Er spricht davon, daß wegen des niedrigen Entwicklungsstandes der Produktivkräfte „eine Tendenz zur ‚Entartung', d. h. zur Aussonderung einer führenden Schicht in Form eines *Klassenkeimes* auftreten muß".[95]

Im Unterschied zu Michels hält Bucharin dies jedoch nicht für ein ewiges Problem, sondern für ein überwindbares. Schon in der Transformationsperiode lasse sich diese Tendenz steuern und zwar „erstens durch das Wachstum der Produktivkräfte; zweitens durch die Aufhebung des Bildungsmonopols".

Zusammenfassung

Im Unterschied zur Imperialismustheorie versteht sich Bucharins Revolutionstheorie nicht als Analyse eines sich entwickelnden *Zustandes,* sondern als Anleitung zum Handeln. Zwar erörtert er auch diejenigen Formen, die zur Stabilität kapitalistischer Verhältnisse beitragen, insbesondere die Konsequenzen kapitalistischer Machtausübung und Manipulation, aber er kommt in der Hauptsache zu Aussagen, die eine Beseitigung der alten Ordnung möglich werden lassen.

Sein Ausweg aus der Sackgasse eines kulturell notwendigerweise rückständigen Proletariats und einer überlegenen Bourgeoisie führt zur Problematik der *Organisation* und damit zur Partei. Die Thesen über die Rolle der Partei und ihrer Führer gehören zu den Hauptbestandteilen seiner Revolutionstheorie.

Im übrigen gibt Bucharin eine systematische und in solcher Detaillierung zuvor nicht geleistete Begründung dafür, warum auch in Rußland dem *Proletariat* – und nicht irgendeiner anderen Klasse wie z. B. den Bauern – eine für den Revolutionsprozeß entscheidende Funktion zukommt. Die Frage, wieweit das Proletariat auch tatsächlich seine Funktion erfüllen kann, beantwortet er historisch, d. h. , aus den in Rußland gegebenen Möglichkeiten heraus.

Besondere Beachtung verdient sein Versuch eine künftige kommunistische Gesellschaft inhaltlich zu bestimmen.

Im Zusammenhang mit der Weltrevolution entwickelt er, daß

1. die Weltrevolution nicht auf einmal, sondern nach und nach, in zunächst kleinen Sprüngen erfolgen wird;
2. der hohe Entwicklungsstand der Produktivkräfte zwar den Charakter der Revolution und der ihr nachfolgenden sozialen Veränderungen bestimmt, nicht aber die Tatsache der Revolution überhaupt. Empirisch konstatiert Bucharin sogar ein reziprokes Verhältnis zwischen der Möglichkeit einer Revolution und dem Niveau der Volkswirtschaft;
3. unterentwickelte Länder grundsätzlich als integraler Bestandteil in eine Theorie der Weltrevolution miteinbezogen werden müssen. Während Lenin Erhebungen in diesen Ländern lediglich als Initialfunken für die Weltrevolution ansah, wertete Bucharin sie als *wesentliche* Faktoren der gesamten revolutionären Entwicklung;
4. ein Zusammenhang zwischen Revolution und Sozialismus erst hergestellt werden muß, und zwar durch den Aufbau der neuen Gesellschaft; daß er sich nicht automatisch aus der Beseitigung der alten Sozialordnung ergibt. Das Sozialistische an der vollzogenen Revolution wird dadurch zu einer Sache des Grades, des Mehr oder Weniger, bei dem die Nuancierungen des historischen Geschehens eine wichtige Rolle spielen. Besonderes Interesse verdienen hierbei Bucharins Aussagen über die Bedingungen bürokratischer Entartung in der Phase des sozialistischen Aufbaus.

Aus der Revolutionstheorie und der im nächsten Kapitel dargestellten Transformationstheorie wird die Funktion der Theorie für die Umgestaltung der Gesellschaft besonderns deutlich. Theorie – und also auch Bucharins Werk – hat antizipatorischen Charakter. Sie soll die materielle Basis für ihre Aussagen erst schaffen, – ist also nicht direkt auf die Entwicklung dieser Basis zurückzuführen. Theorie wird bei Bucharin zur „materiellen Gewalt“.

D. Die Transformationstheorie

Die Transformationstheorie Bucharins, die in diesem Kapitel entwickelt werden soll, wurde zu einem Zeitpunkt konzipiert, als die alte Übergangstheorie, die von der Weltrevolution ausgegangen war, die neue historische Situation in Rußland und die Dynamik ihrer Prozesse nicht mehr zu erklären vermochte.

Entsprechend der ursprünglichen Theorie vollzog sich der künftige Aufbau einer neuen Sozialstruktur und einer neuen, sozialistischen Produktionsweise mit Hilfe der solidarischen Unterstützung durch das zur Macht gelangte westeuropäische Proletariat. Dies war vorrevolutionäre Theorie, die jedoch auch der Zeit unmittelbar nach dem Umsturz vom Oktober als geistige Stütze, als Ausgangspunkt für eine ganze Reihe von praktisch-politischen Maßnahmen diente. Transformation – bedeutete Begeisterung, Hebung des Bewußtseins, ideologische Revolution. Die Funktion Rußlands im Rahmen der Theorie von der allgemeinen Weltrevolution war auf diese Bereiche beschränkt. Aktion, Sprengung der imperialistischen Ketten, Destruktion – das war die Aufgabe, die Rußland zufiel. Wenn die Verkündigung des sofortigen Übergangs zum Sozialismus diese Aufgabe erleichterte, wenn damit der Funken der Weltrevolution wachgehalten werden konnte, oder gar noch stärker entfacht wurde, – dann hatte eine solche Verkündigung des Sozialismus ihre Berechtigung, auch in der Theorie (ungeachtet der faktischen Unmöglichkeit eines direkten Übergangs).

Erst als die These von der relativen Gleichzeitigkeit – und sei es im Rahmen von zwei, drei Jahren – in Rußland aufgegeben wurde, kristallisierte sich eine vom Nacheinander der Revolution, richtiger: der einzelnen Revolutionen, ausgehende Transformationstheorie heraus, die etwas später – konsequenterweise – in eine Theorie vom Aufbau des Sozialismus in einem Lande münden mußte.[1]

In dieser Theorie wurden „dogmatische" von „pragmatischen" Positionen in dem Maße abgelöst, in dem die verändernde Kraft der Begeisterung und des Bewußtseins ihre Grenzen fand an der Übermacht der materiellen – dem Sozialismus entgegenstehenden – Verhältnisse.[2]

Die Situation zuvor war durch folgende Merkmale gekennzeichnet: die ideologische Revolution, die ein Bewußtsein von einem *erst zu schaffenden* Sein entwickelte, brauchte eine *klare* Theorie, eine Theorie, die mithilfe der Logik die Zukunft zur Gegenwart werden ließ; eine Theorie, die durch bloße Deduktion und mechanische Umkehr der sozialen Vorzeichen sozialistische Politik begründete; eine Theorie, die Probleme des Alltags definitorisch löste.

Abstrakte Theorie wurde auf diese Weise zur Waffe revolutionsbreiter Proletarier. Die unmittelbare und totale Sozialisierung der Produktionsmittel, die Abschaffung des Marktes, die vollständige Verfügung des Staates über den gesamten Produktionsapparat, und die Errichtung einer proletarischen Wirtschaftsverwaltung, diese von Bucharin theoretisch begründeten Maßnahmen vermittelten eine Vorstellung von der Welt des Sozialismus, in der Plan und Bewußtsein die Würde des Menschen zum Ausdruck bringen. Sie finden ihre Wurzeln nicht in der Einschätzung der realen Möglichkeiten für den Sozialismus, sondern in der verselbständigten Theorie.

Bucharins Theorie überzeugte, solange die internationale Revolution überzeugte. Ohne revolutionären Schwung[3] jedoch wurde auch sie kraftlos. Und am Ende stand der Ruin, sowohl der ökonomischen und sozialen Praxis als auch der Theorie.

Die theoretische Bewältigung dieser ersten Phase nach dem Umsturz vom Oktober 1917 soll an folgenden zwei Beispielen konkretisiert werden.

1. An der Auseinandersetzung über einen Begriff: den „Staatskapitalismus".
2. An Bucharins Lehre von der nachrevolutionären Rolle der Partei.

Das erste Beispiel soll die „dogmatische" Theoriebildung Bucharins belegen; das zweite Beispiel soll seinen Weg von der „reinen Theorie" zur Theorie einer konkreten Praxis aufzeigen.

I. Ansatzpunkte zur Herausbildung der Theorie

1. Die Kontroverse über den „Staatskapitalismus"

Es war Lenin, der unmittelbar nach dem Oktoberumsturz den Begriff „Staatskapitalismus" in die Diskussion um den Aufbau einer neuen Ordnung einbrachte. Mit diesem Begriff beschrieb er seine Vorstellung von der Anfangsphase des Transformationsprozesses. „Staatskapitalismus" kennzeichnete eine Politik, die einen Kapitalismus auf Zeit und unter Kontrolle des proletarischen Staates ermöglichen sollte.[4] Hierdurch sollten die materiellen Voraussetzungen für den Sozialismus geschaffen werden: die Vorherrschaft des industriellen Großbetriebes über den Kleinbetrieb und der Industrie über die Landwirtschaft, einen hohen Entwicklungsgrad der Produktivkräfte, einen entsprechend hohen Grad der technischen Qualifikation und des kulturellen Niveaus der Arbeiter.

Eine solche Absicht: die Voraussetzungen für den Sozialismus selbst schaffen zu wollen, unabhängig von der Entwicklung in den westeuropäischen Industrienationen, bedeutete eine Abkehr von den bisherigen Theorien. Während früher das *Proletariat* der fortgeschrittensten Länder zur Weiterentwicklung Rußlands beitragen sollte, tritt in der Theorie vom Staatskapitalismus an die Stelle des Proletariats die Klasse der *Kapitalisten.*

Der Entschluß zu einer, von den revolutionären Veränderungen in der Welt zunächst unabhängigen Politik, eröffnete Lenin eine Perspektive, in der ein Übergang zum Sozialismus als eine Sache von Phasen, von kleinen Schritten konzipiert werden konnte.

Zur Bedeutung des Staatskapitalismus entwickelte Lenin folgende Gedanken: „In Rußland kämpft nicht der Staatskapitalismus gegen den Sozialismus, sondern die

Kleinbourgeoisie plus privatwirtschaftlicher Kapitalismus kämpfen zusammen ... sowohl gegen den Staatskapitalismus als auch gegen den Sozialismus ... Der Schieber, der Marodeur des Handels, der Sprenger des Monopols, das ist unser ‚innerer' Hauptfeind, der Feind der ökonomischen Maßnahmen der Sowjetmacht."[5]

Lenin kritisierte in diesem Zusammenhang Bucharin, dem er die Mißachtung der tatsächlichen Lage Rußlands vorwarf: „Bucharin ist jedoch in einen Fehler verfallen, weil er sich nicht hineingedacht hat in die konkrete Eigenart der jetzigen Situation in Rußland – eine Situation, die einzigartig ist, da wir, das Proletariat Rußlands, mit unserer politischen Ordnung, mit der Stärke der politischen Macht der Arbeiter England, Deutschland oder jedem beliebigen anderen Land *voraus* sind, zugleich aber, in bezug auf die Höhe der Kultur, den Grad der Vorbereitung auf die materiell-produktionstechnische ‚Einführung' des Sozialismus, hinter dem rückständigsten der westeuropäischen Staaten zurückstehen."[6]

Zur Überwindung dieses kleinbürgerlichen Kapitalismus, „von dem sowohl zum staatlichen Großkapitalismus als auch zum Sozialismus *ein und derselbe Weg* führt", riet Lenin zu „*Methoden des Kompromisses* ... gegenüber den kulturell hochstehenden Kapitalisten, die für den ‚Staatskapitalismus' zu haben und fähig sind, ihn durchzuführen, die dem Proletatiat nützlich sind als kluge und erfahrene Organisatoren größter Betriebe, die wirklich Dutzende Millionen Menschen mit Produkten versorgen."[7]

Entsprechend diesen Leninschen Vorstellungen sah das Programm der ersten bolschewistischen Regierung eine unmittelbare Enteignung der Kapitalisten nicht vor.[8] Stattdessen sollte eine Arbeiterkontrolle über die Produktion eingeführt werden, damit die Arbeiter durch die Überwachung der kapitalistischen Direktoren zunächst einmal lernten, sich in der Verwaltungsarbeit zurechtzufinden. Des weiteren kündigte das Programm an: Die Nationalisierung der Banken, die zunächst in einer einzigen Nationalbank zusammengefaßt wurden, die Verstaatlichung der entscheidenden, bereits monopolisierten Wirtschaftssektoren, die Nichtanerkennung der Schulden gegenüber dem Ausland, die Nationalisierung von Grund und Boden, die zu einer Aufteilung des Bodens unter die Bauern führen sollte[9]. All diese Maßnahmen bedeuteten keinen qualitativen Wechsel der Sozialstruktur der russischen Wirtschaft. Die kapitalistischen Produktionsverhältnisse sollten bestehen bleiben. In diesem Sinne sprach Lenin von der staatskapitalistischen Übergangsgesellschaft.

Bucharin entwickelte gegen diese eher deskriptiv als analytisch oder systematisch zu nennende These vom Staatskapitalismus seine Konzeption vom Staatssozialismus. Er wandte sich dagegen, daß das System des Staatskapitalismus mit dem System der sozialistischen Diktatur des Proletariats verwechselt würde. Der Staatskapitalismus sei eine spezifische und rein historische Kategorie, und zwar die „ ‚vollkommenste' Abart des Kapitalismus". Den wesentlichen Unterschied dieser Abart zur proletarischen Diktatur erklärte er folgendermaßen: „Das grundlegende Produktionsverhältnis der kapitalistischen Ordnung ist das Verhältnis zwischen dem Kapitalisten, der die Produktionsmittel besitzt, und dem Arbeiter, der seine Arbeitskraft an den Kapitalisten verkauft. Es ist unmöglich, ja absurd, dieses grundlegende Klassenmerkmal bei der Betrachtung der staatskapitalistischen Struktur außer acht zu lassen. Vom Standpunkt des Wechselverhältnisses der sozialen Kräfte stellt der Staatskapitalismus die *potenzierte* Macht der Bourgeoisie dar, wo die Herrschaft des Kapitals ihre höchste Kraft, eine wahrhaft ungeheuerliche Stärke erreicht. Mit anderen Worten: der Staatskapitalismus ist die Rationalisierung des Produktionsprozesses auf Grund der antagonistischen sozialen Beziehungen und der Herrschaft des Kapitals, die ihren Ausdruck findet in der Diktatur der Bourgeoisie."[10]

Soweit Bucharins Definition, die die Möglichkeit einer Diktatur des Proletariats völlig ausschließt. Was nun die konkrete Phase nach der Revolution anging, und die Maßnahmen, die vom Programm zur Organisierung der Wirtschaft vorgesehen waren, so hielt er alle Pläne, die von der Expropriation der Expropriateure absahen, für illusionär, und zwar nicht nur aus terminologischen („Staats*kapitalismus*"), sondern auch aus sachlichen Gründen. „Eine solche Form ist *unmöglich*, denn ihre Voraussetzung beruht auf der Illusion, einer freilich sehr verbreiteten Illusion, daß das Proletariat von sämtlichen kapitalistischen Apparaten ‚Besitz ergreifen' könne, ohne ihre kapitalistische Jungfräulichkeit anzutasten, und die Herren Kapitalisten könnten mit Vergnügen allen Weisungen der proletarischen Macht Folge leisten. Hier wird folglich ein Zustand des Gleichgewichts unter Bedingungen vorausgesetzt, die *von vornherein jedes Gleichgewicht ausschließen*." Bucharin zielt also auf den Antagonimus eines solchen Verhältnisses und die Unversöhnlichkeit der Klassenstruktur, die darin reproduziert wurde.

Die Ereignisse in Rußland haben Bucharins theoretische Einwände bestätigt. Die spontanen Aktionen der Arbeiter[11], die Weigerung der herrschenden Kreise aus Industrie und Verwaltung, mit dem neuen Staat zusammenzuarbeiten, der Ausbruch des roten und weißen Terrors, der Beginn des drei Jahre währenden Bürgerkriegs – diese Ereignisse verurteilten die staatskapitalistischen Pläne Lenins und der bolschewistischen Regierung zum Scheitern und bewirkten eine schnelle Veränderung der ökonomischen Verhältnisse: die Banken, der Großhandel, die gesamte Industrie, das ganze ausländische Vermögen und der Außenhandel gingen in die Hand des proletarischen Staates über.[12]

Bucharin bezeichnete eine solche Organisation der Wirtschaft als „Staatssozialismus", als „die dialektische Negation des Staatskapitalismus". In diesem Staatssozialismus sei „das wirtschaftende Subjekt der *proletarische* Staat", „die kollektiv organisierte Arbeiterklasse", „das Proletariat, als Staatsmacht organisiert".[13]

Die Unterschiede zwischen Staatskapitalismus und Staatssozialismus beziehen sich im wesentlichen auf die verschiedenen Inhalte, durch die die Machtausübung sich legitimiert. „Beim Staatskapitalismus ist der Produktionsprozeß ein Prozeß der Produktion von Mehrwert, der in die Hände der Kapitalistenklasse gerät, mit der Tendenz, diesen Wert in Mehrprodukt umzuwandeln. Bei der proletarischen Diktatur dient der Produktionsprozeß als Mittler zur planmäßigen Befriedigung der gesellschaftlichen Bedürfnisse. Das System des Staatskapitalismus ist die vollkommenste Form der Ausbeutung der Massen durch eine Handvoll Oligarchen. Das System der proletarischen Diktatur macht jedwede Ausbeutung überhaupt undenkbar, denn es verwandelt das kollektivkapitalistische Eigentum und seine privatkapitalistische Form in kollektiv*proletarisches* Eigentum."[14]

Was die dialektische Negation konkret besagt, machte Bucharin an einigen Beispielen klar: So bedeute die allgemeine Arbeitspflicht im System des Staatskapitalismus eine Knechtung der Arbeitermassen, im System des Staatssozialismus dagegen nichts anderes als „die Selbstorganisation der Arbeit durch die Massen“; dasselbe gelte für jede Form staatlichen Zwanges, der einmal repressiv den Ausbeutungsprozeß sichert, im zweiten Fall dagegen eine Methode zum Aufbau des Kommunismus darstelle. Bucharin wies mit Nachdruck darauf hin, daß es beim Vergleich beider Systeme nicht auf die formalen Ähnlichkeiten, sondern auf die jeweilige Funktion einer Erscheinung innerhalb des jeweiligen Systems ankomme.[15]

Soweit die Kontroverse über einen Begriff, dem die grundsätzlich andere Auffassung über den Charakter der Revolution und also über die Funktion der politischen Maßnahmen zugrunde lag. In der hier dargestellten Form wurde unmittelbar nach dem Oktoberumsturz argumentiert.

2. Bucharins Lehre von der nachrevolutionären Rolle der Partei

In dem oben dargestellten Kapitel „Voraussetzungen der Revolution“ war entwickelt worden, warum die Partei und ihre Führer für die Revolution eine so große Bedeutung haben. Die Ursachen hierfür lagen hauptsächlich in der Rückständigkeit des russischen Proletariats. Daß diese Rückständigkeit durch das bloße Faktum der bolschewistischen Machtübernahme nicht mit einem Schlage beseitigt wurde, leuchtet ein. Entsprechend der Bucharinschen Theorie über die Rolle einer revolutionären, proletarischen Partei hatte die Organisation der Avantgarde daher auch in dieser nachrevolutionären Entwicklungsphase bestimmte Funktionen zu erfüllen.

Worin diese Funktionen konkret bestanden, und auf welche Weise die Rolle der Partei, ihr Gewicht und ihre Dominanz gegenüber anderen Organisationen bestimmt wurden, soll in dem nun folgenden Abschnitt erörtert werden.

a) Die Fortsetzung der Revolution als Aufgabe der Avantgarde

Lenin hatte in seiner Schrift „Was tun? “ aus dem Jahre 1902 die jeweilige Position der Partei eng an die historischen Entfaltungsmöglichkeiten gekoppelt. Die Kaderpartei mit Berufsrevolutionären war demnach von der innenpolitischen Kampfbereitschaft der Autokratie nicht zu trennen. Beide „entsprachen“ einander. Ebenso prägend für das Gesicht dieser Organisation war deren numerische Größe. Keine Massenpartei, sondern eine Gruppierung mit Minderheitsstatus. Beide Elemente, die Größe sowie die Aufgaben der Mitglieder, bestimmten entscheidend die Position dieser Partei, bestimmten ihr Selbstverständnis als Avantgarde.

Während und nach der Revolution verloren beide Elemente ihre überragende Bedeutung. Die Mitwirkung der Massen sowie spezielle Probleme der nachrevolutionären Phase veränderten nun den Charakter der Partei, ihre „Linie“.

An einigen Beispielen soll diese Aussage illustriert werden:

Als im Jahre 1918 Bucharin das revolutionäre Selbstverständnis der Partei an die Fortsetzung des Krieges zu koppeln versuchte, berücksichtigte Lenin, dem im Zusammenhang mit dem Avantgardebegriff zuweilen sogar elitäres Denken vorgeworfen wurde, die Augenblicksbedürfnisse nicht nur des Proletariats, sondern der gesamten russischen Bevölkerung.

Die Auseinandersetzungen zwischen Lenin und Bucharin über die Frage von Krieg und Frieden widerspiegeln die damalige Breite der möglichen Auffassungen über das Verhältnis zwischen Arbeiterklasse und Partei.

Worin die Unterschiede bestehen, wird in einer Rede Bucharins vor dem 7. Parteitag[16] der RKP (b) deutlich: „Warum", fragte sich Bucharin, „hielt eigentlich unsere Partei, die die Avantgarde der Revolution war, warum hielt unsere Partei nicht ihren revolutionär sozialistischen Standpunkt aufrecht?" Und er antwortete: „Seit der Zeit der Kornilow-Ereignisse wuchs unsere Partei nicht täglich, sondern stündlich[17], unsere Partei hat sich seit den Kornilow-Ereignissen faktisch in eine nicht-proletarische Partei, in eine sogenannte Volkspartei gewandelt.[18] Sie hat seitdem alle Elemente in sich aufgenommen, die unter der Losung des Friedens um jeden Preis marschierten. Auf unseren Stadtkonferenzen, auf unseren Parteiversammlungen, betrug in der letzten Zeit das nicht-proletarische Element gewöhnlich mehr als die Hälfte.[19]

Es ist völlig natürlich, daß sich die veränderte soziale Zusammensetzung der proletarischen Partei unvermeidlich in der Haltung der Partei widerspiegeln mußte. Zweifellos mußte die Partei als Ganzes die Verhaltenstaktik dieser nicht-proletarischen Elemente widerspiegeln."[20]

So zutreffend Bucharins Analyse sein mochte, zumal die Tendenz zur Volkspartei und deren Folgen für die Revolution wird überzeugend entwickelt, so starr waren seine Folgerungen. Gegen die tatsächliche Entwicklung stellte er eine Norm, einen Avantgardebegriff, der für den Fall seiner Verwirklichung den Abstand zwischen den Massen und der Politik der Partei sehr groß hätte werden lassen. Lenin dagegen bemühte sich, diesen Abstand zu verringern: „Die Massen, das sind Millionen – und Politik beginnt dort, wo die Millionen sind."[21] Dieser Satz bezieht sich auf die Fortsetzung des Krieges als Revolutionskrieg. Er belegt, daß Lenin die Entscheidung über den revolutionären Prozeß zumindest nach dem Umsturz vom Oktober nicht aufgrund eines abstrakt definierten „Interesses" der russischen Arbeiterschaft fällte sondern von dem Willen der „Millionen" abhängig machte.

Natürlich spielte bei dieser Auffassung auch seine Einschätzung der tatsächlichen Möglichkeiten, der Machtlage auf internationaler Ebene, eine wesentliche Rolle. Aber das war nur die eine Seite der Argumentation. Lenins Bereitschaft, diesen Aspekt: den Avantgardegedanken in der politischen Praxis der Übergangsperiode etwas weiter zurückzustellen, hatte nicht nur vorübergehende, taktische, sondern grundsätzliche Bedeutung. Er äußerte sie nicht vor irgendeinem Gremium, sondern vor dem Parteitag, vor den Vertretern der Avantgarde. Und er wollte diese Vertreter gerade mit diesen Argumenten überzeugen, gegen einen Mann, dessen Beredsamkeit und Überzeugungskraft überall anerkannt wurde: gegen Bucharin.

Bucharin definierte die Aufgaben der Partei in herkömmlichem, „vorrevolutionärem" Sinn, und nichts spricht dafür, sich Daniels Wertung anzuschließen, der diesen Standpunkt Bucharins für revolutionär und sozialistisch erklärt.[22] Bucharin sah die Vorzüge der Bolschewiki gegenüber anderen sozialistischen Gruppen und Parteien in Folgendem: „Wir unterscheiden uns von den SR, den Menschewiki usw. dadurch, daß unsere Partei die Avantgarde ist, die alle anderen führt, die die Massen zu sich emporhebt und sich nicht auf deren Verstandesebene herabläßt ..."[23] Es seien die Menschewiki, die sich an Psychologie und Sprache dem Proletariat anpassen wollten, nicht aber die Bolschewiki: „Wir sagen: nein, unsere ist anders. Wir erzählen den Massen die ganze Wahrheit, wir passen sie sofort an uns an, und nicht uns an sie ... Unsere Taktik war im Gegensatz zur menschewistischen immer aktiv und nicht passiv."[24]

Zu diesen Thesen über die leitende Stellung der Partei gehörte Bucharins Forderung, die kriegsmüden Massen in einen Revolutionskrieg zu schicken, obwohl vom Standpunkt der Organisation und der militärischen Realität alles dagegen sprach. Bucharin anerkannte die Fakten der ungünstigen Situation, aber er zog andere Konsequenzen als Lenin. Er wollte sie nicht hinnehmen: „Wir wären keine Revolutionäre, sondern alte Weiber, wenn wir uns andächtig vor diesem Faktum (der schlechten Situation, der Kriegsmüdigkeit, Anm. d. Verf.) verbergen würden."[25] Das wichtigste aller Fakten sei, so behauptete er, „daß die Kampforganisation im Prozess des Kampfes selbst wächst." Er stellte sich einen Partisanenkrieg vor und diskreditierte die Überlegung zur militärischen Stärke Rußlands als „Buchhaltung" (buchgalterskij rasčet).[26]

Es gibt einen Einwand, der besagt, daß Bucharin so sehr Führer und Geführte nicht auseinander gehalten haben kann, daß er im Gegenteil die Rolle kleiner, vom Volk betriebener Einheiten als Träger des Staates gerade in den ersten Jahren nach der Oktoberrevolution besonderns unterstrichen habe.

Tatsächlich trifft es zu, daß Bucharin als Sowjetmacht nicht nur den Rat der Volkskommissare bezeichnete, sondern die Macht der Fabrikkomitees, der kleinen Dorfzellen, der Bauernkongresse, der Gewerkschaftsverbände, usw. Im Zusammenhang mit dem Partisanenkrieg ergab sich hieraus, daß die Imperialisten, die die Sowjetmacht zerstören wollten, dies unzählige Male tun müßten und zwar in jeder ihrer Manifestationen. Die Sowjetmacht sei stark gerade durch diesen, ihren sozialistischen Inhalt.[27]

Dennoch: eine solche Aussage steht keineswegs im Widerspruch zur oben entwikkelten Interpretation, nach der die Gegensätze zwischen Partei und Arbeiterklasse betont, anstatt aufgehoben werden. Bucharin kann vom sozialistischen Inhalt des Staates sprechen und dies anhand der kleinen, den sozialistischen Staat repräsentierenden Zellen, illustrieren und dennoch zugleich den *Motor der revolutionären Veränderung* in dem Herrschaftsapparat der Partei sehen.

Die These vom revolutionären Krieg ist nicht zu begreifen ohne die – auch von Bucharin akzeptierte – Einschätzung, daß Westeuropa durch den Krieg zur Revolution greifen werde, und zwar in der ganz nahen Zukunft. Eine solche *kurzfristige* Einschätzung ließ die Bedingungen *langfristiger* Politik wie: Sicherung des Staates, Anpassung der Partei an die Bedürfnisse der Bevölkerung oder gar Schaffung der Voraussetzung für die Verwirklichung sozialistischer Ziele irrelevant werden. Die undialektische und mechanische Abstraktion von der innenpolitischen Lage Rußlands hat hier ihren praktischen und theoretischen Ort.

Das Ausbleiben der Revolution in Westeuropa mußte für einen Marxisten wie Bucharin theoretische und praktische Konsequenzen haben. Noch im Frühjahr 1921 wurde die Revolution in Rußland mit der zu erwartenden Umwälzung in Westeuropa[28] legitimiert, nur mit dem Unterschied, daß die Frist bis zur Umwälzung nunmehr als länger angesehen wurde. Dies hatte für Rußland erhebliche Folgen. Das die Revolution initiierende Feuer, das mit dem Umsturz vom Oktober 1917 entfacht wurde, mußte nun länger geschürt werden. Es durfte nicht durch Einwirkungen von außen oder von innen gelöscht werden.[29] Anderenfalls fehlte Rußland die historische und die künftige revolutionäre Legitimation.

Die Langfristigkeit in der revolutionären Entwicklung Westeuropas einerseits, und die Kraft Rußlands, bis dahin überleben zu können andererseits, diese beiden Faktoren wurden von Bucharin durch eine entsprechende Theorie und Praxis hinsichtlich der Rolle der Partei für die Revolution und den Sozialismus zum Ausdruck gebracht.

b) Die Rolle der Partei für den Aufbau des Sozialismus

Nachfolgend soll exemplarisch etwas über die Entwicklung derjenigen praktischen Erscheinungen des sozialistischen Aufbaus dargestellt werden, die durch Bucharins Theorie der Transformationsperiode in einen systematischen Zusammenhang gebracht wurde.

Bucharin war in den ersten Jahren nach der Revolution einer der wenigen führenden Bolschewiki, die kontinuierlich sich der Parteiarbeit widmen konnten. Er war Redakteur der Pravda und nach Beilegung der Meinungsverschiedenheiten mit Lenin über den Brester Frieden Kandidat des Zentralkomitees. Die Kontinuität muß deswegen erwähnt werden, weil andere Parteiorgane, z. B. das Orgbüro wegen der großen Fluktuation ihrer Mitglieder völlig arbeitsunfähig waren. Selbst das 1919 aus 19 Mitgliedern bestehende ZK konnte nur auf einen harten Kern von acht Mitgliedern rechnen, die mit Ausnahme Bucharins und Krestinskijs alle außerdem noch Regierungsfunktionen übernehmen mußten.[30] Deshalb war es Bucharin, der auf der 8. Parteikonferenz vom 4. Dezember 1919 einen Überblick über die Entwicklung der Partei zu geben hatte. In seinem Bericht wurde das Mißverhältnis von Kulturniveau und Aufgabenstellung der Partei deutlich. Eine Organisation von Analphabeten konnte keine Avantgardefunktion erfüllen.

In den Krieg hätten die Parteiführer ihre ungebildeten Mitglieder noch schicken können und vielleicht wäre es sogar ein revolutionärer Krieg, ein die Revolution in Westeuropa auslösender Krieg geworden. In diesem Falle hätte der wie auch immer zustande gekommene Wille der Parteileute zur revolutionären Handlung führen können.

Mit Hilfe des hohen Bewußtseins der Parteiführer und ihres Geschicks hätte die Partei als Ganzes vielleicht wie eine Avantgarde handeln können.

Ganz anders aber lag die Situation der Partei in der Periode des Aufbaus einer neuen Gesellschaftsordnung. Hier reichte die allgemeine Bereitschaft, der gute Wille nicht aus. Hier galt es nicht nur zu zerstören, sondern aufzubauen. Und dazu war Sachverstand nötig, Der aber fehlte allenthalben und ließ sich auch nicht durch die leitende Tätigkeit der Parteiführer unmittelbar oder durch bloße Impulse herbeiführen.

Bucharin schilderte in seinem Bericht, welche Anstrengungen unternommen würden, um den Analphabetismus selbst der Parteimitglieder zu beseitigen. Vom Petrograder Sowjet beispielsweise sei ein Dekret erlassen worden, nach dem „den Analphabeten eine ganze Reihe von Vorteilen bei der Nahrungsmittelversorgung“, die aufgrund der Zugehörigkeit zur Arbeiterschaft gewährt wurden, „entzogen wurden, wenn sie nicht die Spezialschulen besuchten und sich zu lernen weigerten.“[31]

Bucharin glaubte, zunächst nur den Parteimitgliedern, nicht aber der ganzen Bevölkerung das Alphabet beibringen zu können, wobei „je nach den örtlichen Bedingungen die obligatorische Frist dieser Unterweisung geändert werden muß.“[32]

Diese Details werden hier erwähnt, um zu zeigen, daß Bucharin bei der harten politischen Praxis durchaus keinen nur theoretisch begründbaren Auffassungen nachhing, daß er vielmehr die Möglichkeit des Alltags mit seinen eigenen Zielvorstellungen real zu vermitteln verstand, besser: zu verstehen gezwungen war.

Neben dem Alphabet waren es die allerelementarsten Aussagen der Partei, die ihre Mitglieder lernen mußten.

„Jegliche akademische Forschung muß auf das entschiedenste aus diesem elementaren Unterrichtskurs ausgeschlossen werden“, es gehe lediglich um die Fragen: „Was ist Kommunismus? “ „Der Weg zum Kommunismus“. „Warum haben wir es so schwer? “ und: „Unsere Partei“.[33] Auf solche Fragen brauche die „graue Masse“ eine Antwort.

Man hatte Bucharin Fragen gestellt in der Art: „Wie können Sie über eine so schöne Sache wie den Kommunismus sprechen, und gleichzeitig gibt es in unserer Räterepublik, die auf dem Weg zum Kommunismus ist, nichts zu fressen? “ Bucharin erkannte in diesen Fragen die ganze Realität des kommunistischen Aufbaus. Ihre Erörterung mit den breiten Massen der Werktätigen schien ihm das in dieser Zeit wesentliche.

Noch ein letzter Gedanke soll in diesem Zusammenhang erwähnt werden: Bucharin wies die Kongreßmitglieder darauf hin, daß sie „die Parteimitglieder nicht als Objekt“ betrachten sollten, „nicht als Gegenstand politischer Bearbeitung, sondern als Subjekte der Politik, Agitation und Propaganda.“[34] Die Parteimitglieder sollten nur befähigt werden, ihrerseits eine politische Massenarbeit führen zu können.

Dies nun ist genau die an der revolutionären Dialektik orientierte Tätigkeit Bucharins, die durch seine analytischen Bemühungen zuvor allerdings nur unzulänglich erklärt werden. Hat er in der abstrakten Aussage über den Zusammenhang von Revolution und Partei noch im Frühjahr 1918 die damaligen Bedingungen außer acht gelassen, so kommt er in der Situation vom Winter 1919/20 zu ganz anderen Aussagen.

Diese Gedanken lassen sich am Beispiel des X. Parteitags vertiefen.

c) Das Problem von Partei und Demokratie erörtert am Beispiel des X. Parteitages

Im vorhergehenden Kapitel wurde Bucharins Auffassung über das Verhältnis von Partei und Bevölkerung während der Anfangsphase der „Diktatur des Proletariats“ geschildert. Im nun folgenden Abschnitt soll von dem durch die Partei repräsentierten Proletariat die Rede sein, wobei der Avantgardecharakter des Proletatiats außer Frage steht.

Die Ausgangssituation, die den Entscheidungen über die künftige Politik des Sowjetstaates zugrunde lag, war im Frühjahr 1921 denkbar schlecht. Der dreijährige Bürgerkrieg der sich in Rußland dem 1. Weltkrieg unmittelbar angeschlossen hatte, hatte das Land wirtschaftlich völlig erschöpft. 1920 betrug die Produktion von Roheisen 3 Prozent des Vorkriegsstandes. Der Ausstoß von Stahl ging um das 21 fache zurück. Die Krise der Brennstoffversorgung, die mit der Zerstörung der wichtigsten Kohlebasis des Landes – des Donezker Steinkohlebeckens und des Erdölgebietes von Baku – zusammenhing, führte fast zum Stillstand der Industrie und des Transportes. Wegen Rohstoffmangels und fehlenden Brennmaterials mußten große, lebenswichtige Fabriken ihre Arbeit unterbrechen. Allein in Petrograd waren es 14 Unternehmen, darunter so berühmte wie die Putilovwerke und die Obuchovskij-Fabrik, die ihre Tore schließen mußten. 1920 erzeugte die Landwirtschaft nur 65 Prozent der Vorkriegsproduktion. Bei einem errechneten Mindestbedarf von 400 Millionen Pud Brot konnten tatsächlich nur 200 Millionen an die Bevölkerung verteilt werden, eine Norm, die in den großen Industriezentren wie Moskau und Petrograd am Anfang des Jahres 1921 noch gesenkt werden mußte.[35]

In diesem „halbtot geschlagenen Rußland“, das nur noch „auf Krücken ging“[36], sollte über eine Politik entschieden werden, die nicht nur der Wiederbelebung und allmählichen wirtschaftlichen Gesundung des Landes zu dienen hatte, sondern dabei auch noch „Prinzipien“ des Sozialismus in der Partei und Sowjetarbeit verwirklichen sollte.

In seinem Schlußwort an den X. Parteitag, den viele für den Anfang vom Ende der sozialistischen Demokratie halten[37], nannte Lenin eine der Voraussetzungen für die Entwicklung des Sozialismus in Rußland: Die Verhältnisse müßten so beschaffen sein, „daß das Proletariat die Schwerindustrie mit ihren Produkten in Händen hätte und die Bauernschaft nicht nur vollständig befriedigte, sondern dadurch, daß es ihr die Mittel zum Leben gäbe, auf diese Weise ihre Lage erleichterte, so daß der Unterschied beim Vergleich mit dem kapitalistischen System offensichtlich und spürbar wäre. Dies und nur dies schafft die Basis für eine normale sozialistische Gesellschaft“.[38]

Lenin verwies jedoch an gleicher Stelle darauf, daß das „verfluchte Erbe“ die Entwicklung solcher Beziehungen zunächst nicht zulasse, und daher Maßnahmen ins Auge gefaßt werden müßten, die den Kommunismus nicht nur nicht entwickeln, sondern kurzfristig seiner Entwicklung sogar schädlich sein könnten.

Dieser Gedanke muß festgehalten werden. Er umreißt beispielhaft die Ist- und Soll-Werte der Übergangsperiode: Die Politik der Übergangsperiode hatte die ökonomische Ausgangslage mit allen, selbst „bürgerlichen“, Mitteln so zu verändern, daß die Voraussetzung für die Entwicklung einer sozialistischen Demokratie geschaffen würden. Diese Voraussetzungen sind materieller Art und von Marx wieder und wieder betont worden: ein hoher Stand der wirtschaftlichen Entwicklung und ein entsprechendes geistiges Niveau.

In der Übergangsperiode soll der Weg hin zur Verwirklichung dieser Voraussetzungen geebnet werden. Der Grad der Demokratie und Freiheit, der hier möglich ist, wird dabei stets zu den Existenzbedingungen Rußlands in Beziehung zu setzen sein. Ein um das bloße Überleben kämpfendes Land wird im Gegensatz zu einem ökonomisch gesicherten Land wenig geneigt sein, seinen Bürgern die Entfaltung ihrer Individualität zu ermöglichen. Ein solches Land wird eher zur Organisierung, Disziplinierung und schließlich Militarisierung der Überlebensbemühungen greifen, je nachdem, wie stark die jeweilige Bedrohung ist. Aus den Äußerungen aller Delegierten des X. Parteitages geht hervor, für wie angespannt sie die Lage Rußlands hielten.

Deren Folgerungen aus dieser Einschätzung waren jedoch zunächst bei weitem nicht so mechanisch, wie aus der hier angestellten Überlegung hervorgeht. Zwar war die Tendenz zur Organisierung und Disziplinierung aller Kräfte unübersehbar. Dennoch wurde die Möglichkeit der Demokratisierung verschiedener Lebensbereiche genau so ernsthaft erörtert.

Überdies wurden die zur Displinierung führenden Folgerungen, die sich aus jener Einschätzung ergeben, von den meisten Delegierten, so auch von Lenin und Bucharin, in der Regel beschränkt auf die Erfordernisse der damaligen Situation. Sie wurden nicht darüber hinaus verallgemeinert. So begründete der Beschluß „über die Einheit der Partei" keineswegs zwangsläufig eine „Theorie des monopolitischen Charakters der Partei"[39], in der Fraktionsbildung und Kritik für ewig, oder auch nur für die gesamte Zeit der Übergangsperiode verbannt seien. Im Gegenteil: in der vom Parteitag verabschiedeten Resolution wird ausdrücklich darauf hingewiesen, daß ein einheitlicher Parteiwille „besonders wichtig zum *gegenwärtigen* Zeitpunkt" sei. Im übrigen macht der Punkt 4 dieser Resolution deutlich, daß Kritik nach wie vor für unerläßlich gehalten wurde. Nur sollte die „Lage der Partei inmitten der sie umgebenden Feinde" mitberücksichtigt werden und Kritik mit der Bereitschaft gekoppelt werden, „die Fehler der Partei durch Teilnahme an der Sowjet- und Parteiarbeit . . . zu korrigieren".[40]

Daß bei dieser kurzfristigen Analyse die allgemeine Zielsetzung nicht aus den Augen verloren wurde, zeigt Lenins eingangs zitierte Aussage. Detailliert und vorbereitet wurde diese Überlegung von Bucharin, der für den Parteitag den Standpunkt des ZK zur Frage des Parteiaufbaus zu entwickeln und vor dem Plenum zu begründen hatte.

Bemerkenswert war dabei, daß Bucharin seinen schriftlich fixierten Thesen über die „Fragen des Parteiaufbaus" eine allgemeine Einführung in die Methodik des Marxismus voranstellte. Offenbar glaubte er, gerade hiermit die Widersprüche aufzeigen zu können, die in der Forderung nach Einführung eines als Norm verstandenen *demokratischen* Sozialismus lagen. Bucharin versuchte, die Mitbestimmung der Arbeiter, die „Arbeiterdemokratie" an die Erfordernisse vom Sachzwängen zu koppeln, deren Demokratie-fördernde- oder hindernde Folgen von der jeweiligen historischen Situation abhängen.

Allgemein sagte er: „Die Partei des revolutionären Marxismus lehnte von Grund auf die Suche nach einer absolut richtigen, für alle Stufen des revolutionären Prozesses geeignete Form der Parteiorganisation, sowie ihrer Arbeitsmethoden ab. Im Gegenteil, die Organisationsformen und Arbeitsmethoden bestimmen sich zur Gänze durch die Besonderheiten der konkreten historischen Lage und die Aufgaben, die aus dieser Lage unmittelbar folgen."[41] Deshalb könnten durch die Veränderung der objektiven Bedingungen der revolutionären Entwicklung früher adäquate Organisationsformen nunmehr zu Fesseln der weiteren Entwicklung werden. Und in der letzten der vier Punkten enthaltenden „allgemeinen Voraussetzung" erweiterte Bucharin seine Relativierung auch inhaltlich: „Man kann nicht mechanisch die zu diesem oder jenem historischen Moment praktizierten Formen und Methoden der Arbeit der Parteiorganisation auf andere Organisationen, z. B. die Sowjets oder die Organe verwaltenden, ökonomischen Charakters übertragen."[42]

Für die Entwicklung der Demokratie in Rußland haben diese allgemeinen Bemerkungen erhebliche Bedeutung. Sie besagen, daß Sozialismus und Demokratie keine bloß anzuwendenden fertigen Kategorien sind, sondern daß ihre Anwendung und zunächst überhaupt ihre Entwicklung an bestimmte historische und ökonomische Voraussetzungen gebunden sind.

In der Zeit, in der die bloße Existenz der Republik bedroht war, sei eine Militarisierung der Parteiorganisation,ein „äußerster Zentralismus" unvermeidlich gewesen und als Methode der Parteiarbeit das „System militärischer Befehle" angemessen gewesen. Vor der Aufgabe des einfachen Überlebens hätten alle übrigen Aufgaben, so auch die Demokratisierung und Erziehung, zurücktreten müssen.

Nun, da der Krieg fast überall aufgehört habe, werde dagegen die „Hebung des Niveaus der Parteimitglieder bei gleichzeitiger aktiver Beteiligung am gesamten Parteileben zur zentralen Aufgabe des Tages."[43]

Um die „gewaltige ökonomische Aufbaurolle der proletarischen Avantgarde" erfüllen zu können, müßten die Unterschiede zwischen den „verchi" und „nižy" (den Arrivierten und kleinen Leuten) die während des Krieges entstanden seien, abgebaut werden. Die neue „Organisationshülle" für eine solche Tätigkeit sei daher die „Arbeiterdemokratie". Was Bucharin unter einer solchen auf die Partei bezogenen Demokratie inhaltlich verstand, wurde im Punkt 18 seines Entwurfs dargelegt. Arbeiterdemokratie sei demnach „jene Organisationsform, die allen Parteimitgliedern bis hin zu den am meisten zurückgebliebenen eine aktive Teilnahme am Parteileben, bei der Erörterung aller auftauchenden Fragen, bei der Entscheidung über diese Fragen und ebenso auch eine aktive Teilnahme am Parteiaufbau gewährleistet. Die Arbeiterdemokratie schließt jegliches naznačenstvo[44] als System aus und äußert sich in weiter Wählbarkeit aller Einrichtungen von unten nach oben, in ihrer Rechenschaftspflicht und ihrer Kontrollierbarkeit usw. . . ."

Als Arbeitsmethode zur Durchführung dieser Organisationsformen führt Bucharin die „weite Erörterung aller wichtigen Fragen" an, „die Diskussion mit der völligen Freiheit innerparteilicher Kritik, die Methode kollektiver Erarbeitung der allgemeinen Parteibeschlüsse" mit der Einschränkung: „solange zu diesen Fragen noch keine allgemein verpflichtenden Parteibeschlüsse gefaßt worden sind."[45]

Hiermit ist im wesentlichen Bucharins Vorstellung von Zentralismus und Demokratie als Methode zur Verwirklichung des sozialistischen Aufbaus umrissen. Was noch fehlt ist die Kennzeichnung der Bedingungen, unter denen sich diese Vorstellungen jeweils realisieren lassen. Bucharin nennt zwei in diesem Zusammenhang bedeutsame Umstände. Die demokratischen Organisationsformen hängen ab .

1. von „der sozialen Klassenzusammensetzung einer gegebenen Organisation – je größer der Anteil des Proletariats in dieser Organisation, eine desto höhere Stufe des Demokratismus können wir uns erlauben und umgekehrt."[46]

2. von „der Funktion der jeweiligen Apparate. Je mehr selbständige Arbeit geleistet werden müßte und je mehr Erziehungsfunktionen zu erfüllen wären, desto mehr Demokratismus ist erforderlich und umgekehrt, je administrativer die Funktion, desto weniger Demokratismus."[47]

Für so unterschiedliche politische Organisationen wie Partei, Gewerkschaften, die einfachen Verwaltungsorgane, die Armee usw., ließ sich Bucharins Auffassung je nach Soziallage des Personals und den Aufgaben unterschiedlich viel Demokratie verwirklichen. Die Partei beispielsweise als „Organisation der fortschrittlichen Elemente innerhalb der fortschrittlichen Klasse", das „Gehirn des ganzen handelnden Apparates" könne demokratischer verfaßt sein als jeder andere Bereich von politischer Relevanz.[48] Der genaue Gegenpol hierzu sei die Armee. Hier gebe es eine besondere Konzentration nicht-proletarischer Elemente, eine „graue Bauernmasse" und überdies erlaubten die militärischen Funktionen der Armee keine Demokratisierung. Die Arbeitsmethode der Armee bleibe also nach wie vor ein „System von Militärbefehlen".[49]

Damit steht für Bucharin fest: „eine mechanische Übertragung der Organisationsformen ist absurd." Ebenso „unzulässig ist eine unhistorische Behandlung dieser Frage."[50]

Diese, die Möglichkeit und Beschränkungen der Wirklichkeit berücksichtigende und damit abgewogene Einschätzung künftiger Entwicklung war bereits bei der Behandlung der Weltrevolution aufgefallen, wobei es sich hier wie dort nicht um allgemeine Grundsätze, sondern um den praktischen Vorgang der Realisierung von Möglichkeiten handelte. Möglichkeiten, die zur Aufhebung der Widersprüche einer bestimmten historischen Lage beitragen können und damit gesellschaftliche Entwicklung bewirken. Es scheint dies ein Merkmal des Bucharinschen Transformationsdenkens zu sein, daß es bei langfristigen Veränderungsbedingungen sowohl die stabilisierenden wie die revolutionären Elemente analysiert und – jeweils – zu einander in Beziehung setzt.

Die Folgen eines so erklärten Aufbaus implizieren damit auch eine länger andauernde Einheit, wobei die Begrenzung eher praktisch und nicht grundsätzlich zu verstehen ist. Gerade dieses darf bei einer quellenkritischen Analyse nicht außeracht gelassen werden. Wer in vielen Aussagen Bucharins die revolutionäre Perspektive vermißt und andererseits seine Bemühungen um Stabilität des gesellschaftlichen und ökonomischen Gleichgewichts interpretiert, sollte sich die praktischen und theoretischen Bedingungen von revolutionärem Handeln in Rußland vor Augen halten. Bucharin hat dies unentwegt getan und es stände einer Interpretation seiner Tätigkeit schlecht an, daran vorbeizugehen.

3. Exkurs: Ideologie des Anarchismus als Ausdruck gesellschaftlicher Widersprüche

Widersprüche gehören zu den wichtigsten Merkmalen der Übergangsgesellschaft. Auf die verschiedenen Ursachen solcher Widersprüche wird weiter unten noch eingegangen werden. Ein Grund wurde schon genannt: der durch den niedrigen Stand der Produktivkräfte bedingte gesamtgesellschaftliche Mangel.

Hier soll zunächst nur ein Ausdruck der Widersprüche, die Ideologie des Anarchismus, erörtert werden.

Bucharin hatte die Ziele und Methoden des Anarchismus bereits im Jahre 1918 analysiert und dem Sozialismus gegenüber gestellt. In seiner Broschüre „Anarchismus und wissenschaftlicher Kommunismus“ erläuterte er die Grundlagen anarchistischer Bestrebungen in Rußland:

„Auf dem Hintergrunde der Erscheinungen des Zerfalls der Produktion und der unbedingt damit verbundenen Zersetzung der gesunden proletarischen Psychologie entsteht die Neigung, die Forderungen des Proletariats in Bestrebungen der allgemeinen Masse des ‚Volksganzen‘, d. h. in der Hauptsache des Bauerntums, aufzulösen. Andererseits schaffen diese Erscheinungen einen mehr oder weniger günstigen Boden für anarchistische Stimmungen dadurch, daß sie das Proletariat lumpenproletarisieren, einzelne seiner Teile aus produktiv tätigen Arbeitern in deklassierte Individuen, die ihre Verbindungen mit ihrer Klasse verloren haben, verwandeln, die mit der proletarischen Gemeinschaft durch Bande der gemeinsamen Massenarbeit und des Klassenkampfes nicht verbunden sind.“[51]

Mit dieser Situation erklärt Bucharin die weite Verbreitung anarchistischen Gedankengutes in Rußland. Er weist insbesondere auf die Veränderung der Klassenverhältnisse hin, die eine solche Verbreitung haben möglich werden lassen.

Von den wesentlichen theoretischen Unterschieden zwischen Kommunimus und Anarchismus stellt er die folgenden Auffassungen heraus:

1. Beide sind für die Abschaffung des Staates als „Endziel“ politischen Handelns. Über die Formen der dann entstehenden Gesellschaft bestehen jedoch kontroverse Vorstellungen: „Wir Kommunisten nehmen an, daß die zukünftige Gesellschaft uns nicht nur von der Ausbeutung des Menschen durch den Menschen befreit, sondern, daß sie auch die größtmögliche Unabhängigkeit des Menschen von der äußeren Natur herbeiführt, die ‚gesellschaftlich notwendige Arbeitszeit‘ auf das Mindestmaß herabsetzt, indem sie die gesellschaftlichen Produktivkräfte und die Produktivität der gesellschaftlichen Arbeit auf ihre Höchststufe bringt.“

   Entsprechend dieser Zielsetzung sei das Ideal die „zentralisierte und planmäßig organisierte Produktion der Großbetriebe, letzten Endes die Organisation der gesamten Weltwirtschaft“. Ganz anders dagegen wollten die Anarchisten die künftigen gesellschaftlichen Verhältnisse gestalten: Ihr Ideal sind kleine Kommunen, die nach dem Wesen ihrer Struktur keine Großwirtschaft betreiben können, die ‚Vereinbarungen‘ miteinander treffen und durch ein Netz von freiwilligen Verträgen miteinander in Verbindung stehen.“

2. Der zweite Unterschied betrifft eher methodische als inhaltliche Bereiche und hängt mit dem ersten Punkt zusammen. Die Anarchisten hätten wahrgenommen, schreibt Bucharin, daß die Zentralisation in der kapitaistischen Ordnung als Mittel der Unterdrückung dient und vom Staatsapparat garantiert und verkörpert wird. Da nun die Anarchisten für die Befreiung des Menschen eintreten wollten, glaubten sie, dies durch Bekämpfung der Zentralisierung der Produktion und des Staates erreichen zu können.

   Damit – so Bucharins Kritik – verwechselten sie das Wesen einer Sache mit ihrer gesellschaftlichen und historischen äußeren Erscheinung. „Der Staat ist, genau wie das Kapital, nicht ein Ding, sondern ein Verhältnis zwischen den Menschen, genauer, ein Verhältnis zwischen Klassen. Es ist das Klassenverhältnis der Herrschaft und Unterdrückung . . . Die Zentralisation als wesentlichstes Merkmal des Staates hinzustellen, bedeutet dasselbe, wie die Produktionsmittel als Kapital zu betrachten. Die Produktionsmittel werden erst dann zu Kapital, wenn sie in der Hand einer Klasse monopolisiert werden und zur Ausbeutung einer anderen Klasse auf der Grundlage des Lohnsystems dienen . . . Hingegen sind die Produktionsmittel an und für sich prachtvolle Dinge, Werkzeuge des Kampfes des Menschen mit der Natur. Dasselbe gelte für die Zentralisierung der Produktion, die als Instrument der Kommunisten eine andere Qualität besitze als unter dem Kapitalismus. Zentralisation bedeute unter der Diktatur des Proletariats einen Schritt vorwärts auf dem Weg zum Sozialismus und damit zur Befreiung des Menschen.

3. Der dritte Unterschied betrifft die Periode zwischen dem Kapitalimus und der Zukunftsgesellschaft. Auf einige theoretische Aspekte dieser Übergangsperiode wurde bereits eingegangen; hier soll herausgearbeitet werden, daß die Anarchisten in der Sicht Bucharins Herrschaft „unter allen und jeglichen Umständen" für unannehmbar halten, daß sie einen prinzipiellen „Widerwillen gegen die Methoden von planmäßigen und organisierten Massenaktionen" hätten und daher „mit der Bourgeoisie und den Kompromißlerparteien gegen die Herrschaft des Proletariats" aufträten. Bucharin resümierte: „Der konsequente Anarchist muß gegen die Sowjetgewalt sein und diese Sowjetgewalt zu zerstören trachten."[52]

Dies alles ist lange vor den Ereignissen in Kronstadt vom Frühjahr 1921 geschrieben worden und nimmt doch einen Großteil derjenigen Begründung vorweg, die in der aktuellen Auseinandersetzung später vorgetragen wurden.

II. Probleme der Systematisierung der Übergangsperiode

Die im vorigen Kapitel an einigen Beispielen nachgezeichnete Parteitheorie Bucharins sollte verdeutlichen, daß der Übergang zum Sozialismus sich auf unterschiedliche Weise vollzieht, je nachdem, in welchem Entwicklungsstadium sich die Gesellschaft und ihre Klassen gerade befinden. Zur Systematisierung dieser Unterschiede führt Bucharin Gesichtspunkte an, die er im Vergleich mit dem System der bürgerlichen Gesellschaft gewonnen hatte. Er argumentierte, die Bourgeoisie habe sich zu verschiedenen Zeiten sowohl demokratisch als auch zentralistisch und militärisch verwaltet, ohne dabei ihren Charakter zu verändern. Wenn in gewissen Epochen die „Rechte des Parlaments" beschnitten würden, oder von einer „Krise des Parlamentarismus" gesprochen werden könne, so bedeute dies keineswegs eine Einschränkung der Rechte der Bourgeoisie oder eine Krise ihrer Herrschaft. „Im Gegenteil, diese Erscheinungen kennzeichneten eine Stärkung der Herrschaft der Bourgeoisie, eine Zentralisierung und Militarisierung ihrer Gewalt."[53]

Mit anderen Worten: bürgerliche Demokratie und bürgerliche Diktatur heben sich nur durch ihre Form, nicht durch ihren Inhalt voneinander ab. Der Klassencharakter der Machtausübung bleibt bewahrt.

Wichtig in diesem Zusammenhang sind die Folgerungen, die Bucharin daraus zog: „Wenn aber diese Grundsätze überhaupt richtig sind", so erkannte er, „sind sie auch für die Periode der proletarischen Diktatur richtig."[54]

Dieser Bucharinsche Satz ist von erheblichem Gewicht. Er reduziert unterschiedliche Vorstellungen und Bemühungen zur Entwicklung des Sozialismus auf eine Frage der Einschätzung. Nicht Grundsätze, wie z.B. der Rätegedanke, der Planungsgedanke etc. sind für eine „richtige" Übergangstheorie entscheidend, sondern die Bestimmung aktueller Möglichkeiten für eine proletarische Diktatur. Daß diese Aussage für die Zeit des Kommunismus nicht zutrifft, versteht sich von selbst. Es geht hier um den *Weg* vom Kapitalismus zum Kommunismus. Die Formen staatlicher Machtausübung im Stile Stalins seit Ende der Zwanziger Jahre, oder die Form „demokratischer Willensbildung" innerhalb der Partei unter Lenin, sagten also „prinzipiell" über die neue gesellschaftliche Qualität nichts aus. Sie sind nur Modifikationen einer und derselben Erscheinung, der Diktatur des Proletariats.

1. Erste Transformationsphase

Aus dem hier entwickelten Argumentationszusammenhang heraus interpretiert Bucharin die historisch entstandenen Herrschaftsformen der Übergangsgesellschaft als „Phasen" dieser Gesellschaft. Er unterscheidet die „Periode der Zersetzung und des Bruches der kapitalistischen Produktionsverhältnisse, die zugleich auch die Periode der Besitzergreifung der strategischen Knotenpunkte der Ökonomik durch das Proletariat" sind.[55]

Diese Phase werde durch die proletarische Initiative beherrscht, durch den Kampf um eine proletarische Fabrik, der von unten heraus geführt wird, und durch den sich Anfänge neuer Organisationsformen herausbilden: die revolutionären Betriebskomitees und Betriebsräte.[56]

Mit diesen neuen Organisationsformen sind keine fertigen Institutionen gemeint, die nach der Zerstörung der alten Verhältnisse die Gesellschaft wieder ins Lot bringen könnten. Bucharin spricht nur von „ersten Schritten eines neuen Gleichgewichts", Schritten allerdings, die notwendig sind, „ohne die irgendein Aufbau tatsächlich vollkommenerer Formen undenkbar ist."[57]

In dieser Anfangsphase überwiege noch die Destruktivität.[58] Die Alternative zur zerstörten Ordnung mache sich daher lediglich als „Tasten nach einem neuen Gleichgewicht" bemerkbar. Insofern könne eine „vollkommene technische Verwaltung auch gar nicht als nächstliegende Aufgabe" angesehen werden. Und überdies setze eine solche Aufgabe ohnehin eine gewisse „Stabilität der Produktionselemente" voraus. Unter dem Begriff „Produktionselemente" versteht er den sachlich-materiellen Apparat und die Personen („Personenelemente"), die dazu gehören; mit anderen Worten: die Fabriken, Maschinen, Kenntnisse und Qualifikationen, die für das Funktionieren der Produktion unumgänglich sind.

Die ersten Formen proletarischer Wirtschaftsverwaltung bestimmt Bucharin als durch und durch demokratisch. Hier herrschen „die weitestgehende Kollegialität, das Prinzip der absoluten Wählbarkeit (dabei segelt diese Wählbarkeit unter der politischen Flagge und nicht unter der Flagge der technischen Ordnung)[59], die häufige Absetzbarkeit und – kraft weitgehender Kollegialität – eine Dezentralisation und Zersplitterung der Verantwortlichkeit“.[60]

Diese an dem Modell der Räte orientierte Wirtschaftsführung kann zwar die technischen Erfordernisse des sozialistischen Aufbaus nicht erfüllen, wohl aber eine Voraussetzung für diesen Aufbau schaffen. Sie hat die Funktion, die „noch im ‚Schoße des Kapitalismus‘ ausgereiften Organisationen der Arbeiterklasse“, vor allem die Gewerkschaften, mit den neuen Zellen der Arbeiterräte zu verbinden, sie durch Diskussion zu schulen und „auf diese Weise das neue Gewebe des proletarischen Wirtschaftsapparates zu bilden“.

2. Zweite Transformationsphase

Die nächste Phase vollzieht die bestimmte Negation der ersten Phase. Sie entwickelt dadurch den „Typus der proletarisch-militärischen Produktion“.[61] Darüber, ob diese Phase in jedem Fall „prinzipiell“ notwendig ist oder ob sie auch vermieden werden könnte, äußert sich Bucharin nicht. Entsprechend der im ersten Kapitel ausgearbeiteten Begrifflichkeit versteht Bucharin „Notwendigkeit“ historisch, d. h. er macht das Eintreten oder Ausbleiben einer bestimmten gesellschaftlichen Erscheinung von geschichtlich-konkreten Bedingungen abhängig. In diesem Fall begründet er die zweite Phase mit der allgemeinen Bedrohung der Diktatur des Proletariats. „Der ‚militärische‘ Typus einer beliebigen Organisation tritt *dann* auf den Plan, *wenn* (Hervorhebung durch Autor) das betreffende System sich in kritischer Lage befindet.“ Die kritische Lage könne sowohl durch Kriegsgefahr als auch durch eine wirtschaftliche Katastrophe hervorgerufen werden.[62] Sie bewirke eine grundlegende Veränderung der Produktionsverwaltung. Der Gesichtspunkt der Effektivität, die ein „Maximum an Tüchtigkeit“ garantiert, wird in einer solchen Situation überlebenswichtig. „Das Prinzip der weitgehenden Wählbarkeit von unten herauf . . . wird ersetzt durch das Prinzip der sorgfältigen *Auslese* in Abhängigkeit von dem technischen und administrativen Personal, der Kompetenz und der Zuverlässigkeit der Kandidaten. An die Spitze der Betriebsverwaltungen treten verantwortliche Personen – Arbeiter oder Fachleute. Aber sie werden gewählt und eingesetzt von den Wirtschaftsorganen der *proletarischen* Diktatur; sie werden aufgestellt und empfohlen ebenfalls von Arbeiterorganisationen. Innerhalb dieses Systems kann jeder beliebige Ingenieur keine andere Funktion erfüllen als diejenige, die das Proletariat von ihm fordert“.[63]

Hervorzuheben wäre, daß dieser Typus der Produktionsverwaltung nur dann als möglich und zweckmäßig angesehen wird, wenn die Sowjetmacht bereits einen gewissen Grad der Festigung erreicht hat, d. h. wenn die Zerstörungsphase, die anarchistische Seite der Revolution abgeschlossen ist. In diesem zweiten Entwicklungsabschnitt nach der Revolution sind die ökonomischen und politischen (staatlichen) „Kommandohöhen“ bereits in der Hand proletarischer Organisatoren und Administratoren. Es gilt nun, mit allen Mitteln den neuen Aufbau zu forcieren, und zwar unter den Bedingungen ökonomischer und militärischer Bedrohung.[64]

An Bucharins historischer Argumentation für die Notwendigkeit dieser zentral verfaßten, zweiten Phase läßt sich ein allgemeines Merkmal bolschewistischen Argumentierens verdeutlichen. Das Charakteristikum „Gefährdung" hat in der Organisationsstruktur der Partei von Anfang an tiefe Spuren hinterlassen. Es war Lenin, der im Jahre 1902 darauf hingewiesen hatte, daß die Entscheidung für demokratische oder zentralistische Organisationsprinzipien keine Sache des persönlichen Geschmacks sei, sondern abhänge von den Kampfbedingungen der Arbeiterklasse.

Wer Lenin eine gewisse Vorliebe für den Zentralismus nachsagt[65], übersieht dabei die keineswegs negativ eingefärbten Passagen über das Funktionieren eines demokratischen Parteiapparates: „Die ‚natürliche Auslese' durch die volle Publizität, durch die Wählbarkeit und die allgemeine Kontrolle gibt die Sicherheit, daß jeder Funktionär schließlich am rechten Platz steht, daß er die seinen Kräften und Fähigkeiten am meisten entsprechenden Arbeiten übernimmt, alle Folgen seiner Fehler an sich selbst erfährt und vor aller Augen seine Fähigkeit beweist, Fehler einzusehen und zu vermeiden."[66]

Publizität und Wählbarkeit, diese beiden demokratischen Prinzipien seien jedoch „im Rahmen unserer Selbstherrschaft" nicht unterzubringen, denn hier seien es „die Gendarmen, die eine Auslese vornehmen". Lenins Organisationsprinzip, d. h. der Aufbau einer Partei aus Berufsrevolutionären, die die Techniken der Konspiration beherrschten und nach den militärischen Prinzipien der bedingungslosen Unterordnung unter Parteibeschlüsse verfahren, wird einzig und allein mit der dementsprechenden Stärke des autokratischen Gegners begründet. Die Gefährdung der Arbeiterklasse habe zur Militarisierung ihrer Organisation geführt. Es erscheint nur als konsequent, daß mit dem späteren Nachlassen des Drucks auch die organisatorische Zentralisation gelockert wurde.[67]

Soweit der Exkurs in die Vergangenheit einer Partei, die am Beginn des Jahrhunderts sich unter schwierigen Bedingungen formierte, und die nach der Revolution zur Zeit des Bürgerkrieges als Regierungspartei ebenfalls unter schwierigen Bedingungen nicht nur sich selbst, sondern den gesamten Staat zu formieren beabsichtigte.

3. Dritte Transformationsphase

Die darauf folgende dritte Phase einer Wirtschaftspolitik im Interesse einer proletarischen Macht sah sich der völligen ökonomischen Erschöpfung des Landes nach dem Bürgerkrieg gegenüber. Die Produktionsverwaltung der Kriegszeit hatte mit den oben geschilderten Mitteln erreicht, die Rote Armee mit Lebensmitteln, Ausrüstungsgegenständen, Kriegsmaterial zu versorgen. Sie hatte dadurch zwar zu einer „Verallgemeinerung des Mangels" beigetragen, aber dennoch die Diktatur des Proletariats gefestigt.[68] Dies aber: die politische Stabilisierung der Sowjetherrschaft, war die grundlegende Voraussetzung einer proletarischen Macht überhaupt. Denn deren Existenzsicherung war durch eine entsprechende ökonomische Basis nicht gegeben.

Diese Basis mußte erst durch die Entwicklung sozialistischer Produktionsformen geschaffen werden. Und da die Entwicklung dieser Formen wiederum an bestimmte Voraussetzungen kultureller und sozio-ökonomischer Art gebunden ist, aber selbst diese in Rußland nicht vorhanden waren, blieb auch in der dritten Phase *allein* die bolschewistische Partei[69] der Garant der Sowjetmacht.

„Kein einziger Kommunist hat wohl . . . bestritten, daß die Bezeichnung ‚Sozialistische Sowjetrepublik' die Entschlossenheit der Sowjetmacht bedeutet, den Übergang zum Sozialismus zu verwirklichen, keineswegs aber, daß die *jetzigen* (von mir *gesperrt*, J. S.) ökonomischen Zustände als sozialistisch bezeichnet werden."[70] Dies ist eine Formulierung Lenins aus dem Jahre 1918, aber sie gilt in gleicher Weise auch für den Beginn der dritten Transformationsphase.

Die Entschlossenheit zum sozialistischen Aufbau war auch während dieser Zeit kein Kennzeichen der ganzen Bevölkerung, sondern im wesentlichen eine Sache der Funktionäre in der kommunistischen Partei. Und deren Aufgabe bestand nach dem Bürgerkrieg und dem Kriegskommunismus darin, zunächst die ökonomischen, sozialen und kulturellen Voraussetzungen für eine sozialistische Produktionsverwaltung zu schaffen.

Mit welchen Argumenten die Notwendigkeit einer neuen Politik begründet wurde, ist einem Artikel Lenins in der „Pravda" vom 18. Oktober 1921 zu entnehmen: „Wir, die wir von der Welle des Enthusiasmus getragen waren, die wir den Volksenthusiasmus – zunächst den allgemeinen, politischen, sodann den militärischen – geweckt hatten, wir rechneten darauf, daß wir aufgrund dieses Enthusiasmus auch die ebenso großen ökonomischen Aufgaben unmittelbar lösen würden. Wir rechneten darauf . . ., daß wir durch unmittelbare Befehle des proletarischen Staates die staatliche Produktion und die staatliche Verteilung der Güter in einem kleinbürgerlichen Land kommunistisch regeln könnten. Das Leben hat unseren Fehler gezeigt. Es bedarf einer Reihe von Übergangsstufen . . ., um den Übergang zum Kommunismus *vorzubereiten*, ihn durch die Arbeit einer langen Reihe von Jahren vorzubereiten. Nicht auf Grund des Enthusiasmus unmittelbar, sondern mithilfe des aus der großen Revolution geborenen Enthusiasmus, auf Grund des persönlichen Interesses, der persönlichen Interessiertheit, der wirtschaftlichen Rechnungsführung, bemüht euch, zuerst feste Stege zu bauen, die in einem kleinbäuerlichen Land über den Staatskapitalismus zum Sozialismus führen . . . So hat es uns das Leben gelehrt. So hat es uns der objektive Entwicklungsgang der Revolution gelehrt."[71]

Mit dieser Analyse kennzeichnete Lenin die Ausgangslage für eine „Neue Ökonomische Politik". Sie hatte die Perspektive des Sozialismus zu verbinden mit der Realität einer Bauerngesellschaft, deren „Überbau" vom Proletariat besetzt war. Und hier liegt auch der Ansatzpunkt für Bucharins theoretische Arbeit, für seine in diesem Kapitel zu behandelnde Transformationstheorie.[72]

Zuvor aber noch eine Bemerkung. Aus dem Zusammenhang dieser Arbeit geht hervor, daß ein im Interesse der Arbeiterklasse agierender Politiker nacheinander durchaus die oben geschilderten Positionen der jeweiligen Transformationsphasen vertreten kann. Darin wäre kein Widerspruch der jeweiligen „Haltung" oder „Einstellung" zu sehen. Aus diesem Grunde kann Bucharin, ohne daß von einem „Wendepunkt in seinem Leben" gesprochen werden müßte, als „linker" Theoretiker, der die unmittelbare Sozialisierung der Produktionsmittel anstrebte, und ebenso als „rechter" Befürworter der „Neuen Ökonomischen Politik" verstanden werden.[73] Er repräsentiert damit lediglich die Widersprüche seiner Zeit.

Nur eine personalistisch-psychologisierende Geschichtsschreibung könnte verkennen, daß es die materiellen Bedingungen für eine proletarische Politik waren, die sich „gewendet" hatten.

III. Theorie des Übergangs zum Sozialismus unter den Bedingungen der „Neuen Ökonomischen Politik"

Seit dem Nachlassen des weltrevolutionären Elans, der von Rußland ausgegangen war, bedurfte es einer Neubestimmung der russischen Politik sowie der Funktion Rußlands für die weitere Entwicklung des Sozialismus in der Welt. Eine solche Neubestimmung hatte sich an dem zu orientieren, was sich als neue Realität herausgestellt hatte: die relative Kraft der internationalen Bourgeoisie. Sie hatte die von Rußland initiierte revolutionäre Offensive ausgehalten, und zwar auf Grund ihrer sowohl materiellen als auch ideologischen Stabilität.[74]

Nun mußte die Politik des Sowjetstaates auf das Detail sehen, mußte an die Stelle des Appells, der Agitation und der revolutionären Zuversicht den Kalkül setzen, die Berechnung ökonomischer, politischer und kultureller Chancen zur erweiterten Reproduktion ihrer eigenen Grundlage sowie der Revolutionsbedingungen anderer Länder.

Dem kam Bucharins Gleichgewichtstheorie entgegen. Diese Theorie war ohnehin von den Stabilitätsbedingungen verschiedener Systeme ausgegangen. Und ein Ergebnis der Gleichgewichtsbetrachtung war, daß der Kapitalismus sich deswegen so kontinuierlich hat behaupten können, weil jeder Teil dieser Gesellschaftsform zur Funktion des Ganzen beigetragen hatte. Nicht nur die Klassenverhältnisse, die Wirtschafts- und Sozialordnung und die Politik hatten der Festigung des Kapitalismus gedient, sondern auch die verschiedenen Formen der Kultur, der Erziehung, die Moralauffassungen, die „gesellschaftliche Psychologie" usw. Das war der totalitäre, alle Lebensbereiche der Gesellschaft umfassende Aspekt des Kapitalismus, den Bucharins Theorie analytisch erfaßte.

Nun läßt sich die Gleichgewichtstheorie nicht nur auf den Kapitalismus anwenden. Vielmehr können hiermit alle gesellschaftlichen Systeme untersucht werden. So auch das System der proletarischen Diktatur. Für diese Diktatur war die Frage nach dem gesellschaftlichen Gleichgewicht mehr und mehr zur zentralen Frage geworden. Wie dieses Gleichgewicht auf sozialem, ökonomischem, militärischem, politischem, organisatorischem, pädagogischem, kulturellem etc. Gebiet herzustellen und zu reproduzieren sei, darauf wollte Bucharins Theorie eine Antwort geben.

1. Die Prämissen

Klarheit bestand zunächst über eines: die Methoden des Kriegskommunismus waren zur Schaffung eines Gleichgewichtszustandes, der als Basis dem Aufbau des Sozialismus dienen sollte, nicht geeignet. Bucharin formulierte diese Erkenntnis in einer programmatischen Rede auf dem IV. Kongreß der Kommunistischen Internationale: „Man kann sagen, daß wir ausschließlich mit dem Dekret, mit reinen Gewaltmaßregeln unsere Aufgabe nicht erfüllen, sondern, daß das ein großer lang andauernder organischer Prozeß, bedingt gesprochen, ein Prozeß des wirklichen Hineinwachsens in den Sozialismus ist."[75]

Der „organische" Wachstumsprozeß, von dem hier die Rede ist, hat eine unausgesprochene Voraussetzung: die Perspektive vom Aufbau des Sozialismus in einem Lande. Eine solche Perspektive zwang zur Beachtung zweier Grundsätze: Stabilität im Inneren und relativ entspannte Beziehungen nach außen. Beide sollten das System der Diktatur des Proletariats im Gleichgewicht halten und die Voraussetzungen für eine allmähliche Entwicklung in Richtung Sozialismus schaffen.

Bucharin sicherte seine Formulierungen vom „Hineinwachsen in den Sozialismus" gegen mögliche Fehlinterpretationen ab.[76] Dieser Begriff war historisch belastet als „Position der Revisionisten". Doch bezog sich die pejorative Bedeutung auf die Zeit vor der Revolution. Danach hatte sie sich geändert, jedenfalls in Bucharins Augen: „Nach der Entstehung der Diktatur des Proletariats, Genossen, beginnt doch die organische Entwicklungsperiode", beteuerte er vor den Anwesenden einer Festversammlung der kommunistischen Akademie vom 17. Februar 1924. Die Entwicklung dieser Periode vollziehe sich – unter der Voraussetzung, daß man es mit *einem* Lande zu tun habe – auf „evolutionärem Weg, nicht anders."[77]

Entsprechend dieser Prämisse bekommt Bucharins Transformationstheorie einen praktischen und gegenständlichen Akzent: „Bei uns ist der Sozialismus von den Wolken auf die Erde gekommen oder hat sich uns wenigstens genähert und wurde zur Aufgabe praktischer Politik."[78] An welchen konkreten Gegebenheiten sich die künftige Entwicklung zu orientieren hatte, sagte er an anderer Stelle: „Der Sozialismus kann ausschließlich auf dem Wachsen, was schon da ist, und deswegen darf man behaupten, daß verschiedene sozialistische Formen in einem gewissen Sinne die Verlängerung der früheren kapitalistischen Formen in anderer Form sein werden, d. h. daß die speziellen Merkmale je nach dem Lande des Kapitalismus ihren Ausdruck in den speziellen Formen der sozialistischen Produktion finden werden."[79]

Die prägende Kraft der Tradition erscheint ihm als eine der Ursachen für die Mannigfaltigkeit der Formen in der Übergangsperiode: „Wenn der Kapitalismus sogar in der Periode seines Niedergangs, als er infolge seiner mehrere Jahrhunderte andauernden Entwicklung unter der furchtbaren Kraft nivellierender Tendenzen stand, seine wesentlichsten und ursprünglichsten Züge in den verschiedenen Ländern bewahrte – dann werden diese ursprünglichen Besonderheiten auch beim Aufbau des Sozialismus vorkommen . . ."[80]

Was es hier zu unterstreichen gilt, ist die Verschiedenheit der Entwicklung des Sozialismus. Sie gehört zu den wichtigsten neuen theoretischen Ansatzpunkten, die von Bucharin für die Transformationsperiode entwickelt wurden. Entsprechend einer solchen Differenzierung im Entwicklungsniveau des Sozialismus ordnete Bucharin die Sowjetunion in die Reihe der rückständigen Länder ein. „Wir können ganz offen sagen", so erklärte er, „der russische Sozialismus wird im Vergleich zu anderen asiatisch aussehen. Die Proportion zwischen dem, was wir nationalisieren können und was nicht, das Verhältnis zwischen Industrie und Bauern usw., – alle diese rückständigen Züge unserer ökonomischen Entwicklung werden ihren Ausdruck finden in den rückständigen Formen unseres Sozialismus."[81]

Die Mannigfaltigkeit der Entwicklungsformen als Hauptmerkmal der Übergangsperiode findet also ihren Ausdruck in zwei Aussagen: einmal, daß in den sozialistischen Formen noch die kapitalistischen nachwirken, was zur Unterscheidung der Höhe des jeweiligen Entwicklungsniveaus führt; zum anderen in dem unterschiedlichen Verhältnis von sozialistischen und nicht-sozialistischen Wirtschaftsformen innerhalb eines Landes.

Wie dieses Verhältnis aussieht, schildert Bucharin plastisch in seiner Streitschrift „Karl Kautsky und Sowjetrußland"[82]: „Wirtschaftsformen, die sonst im Laufe von Jahrhunderten und Jahrtausenden ineinander übergehen, existieren bei uns in Zeit und Raum nebeneinander. Der Spielraum ist unerhört weit: Auf der einen Seite das primitive Klansystem, auf der anderen die staatliche sozialistische Fabrik."

2. Die ökonomische Struktur

Von welcher Situation hatte Bucharins Theorie konkret auszugehen?

Auf dem Wirtschaftssektor hatten sich seit Einführung der NEP folgende Verhältnisse herausgebildet: In der Hand des proletarischen Staates waren die „Kommandohöhen". Unter diesem Begriff wurden folgende Sektoren zusammengefaßt:

1. die staatliche Großindustrie;
2. der vom Staat monopolisierte Außenhandel und der staatliche Großhandel;
3. das Bankwesen;
4. die Finanzwirtschaft;
5. das Verkehrswesen;
6. der Grund und Boden;
7. die Genossenschaften.

Daneben gab es einen stark ausgebildeten privatkapitalistischen Sektor. Hierzu gehörte vor allem

1. die Landwirtschaft und
2. das Privatkapital in Gewerbe und Handel.

Welche Funktionen diese Bereiche für den Sowjetstaat und seine Bemühungen um geplantes, von ihm betriebenes und kontrolliertes Wirtschaften hatte, soll nacheinander kurz skizziert werden[83]:

1. In der Großindustrie faßt der Staat auch schon während der Übergangsperiode die einzelnen Unternehmen zu einem einzigen Trust zusammen. Was die Eröffnung oder Schließung von Betrieben, die Organisierung der Verteilung von Rohstoffen und Arbeitskraft, die Verwendung der Gewinne für diesen oder jenen Produktionszweig, die Bestimmung der Richtung der Produktion anlangt, so sind dem Staat keinerlei Beschränkungen auferlegt. Er hat die volle Verfügungsgewalt über diesen Sektor, kann ihn entsprechend dem „kollektiv organisierten, proletarischen Willen" einsetzen und findet nur in der Knappheit der Mittel und dem Widerstand der Konsumenten[84] eine mögliche Schranke.

Die Aufhebung der Knappheit durch die Steigerung der Produktion kann auf diesem Sektor mithin einen Beitrag zum Sozialismus darstellen.

2. Das Außenhandelsmonopol hat in allererster Linie Schutzfunktionen. „Bei dem technischen Zustand des russischen industriellen Produktionsapparates wäre das Schicksal der Industrie und damit auch aller planwirtschaftlichen Versuche besiegelt, wenn westeuropäische Waren ungehindert den russischen Inlandsmarkt überfluten könnten. Jeder Produktionsplan wäre durch die ausländische Konkurrenz den größten Erschütterungen ausgesetzt, und es gäbe keinen Schutz dagegen, daß die für den Einkauf von Produktionsmitteln gebrauchten Devisen bis auf den letzten Rubel zur Beschaffung von Konsumtionsmitteln ausgegeben würden."

   Der staatliche Großhandel stellt zunächst die Verbindung der Industrie zum Markt dar. Darüber hinaus aber kann er auch als Instrument staatlicher Wirtschaftspolitik in der Landwirtschaft eingesetzt werden. Der staatliche Großhandel kann durch seine Lieferungen und Kreditbedingungen beispielsweise Genossenschaften bevorzugen, den Privathandel verdrängen etc.

3. Die Banken unterstehen ebenfalls unmittelbar dem Staat. Formal erfüllen sie dieselben geschäftlichen Funktionen wie ein kapitalistischer Bankkonzern. Inhaltlich aber sollen alle Machtmittel der Banken zur Durchsetzung des Wirtschaftsplans und als Organ des Klassenkampfes eingesetzt werden.[85] Entsprechend dieser Zielsetzung werden Fragen der Kreditgewährung durch Kreditbedingungen nicht in erster Linie durch die gegebenen Sicherheiten und die Aussicht auf hohe Gewinne diktiert, sondern von der Rücksicht auf eine möglichst wirksame Durchführung des Wirtschaftsplans.
4. Zur Finanzwirtschaft gehören der Staatshaushalt und die Steuergesetzgebung. Mit den Steuern kann auf den privatwirtschaftlichen Sektor eingewirkt werden, mit dem Haushalt wird die Neuverteilung eines großen Teiles des Volkseinkommens vorgenommen. Als besonders charakteristisch hebt Pollock hervor, daß das russische Budget als Sammelbecken der Industriegewinne diene und diese ohne Rücksicht auf ihre Herkunft planmäßig den verschiedenen Industriezweigen zuleite.
5. Die staatliche Verfügung über das Verkehrswesen ist ebenfalls zur Steuerung gesamtwirtschaftlicher Maßnahmen unerläßlich.
6. Der Besitz an Grund und Boden. Aus ihm leitet der Sowjetstaat während der NEP keine Ansprüche ab. Er überläßt die Verfügungsgewalt hierüber den privatwirtschaftlichen bäuerlichen Betrieben.
7. Die Einkaufs-, Absatz- und Produktionsgenossenschaften dagegen lassen sich vom Staat leicht als Instrument zur Durchsetzung planwirtschaftlicher Maßnahmen benutzen. Obwohl sämtliche Genossenschaften Zusammenschlüsse von Privatpersonen sind stehen sie ganz unter staatlichem Einfluß. Durch Steuerprivilegien, rechtliche Bevorzugungen, günstigere Kreditbedingungen, günstigere Einkaufspreise bei der staatlichen Großindustrie usw. kann der Staat die Genossenschaften im Kampf gegen private Betriebe einsetzen.

Diese sieben Punkte geben zunächst einen Überblick über die Wirtschaftsformen, die vom Staat beherrscht und kontrolliert werden. Sie sagen nichts aus über die tatsächliche Stärke des Staates im Rahmen der gesamten Volkswirtschaft, und nichts darüber, unter welchen Bedingungen die hier aufgezählten Mittel überhaupt wirksam werden können. Bucharin hat gerade diesen Fragen seine Aufmerksamkeit gewidmet. Er ist zu dem Ergebnis gekommen, daß „in unserem Lande . . . die Landwirtschaft die Grundlage der Gesamtwirtschaft“[86] bilde. Die Industrie sei noch relativ schwach entwickelt und hänge in ihrer Entwicklung vom Wachstum der Landwirtschaft ab. Die aber war in Rußland auf privater Basis organisiert. Über zwanzig Millionen Bauernhöfe produzierten auf diese Weise ihre Waren für den Markt.

Unter diesen Verhältnissen stieß die Entwicklung einer Transformationstheorie auf besondere Schwierigkeiten. Aufbau des Sozialismus durch Förderung der privaten Bauernwirtschaft – war dies kein Paradox? Bevor Bucharins Antwort referiert wird, soll zuvor noch auf die zweite kapitalistische Bastion innerhalb des Sowjetstaates hingewiesen werden: das Privatkapital in Kleingewerbe und Kleinhandel. Beide erfüllen notwendige Funktionen für die Versorgung der Bevölkerung, Funktionen, die von staatlichen Institutionen nicht oder noch nicht übernommen werden können. Es war Lenin gewesen, der davor gewarnt hatte, die Bedeutung des „nicht-staatlichen Austausches, d. h. des Handels, d. h. des Kapitalismus zu unterschätzen“.[87]

Diese Verschiedenartigkeit der Wirtschaftsformen auch nach der Eroberung der politischen Macht durch die Bolschewiki hat also als Ausgangspunkt für den „Weg zum Sozialismus“ zu gelten.[88]

Für wie wichtig Bucharin diesen Ausgangspunkt hielt, soll durch ein Zitat aus seiner Rede vor dem V. Kominternkongress belegt werden. Darin heißt es: „Die grundlegende Tatsache, die grundlegende Erscheinung, die das siegreiche Proletariat vor sich haben wird, nachdem es die politische Macht erobert hat, besteht darin, daß es die Verschiedenartigkeit der Wirtschaftsformen vor sich haben wird. In keinem Lande, nicht einmal in dem kapitalistisch höchstentwickelten Lande, sind die Produktivkräfte so hoch entwickelt, daß alle Zwischenschichten verschwunden wären. Kein Marxist behauptet, daß die soziale Revolution nur dann kommen wird, wenn jeder Kleinbürger, jeder Handwerker, jeder kleine Kapitalist verschwunden ist. Das wäre eine blödsinnige Übertreibung, die von unseren Gegnern aufgestellt worden ist, um Marx zu karikieren.“[89] Es handelt sich hier also um ein allgemeines Gesetz, eine „Grundtatsache“, die – wenn auch gewiß modifiziert – auf alle Länder anwendbar ist, auch auf die entwickelten, und in ganz besonders weitem Maße auf die unterentwickelten.

In dieser Verschiedenheit drücken sich die Existenzbedingungen der jeweiligen Diktatur des Proletariats aus. Hierzu gehört auch, daß den verschiedenen Wirtschaftsformen verschiedene Klassen und soziale Schichten entsprechen: „Insofern wir noch Kleinbetriebe vor uns haben, haben wir noch kleine Produzenten; insofern wir Kleinwirtschaften auf dem Lande haben, haben wir auch Bauern; insoweit wir noch kleinkapitalistische Betriebe haben, haben wir noch Kleinkapitalisten, auch Handwerker.“[90]

Die Übergangsgesellschaft also ist eine *Klassengesellschaft,* die desto differenzierter geschichtet ist, je mehr Wirtschaftsformen sie hat. Die Verschiedenartigkeit der Klassen und Schichten stellt somit die zweite „Grundtatsache“ dar, von der seine Transformationstheorie in dieser geschichtlichen Phase auszugehen hat. Der dritte Ausgangspunkt, der an dieser Stelle genannt wird, bezieht sich auf die jeweiligen Wirtschaftsmotive, auf die Antriebe zum Wirtschaften. Auch sie sind verschiedenartig, je nachdem, ob es sich um einen Bauern, einen Händler oder einen Organisator eines vergesellschafteten Betriebes handelt.

Worin besteht der Zusammenhang dieser drei Ausgangspunkte? In seiner „Theorie des historischen Materialismus“ hatte Bucharin ausgeführt, daß im Kapitalismus der „Prozeß der Produktion der materiellen Produkte zu gleicher Zeit ein Prozeß der Produktion der kapitalistischen Produktionsverhältnisse“ sei. Er belegte diese Aussage mit einer These, die Marx im „Kapital“ entwickelt hatte: „Der kapitalistische Produktionsprozeß, im Zusammenhang betrachtet, oder als Reproduktionsprozeß, produziert also nicht nur Waren . . . er produziert und reproduziert das Kapitalverhältnis selbst, auf der einen Seite den Kapitalisten, auf der anderen den Lohnarbeiter.“[91]

Diese von Marx aufgestellte Formel sei, so folgerte Bucharin, „nicht allein für die kapitalistische Produktion, sondern an und für sich richtig.“[92] Hieraus ergeben sich Konsequenzen auch für den proletarischen Staat. Produktionsverhältnisse, das sind alle Bindungen, Beziehungen etc., die die Menschen beim Prozeß der Bearbeitung der Natur mit anderen Menschen eingehen. Dazu gehören psychische Aspekte ebenso wie soziale und rein ökonomische.

Vollzieht sich die Produktion in der mannigfaltigen Weise, wie dies für die Transformationsperiode kennzeichnend ist, dann wird die Frage nach der *überwiegenden* und beherrschenden Produktionsform zum wichtigsten Problem. Bucharin definiert dementsprechend das Hauptproblem, das sich aus den drei Ansatzpunkten für die Analyse der Übergangsperiode ergibt, wie folgt: „Es ist das Problem der *Koordination* und der Unterordnung erstens dieser Wirtschaftsformen, zweitens der Klassen, drittens der Wirtschaftsantriebe.“[93]

3. Rolle der Landwirtschaft für die Entwicklung des Sozialismus

Bislang war dargelegt worden, daß bei der Koexistenz kapitalistischer und sozialistischer Formen deren richtige Koordination zur zentralen Aufgabe der Bolschewiki geworden ist. Mit Koordination sind die Bemühungen der sowjetischen Politik gemeint, die zur Verlagerung der ökonomischen Basis von der privaten Bauernwirtschaft zur staatlichen Industrie führen. Voraussetzung hierfür war jedoch die Entwicklung dieser Industrie, was ohne Förderung der Landwirtschaft[94] nicht erfolgen konnte.

Nun sollen die ökonomischen Verbindungen zwischen Stadt und Land erörtert werden.

Diese Verbindungen (auf russisch: „smyčka“) waren durch die Revolution zunächst unterbrochen worden. Der Zerfall der kapitalistischen Industrie hatte zur Folge, daß die Landwirte im Austausch für ihre Agrarprodukte keine Industriegüter mehr erhielten. Dieser Umstand beendete den Zirkulationsprozeß zwischen Industrie und Landwirtschaft. Die Stadt lebte nun nur noch von den alten Vorräten, den Überresten, die vom Krieg gerettet worden waren.

Der Zusammenbruch des ganzen gesellschaftlichen Produktionssystems wirkte sich so aus, daß die Volkswirtschaft in zwei autonome Sphären zerfiel: „. . . die hungernde Stadt und das flache Land, das – ungeachtet der teilweisen Zerstörung der Produktivkräfte – über ziemlich große Vorräte von ‚Überschüssen‘ verfügt, für die der Absatz fehlt“.[95]

Welche Möglichkeiten zur Überwindung dieses Tiefpunktes der wirtschaftlichen Entwicklung boten sich an? Oder – in der Diktion Bucharins –: „Wie ist das neue Gleichgewicht möglich – einerseits das Gleichgewicht *innerhalb* der Landwirtschaft selbst und andererseits das Gleichgewicht zwischen Stadt und Land?"[96]

Zunächst zu den Vorgängen *innerhalb* der Landwirtschaft. Hier waren die Großgrundbesitzer von ihrem Land vertrieben worden. Der Boden wurde unter den Klein- und Mittelbauern aufgeteilt und dadurch – zum Bedauern vieler Marxisten – nicht nur die groß-kapitalistische Wirtschaft zerstört, sondern die Großwirtschaft überhaupt. In den übrigen Sphären der Landwirtschaft wurde dies durch ausgleichende Verteilung von Grund und Boden erreicht.

Soweit die Überwindung des Zerfalls der Landwirtschaft, die durch Schaffung dieser neuen Grundlage erreicht wurde.

Dennoch ist der Widerspruch zwischen Stadt und Land damit noch nicht gelöst. Vielmehr ergibt sich als „unvermeidliche Folge der Diktatur des Proletariats . . . ein latenter oder mehr oder minder offener Kampf zwischen der Organisierungstendenz des Proletariats und der anarchistischen Tendenz in der Warenproduktion von seiten des Bauerntums."

Aus diesem Widerspruch ergibt sich die Frage, wie das Proletariat die bäuerliche Produktionsweise in seinem Sinne beeinflussen kann. Bucharins Antwort: durch „die Erneuerung des Produktionsprozesses in der Industrie". Die Wiederherstellung der Industrie bilde die notwendige Bedingung für die Veränderung der bäuerlichen Warenwirtschaft im Sinne des Proletariats.

Aber diese Antwort Bucharins führt zu einem Zirkelschluß, und zwar deswegen, weil der Wiederaufbau der Industrie von einem Lebensmittelzufluß in die Stadt abhängt. Die Lebensmittel aber könnten auf zwei Weisen beschafft werden:
1. auf Kosten eines Teiles der in den Städten übriggebliebenen Hilfsquellen, und
2. mit Hilfe des staatlich-proletarischen Zwanges gegen die Bauern.

Bucharin begründete diesen Zwang (d. h. Requisition der Getreideüberschüsse, Naturalsteuer, etc.) mit wirtschaftlichen und sozialen Argumenten: „ Erstens, direkt, insofern das Bauerntum selbst an der Entwicklung der Industrie interessiert ist, die ihm landwirtschaftliche Maschinen, Geräte, künstlichen Dung, elektische Energie usw. liefert; zweitens, indirekt, insofern die Staatsgewalt des Proletariats das beste Mittel des Schutzes darstellt gegen die Wiederherstellung des wirtschaftlichen Drucks des Großgrundbesitzers, des Wucherers, des Bankiers, des kapitalistischen Staates usw."

Aber nicht nur die Bauern werden in dieser Phase der „ursprünlichen Akkumulation"[97] gezwungen. Da außer der Beschaffung von Lebensmitteln zugleich das Transportwesen organisiert werden muß, sowie Brennmaterial und Rohstoffe gebraucht werden, müsse eine „allgemeine Arbeitspflicht" dekretiert werden, die alle Schichten der Bevölkerung umschließt. Der Sozialismus, der auf einem Trümmerhaufen aufwachse, müsse unvermeidlich mit der „Mobilisierung" der lebendigen Arbeitskraft beginnen. Diese bilde das „grundlegende Moment der sozialistischen ursprünglichen Akkumulation, die eine Negation der kapitalistischen" sei. Wenn diese erste Phase „von den werktätigen Massen" bewältigt worden sei, beginne der Aufstieg. Die Abschaffung des Privateigentums an den Produktionsmitteln, die Abschaffung des Patent-Rechtes und des Geschäftsgeheimnisses, die Einheitlichkeit des Planes, Enteignung der Grundbesitzer – diese Maßnahmen würden in der Zukunft einer forcierten Entwicklung der Produktivkraft entscheidend entgegenkommen.

Es wurde eingangs erwähnt, daß die Methoden der hier geschilderten Anfangsphase im Verhältnis von Industrie und Landwirtschaft für die Zeit nach dem Bürgerkrieg nicht mehr zu gebrauchen waren. Sie wurden daher zu Beginn der NEP im Jahre 1921 drastisch geändert.

Eingeleitet wurden diese Änderungen aufgrund der Versorgungsschwierigkeiten, die sich im Jahre 1920 zur Krise weiteten. Hungersnöte und Brennstoffmangel kennzeichneten die Krise. Voraussetzung für das Überleben der Menschen und des bolschewistischen Regimes war damals eine Steigerung der Produktivkräfte. Dazu mußte eine Neue Ökonomische Politik zunächst einmal die Versorgung der Bevölkerung mit Lebensmitteln reorganisieren. Aus diesem Grunde wurde der freie Handel mit Getreide und später auch mit anderen Lebensmitteln zugelassen. Begonnen wurde diese anfängliche Reorganisationsphase mit der Ablösung des Kontingentierungssystems durch die Naturalsteuer.[98] An die Stelle der Zwangsablieferungen des Getreides an den Staat trat nun die Naturalsteuer, die der Landwirt im Verhältnis zu seiner Anbaufläche zu entrichten hatte.

Diese Maßnahme hatte weitreichende Konsequenzen. Der Staat mußte den Bauern das freie Verfügungsrecht über die Überschüsse ihrer Wirtschaft einräumen, um sie zu veranlassen, diese Überschüsse auf den Markt zu bringen. Das führte zur Belebung des freien Handels mit Lebensmitteln und zur Versorgung eines Teiles der städtischen Bevölkerung durch den Markt. Damit wurden der proletarische Staat und seine Versorgungsorganisationen allmählich aus dieser Wirtschaftssphäre verdrängt. Er kümmerte sich nur noch um die Versorgung der Industriearbeiterschaft, der Sowjetangestellten und der Armee.

Die Freigabe des Lebensmittelhandels hatte Auswirkungen nicht nur auf die Landwirtschaft und den Handel, sondern auch auf die Formen der Industrieproduktion. Voraussetzung für das Funktionieren des Freihandels war die Existenz von angebotenen und nachgefragten Gütern. Die Bauern boten ihre Überschüsse im Tausch gegen Industrieerzeugnisse an, die sie für ihren Betrieb und ihren Haushalt benötigten. Solange der Staat als einziger Erzeuger von Industrieprodukten auftrat, hing die Wirksamkeit des Marktmechanismus und damit der Lebensmittelversorgung allein von seiner wirtschaftlichen Effizienz ab. Zu seiner eigenen Entlastung griff der Staat daher zu dezentralisierenden Maßnahmen: Es wurde durch ein Dekret vom 17. 5. 1921 der Klein- und Hausindustrie sowie dem Handwerk das Recht auf freien Verkauf ihrer Produkte zugestanden, um damit die Nachfrage der Bauern nach Industriegütern besser befriedigen zu können.

Der Sinn dieser wirtschaftspolitischen Beschlüsse bestand darin, diejenigen Teile der Volkswirtschaft freizugeben, die die wirtschaftlichen Verbindungen zwischen Stadt und Land unmittelbar wiederherstellen konnten.[99]

Was sich auch während der neuen Phase gegenüber der kriegskommunistischen Periode nicht änderte, waren die Gesetzte, die den Austauschprozeß von Stadt und Land regelten. Bucharin schilderte diese Zusammenhänge in seiner Schift „Weg zum Sozialismus“ folgendermaßen:

„Unsere Industrie hängt von der bäuerlichen Wirtschaft ab. Unsere Industrie entwikkelt sich umso schneller, je größer die zahlungsfähige Nachfrage der Bauernschaft ist. Die Akkumulation in unserer Industrie vollzieht sich umso schneller, je schneller die Akkumulation der bäuerlichen Wirtschaft vorangeht, d. h. je schneller die bäuerliche Wirtschaft der Armut entrinnt, je reicher sie wird, je mehr sie landwirtschaftliche Geräte und Maschinen kauft, je eher sie ihre Technik verbessert, je schneller sie zu neuen Formen der Bodenbearbeitung übergeht und je mehr sie daher in die Lage gerät, bei der städtischen Industrie einzukaufen. Die Entwicklung der Landwirtschaft ihrerseits ist ohne die Entwicklung der städtischen Industrie undenkbar."[100]

Ein weiterer Gesichtspunkt in diesem Zusammenhang bezieht sich auf die Export- und Importfähigkeit des Landes. Für die Einfuhr von Ausrüstungsgegenständen und anderen für die Industrialisierung nötigen Güter muß gezahlt werden. Hierfür kommt die Rohstoffproduktion und die Getreidewirtschaft in Frage, die deshalb verstärkt gefördert werden muß. Eine Vernachlässigung der Landwirtschaft im allgemeinen und dieser beiden Sektoren im besonderen würde zu einer weiteren Abhängigkeit Rußlands von Importen aus anderen Ländern führen. Diesen Sachverhalt stellt Bucharin in den „Zametki Ekonomista" dar, einer Schrift, die für die ökonomischen Probleme der Transformationsperiode besonders aufschlußreich ist: „Uns reicht die vorübergehende Abhängigkeit vom Ausland auf dem Gebiet des Imports von Ausrüstungsgegenständen. Gleichzeitig mit Ausrüstungsgegenständen, Rohstoffen und Getreide von ihm abhängig zu sein, ist undenkbar. Dadurch, daß wir uns auf unsere landwirtschaftliche Basis stützen und ihre Produktion nutzen, indem wir für die importierten Ausrüstungsgegenstände mit ‚landwirtschaftlicher Währung' zahlen (was natürlich die Notwendigkeit auch eines verstärkten Industrieexports keineswegs ausschließt), . . . müssen wir uns allmählich von der Abhängigkeit auch bei den Ausrüstungsgegenständen emanzipieren und auf diese Weise immer mehr auf eigene Beine stellen . . ."[101]

Soweit die ökonomischen Bezüge der Übergangstheorie. Sie verweisen auf Wirtschaftsgesetze, die – Bucharins Auffassung nach – nicht zu umgehen sind, deren Erfüllung vielmehr zur Voraussetzung für die Industrialisierung des Landes und die allmähliche Abschaffung kapitalistischer Wirtschaftsformen wird.

Auf welche Weise nun die ökonomischen Bedingungen *politisch* erfüllt werden können, bestimmt Bucharins Klassenanalyse. Hierzu wird entwickelt, mit wem die erforderlichen Maßnahmen am ehesten realisierbar sind, welche Bündnisse dazu eingegangen werden müssen, welche Widersprüche auftauchen und wie sie aufgehoben werden können.

4. Das Bündnis mit den Bauern

Die Notwendigkeit, eine Form der Zusammenarbeit zwischen denjenigen sozialen Schichten finden zu müssen, die Industrie und Landwirtschaft repräsentieren, ist vom Standpunkt der ökonomischen Verhältnisse innerhalb des Sowjetstaates erörtert worden. Nur ein Bündnis von Arbeitern und Bauern kann demnach die für den Aufbau des Sozialismus erforderlichen Gleichgewichtsbedingungen herstellen und reproduzieren. Es gibt darüber hinaus jedoch auch noch einen internationalen Aspekt, der hier kurz erwähnt werden soll.

In einer Rede der erweiterten Exekutive der Komintern im Jahre 1925 sicherte Bucharin seine Behandlung der Bauern im Rahmen einer Theorie zur Weltrevolution mit folgenden Überlegungen ab: „Fragen wir uns zunächst, welche Bedeutung dem Siege des internationalen Proletariats zukommt. Wenn wir dabei die Tatsache eines Weltsieges des Proletariats, die Eroberung der Macht in der ganzen Welt in ihrer ganzen Bedeutung erkannt haben, steht eine weitere Frage vor uns. Sie lautet: Welcher Art ist die soziale Zusammensetzung der gesamten arbeitenden Bevölkerung auf der Erde? Wird die Frage so gestellt, so zeigt sich sofort, daß das Proletariat die relative und absolute Minderheit der werktätigen Bevölkerung der Erde ausmacht ... Kann man sagen, daß die Weltrevolution und der Weltsieg des Proletariats das aus der oben genannten Tatsache hervorgehende Problem lösen wird? Keineswegs. Umgekehrt. Mit dem Weltsieg des Proletariats wird dieses Problem auf breitester Grundlage in Erscheinung treten ... von diesem Standpunkt aus steht die Agrar- und Bauernfrage als die wichtigste Frage unserer Epoche vor uns."[102]

Bucharin rechnete den Kominternmitgliedern die Anteile der Bauernschaft in der Welt vor. Allein in der Sowjetunion waren von 133 Millionen Menschen zum damaligen Zeitpunkt 111 Millionen Bauern. Der zweite für die Weltrevolution relevante Bereich bezog sich auf die Bauern speziell in den Kolonien. Hier befindet sich – entsprechend Bucharinscher Analyse – ein Feld des weltrevolutionären Kampfes. „Wir wissen wohl, daß von einem gewissen Punkt an die Widersprüche, die Gegensätze zwischen dem Kapital, zwischen den entwickelten Metropolen und den rückständigen Kolonien, mit die Hauptwidersprüche des Kapitalismus sind. Wir sehen, daß diese Widersprüche in der Weltwirtschaft nichts anderes sind als die Widersprüche zwischen der Weltstadt, metaphorisch betrachtet, den Zentren der heutigen Industrie und dem Weltdorfe, d. h. der kolonialen Peripherie dieser Zentren."[103]

Damit ist die Bestimmung der Entwicklungstendenzen der Bauernschaft in den Rang einer weltrevolutionären Notwendigkeit erhoben worden. Hier sollte zunächst nur die Fragestellung skizziert werden.[104] Mit wem es das Proletariat in diesem Zusammenhang zu tun hat, soll Bucharins Klassenanalyse zeigen.

„Die Bauernschaft", so schreibt er[105], „die in der Vergangenheit die Grundklasse der feudalen Gesellschaft war, ist in der kapitalistischen Gesellschaft überhaupt keine Klasse im eigentlichen Sinne des Wortes. Erfaßt durch die Gesetzte der Warenwirtschaft, hineingezogen in den Kreislauf der kapitalistischen Ausbeutung, löst sich die Bauernschaft unter Wahrung einer mehr oder weniger beständigen Schicht arbeitender Kleinproduzenten ständig in gesonderte Schichten." Er unterscheidet die Landarbeiter, dann die aus Dörfern abwandernden Schichten, die zu Industriearbeitern werden, sowie die landwirtschaftliche Bourgeoisie, die von der sogenannten „Arbeitswirtschaft" zur kapitalistischen, d. h. zur systematisch „Lohnarbeiten anwendenden Wirtschaft" übergeht. Daraus folgert Bucharin, daß „die Bauerngesellschaft als Ganzes genommen in der kapitalistischen Gesellschaft keine Klasse (ist)." In Ländern jedoch, die noch vom feudalen Grundbesitz geprägt würden, könne die Bauernschaft als einheitliche Klasse betrachtet werden, deren Interesse im schroffen Gegensatz zu den Interessen der Gutsbesitzer steht. Hier ergäben sich in einer bestimmten Periode der Revolution Bündnismöglichkeiten zwischen Proletariat und Bauernschaft: Solche Konstellationen seien vor allem in den weniger industrialisierten Ländern und den Kolonien denkbar.

Mit welchen Teilen der Bauernschaft kann nun die proletarische Macht zusammenarbeiten? Bucharin beantwortet diese Frage in zwei Teilen, zunächst theoretisch und dann konkret historisch. Allerdings wurde sie als Frage, als Problem auch theoretisch erst erkannt, als sie praktisch in der gesellschaftlichen Entwicklung eines Landes, Rußlands, auftauchte. Dieser Bezugspunkt ist bereits mehrfach erwähnt worden. Bucharin nimmt der Reihe nach zu den verschiedenen Formen der Bauernschaft und deren Verhältnis zum Proletariat Stellung.[106]
Es sind dies:

1. die Großbauernschaft,
2. die mittlere Bauernschaft,
3. die Kleinbauernschaft,
4. die besitzarme Landbevölkerung,
5. die Landarbeiter.

Bucharin geht in seiner Analyse folgendermaßen vor: er bestimmt zunächst die einzelnen Interessen der jeweiligen Bauernschicht und fragt sich dann, wieweit diese Interessen mit dem Interesse des Proletariats in Einklang zu bringen sind.

Was die erste Gruppe angeht, die Großbauernschaft, so sieht Bucharin keine Möglichkeit zur Kooperation. Das Haupthindernis hierfür stellt das kapitalistische Eigentum der Großbauern dar, und damit ihr Interesse als Käufer von Arbeitskraft, das im Gegensatz steht zu dem Interesse der Lohnarbeiter, der Verkäufer von Arbeitskraft. Da die proletarische Revolution das kapitalistische Eigentum zerstört, wird die Großbauernschaft zur „Reserve der antiproletarischen Kräfte gegen das Proletariat“.

Zur zweiten Gruppe, der mittleren Bauernschaft, lasse sich schon eher eine Verbindung herstellen. Zwar gründe sich das Interesse dieser Gruppe ebenfalls auf privates Eigentum, es diene jedoch in der Regel zur Anwendung der eigenen Arbeitskraft.

Konflikte zwischen der mittleren Bauernschaft und dem Proletariat ergäben sich beispielsweise durch die unterschiedlichen Interessen des Getreideverkäufers (des Bauern) und des Getreidekäufers (des Arbeiters). Dennoch sei eine Kooperation zwischen beiden Gruppen möglich, weil die mittlere Bauernschaft durch verschiedene Verflechtungen und Abhängigkeiten ebenfalls dem Prozeß kapitalistischer Ausbeutung ausgesetzt sei. Sie bekomme Wucher und die von den Industrietrusts betriebene Politik der hohen Preise, sowie Steuern, den Druck des imperialistischen Staatsapparates, die Kriege usw. stark zu spüren. Folglich könne diese Schicht in einer Revolution zumindest neutralisiert werden. Wo der kapitalistische Druck besonders stark sei, oder wo er sich mit dem feudalen Druck verbünde, könne die mittlere Bauernschaft mit dem Proletariat zusammengehen.

Die dritte Gruppe, die Kleinbauernschaft, ist ebenfalls durch ihr privates Wareninteresse definiert. Allerdings vermag sie dieses Interesse nur in sehr geringem Ausmaß zu realisieren. Häufig trete der Kleinbauer selbst als Getreidekäufer auf, und nicht selten müsse er sich sogar als Lohnarbeiter verdingen. Daher liefen seine Grundinteressen „in die Richtung des Kampfes mit dem Großkapital". Bucharin betrachtete die Kleinbauernschaft als „entschiedene Verbündete" des Proletariats.

Eine vierte Gruppe, die besitzarme Landbevölkerung, könne kaum noch vom Proletariat unterschieden werden. Ihre Interessen seien dieselben, auch die Schicht bestehe nur der Form nach selbständig. In Wirklichkeit aber würden sie wie Arbeiter vom Kapital ausgebeutet. Das bestimme auch ihr Verhältnis zur Arbeiterklasse. „Sie treten auf die Seite des Proletariats und bilden die – der Form nach verdeckte – Reserve derselben."[107]

Die letzte von Bucharin unterschiedene auf dem Lande lebende Gruppe sind die Landarbeiter, die er als Teil des Proletariats definiert. Aber während die Industriearbeiter schon durch den ganzen Mechanismus der kapitalistischen Produktion zum Zusammenschluß gebracht würden, werde der Landarbeiter im Arbeitsprozeß noch vereinzelt und stärker dem „patriarchalischen" Charakter der ländlichen Verhältnisse unterworfen. Diese besonderen Bedingungen erschwerten das Klassenbewußtsein und verwandelten das landwirtschaftliche Proletariat in eine „rückständige Schicht der Arbeiterklasse". Auch mit dieser Schicht müßte von seiten des Fabrikproletariats verstärkt zusammengearbeitet werden.

Soweit Bucharins Klassenanalyse, die die Machtchancen des Proletariats theoretisch klären sollte.

Wenn hier von Zusammenarbeit und Bündnischance die Rede ist, dann ist – besonders in bezug auf die Kleinbauernschaft und die mittlere Bauernschaft – nicht Identifikation der einen Gruppe mit der anderen gemeint, sondern punktuelle Übereinkunft, Interessengemeinschaft im Kampf gegen einen gemeinsamen Gegner. Für das Proletariat bedeutet ein solches Bündnis Hilfe bei der Eroberung der Macht und der Ausübung der Diktatur.[108]

Den Delegierten des V. Kongresses der Komintern erklärte Bucharin die Bedeutung des Blocks zwischen Proletariat und Teilen des Bauerntums deswegen besonders ausführlich, weil er eine Tendenz zur Verständnislosigkeit gegenüber dieser Frage innerhalb der Komintern registrierte.[109] „Jedermann weiß jetzt" – so argumentierte er – „daß wir mit der Bauernschaft zusammengehen wollen, aber damit ist nicht gesagt, daß wir die Differenzen zwischen dem Proletariat und der Bauernschaft theoretisch verschwinden lassen. Es ist absolut klar und strategisch und taktisch notwendig, daß wir die Bauernschaft als unseren Bundesgenossen betrachten, aber das ist nicht zu verwechseln mit der Auffassung, daß wir uns in Arbeiter- und Bauernparteien verwandeln sollen. Ganz umgekehrt: Je mehr wir den proletarischen Charakter behalten, desto erfolgreicher wird unsere Politik gegenüber dem Bauerntum sein."[110]

Bucharin versuchte durch Umkehrung, durch „dialektische Negation" *bürgerlicher* Bündnispolitik die Notwendigkeit dieses Blocks zu verdeutlichen; Notwendigkeit immer verstanden in dem historischen Sinne, wie das im ersten Kapitel dargestellt wurde. Dabei ging er aus von der Interessenparallelität zwischen den Großgrundbesitzern und der Industriebourgeoisie, stellte aber zunächst einen relativ grossen Unterschied zwischen beiden fest: „Zwar mit dem Wachsen des Finanzkapitals, durch das Banksystem, fing auch der Großgrundbesitzer an, seine Revenuen in der Form der Dividende zu erhalten. Aber doch bestehen ziemlich große und starke Differenzen zwischen der Bourgeoisie und dem Großgrundbesitz, besonders dem sogenannten feudalen oder halbfeudalen Grundbesitz, nicht dem Großgrundbesitzer, der als kapitalistischer Unternehmer auf dem Lande erscheint. Aber trotz dieser Differenzen gibt es einen Block zwischen diesen Klassen, eine stete gegenseitige Unterstützung. Und diesem Block sollten wir gegenüberstellen den Block der Arbeiter und Bauern."[111] Die Probleme, die hierbei aufträten, seien formal gut vergleichbar: „Ebenso wenig, wie die Differenz zwischen Großgrundbesitz und kapitalistischer Bourgeoisie schon verschwunden ist, ebenso wenig ist die Differenz zwischen dem Proletariat und dem Bauerntum vollständig verschwunden. Aber ebenso wie die gesamte herrschende Klasse jenen Block vollständig unterstützt, sollen wir während der ganzen Übergangsperiode unsere Politik stützen, verstärken, befestigen, sichern durch diesen Block zwischen dem Proletariat und dem Bauerntum."[112]

Die Bauernschaft ihrerseits hat durch das Bündnis mit dem Proletariat ebenfalls Vorteile. Sie hätte beispielsweise im Jahre 1917 niemals ihren Wunsch nach Land und Frieden verwirklichen können, wenn sie nicht die Arbeiter bei der Revolution unterstützt hätte. Es sei dieser Block von Arbeitermassen und Bauernschaft gewesen, der den Sieg im Oktober relativ leicht hat werden lassen.

Und während der zweiten Übergangsphase, der Zeit des Bürgerkriegs, habe die Verbindung mit der Arbeiterklasse ebenfalls im Interesse der Bauernschaft gelegen. „Die Bauern verteidigten das kurz zuvor den Grundbesitzern entrissene Land . . . das Kriegsbündnis der Arbeiterklasse und Bauernschaft . . . beruhte auf der Gemeinsamkeit in den Hauptaufgaben, die von den beiden werktätigen Klassen unseres Landes erledigt werden mußten."[113]

Bucharin räumte ein, daß nicht jeder Bauer während des Bürgerkrieges sein Interesse erkannt habe. Einige liefen zum Gegner über. Der Unterschied zwischen objektivem Eigeninteresse und der subjektiven Einsicht in dieses Interesse sei relativ groß. Er werde erst durch den Kampf der Arbeiterklasse mit der Bourgeoisie um die Bauern aufgehoben werden können.

Damit sind schon die Aufgaben der praktischen Politik der dritten Übergangsphase skizziert. Sie werden im folgenden vertieft werden müssen.

5. Die Praxis des Transformationsprozesses

In den vorangehenden Kapiteln wurden die sozial-ökonomischen Bedingungen aufgezeigt, durch die proletarische Politik im damaligen Rußland determiniert war. Es ging um ökonomische Gesetze, die das Verhältnis von Stadt und Land regeln, um die Definition der Interessen der am Aufbau des Landes beteiligten Klassen und Schichten und um die Hegemonie des Proletariats. Dies waren die Voraussetzungen, die Koordinaten für eine politische Tätigkeit im Sinne des Sozialismus. Die nun folgenden Ausführungen beschäftigen sich mit den Aufgaben sowjetischer Politik während der dritten Transformationsphase. Bucharin nannte in diesem Zusammenhang vor allen Dingen vier Bereiche:

1. Steigerung der Produktivität durch Ausbau der sozialistischen Großindustrie und gleichzeitiger Förderung der Landwirtschaft.

2. Kampf um das Bündnis mit den Bauern gegen die Bourgeoisie, die ebenfalls die Bauernschaft auf ihre Seite ziehen wollte; Entwicklung entsprechender Formen des Klassenkampfes.
3. Veränderung der Produktionsform auf dem Agrarsektor und auf dem Gebiet des Handels durch Bildung von Genossenschaften und allmählichen Abbau des Marktes.
4. Aufhebung der verschiedenen Widersprüche, die für die Übergangszeit charakteristisch sind.

a) Bemühungen um die Steigerung der Produktivität

Zu diesem Thema wurden die wichtigsten Thesen zuvor bereits vorgestellt. Auf einige Aspekte soll aber noch einmal näher eingegangen werden. Der organisatorische Mittelpunkt war die einheitlich organisierte und immer stärker sich zentralisierende Staatsindustrie, die fast mit den ebenfalls staatlichen Banken verwachsen war. Die Banken boten der Industrie die Möglichkeit zur Finanzierung ihrer Projekte. Um diesen Wirtschaftsapparat gruppierte sich ein Netz von Handelsunternehmungen und Genossenschaften; von den Genossenschaften führten unzählige Fäden zu den bäuerlichen Individualwirtschaften.

Entsprechend dieser gesamtwirtschaftlichen Lenkungsfunktion der Industrie bedeutete eine Beschleunigung eines Warenumsatzes auch ein Anwachsen der sozialistischen Wirtschaftsformen[114] und der von ihnen direkt abhängigen Genossenschaften. Bucharin wertete das Wirtschaftswachstum als Beweis dafür, daß „die Revolution in unserer Union" fortgesetzt wird.[115] „Je rascher die Entwicklung der Produktivkräfte vor sich geht", schreibt Bucharin, „desto klarer wird sich eine ‚rationale' Planwirtschaft herausbilden, desto geringer wird von einem gewissen Stadium an die Rolle der spezifischen Marktverhältnisse."[116]

Diese Marktverhältnisse würden schließlich „als Ergebnis ihrer eigenen Entwicklung"[117] vernichtet werden.

Bucharin leitete diese Aussage aus den Gesetzen der kapitalistischen Systeme her, wonach die Großproduktion die Kleinproduktion verdrängt, das mittlere Kapital dem Großkapital weicht und an die Stelle vieler miteinander konkurrierender Unternehmen einige wenige Monopole treten. Die Zahl der Konkurrenten vermindert sich und die Produktion konzentriert sich in den Händen großer kapitalistischer Organisationen. Damit sinkt die Bedeutung des Marktes im weiten Umfange herab. „Etwas in seiner *Erscheinung* Ähnliches wird auch bei uns stattfinden und findet bereits statt, nur mit dem Unterschied, daß bei uns an die Stelle der großen Industriekönige und Bankiers die Arbeiterklasse und die werktätige Bauernschaft tritt."[118] Unter der ökonomischen Führung eines immer stärker organisierten Systems der Staatswirtschaft würden die privatkapitalistischen Formen mehr und mehr in den Hintergrund gedrängt. Die bäuerliche Wirtschaft wandele sich um und füge sich in das Gesamtsystem ein. Auch hier wird der Markt nach und nach überflüssig. Das wesentliche, qualitativ andere Merkmal dieser Entwicklung bestehe darin, daß „in der kapitalistischen Wirtschaft Groß- und Mittelbetriebe fast *denselben sozialen Inhalt* hatten"; beide würden von der Bourgeoisie bewirtschaftet.

Unter der Herrschaft des Proletariats dagegen sei die Größe der Wirtschaftsformen verbunden mit *sozial antagonistischem Inhalt* (Hervorhebung vom Autor) dieser Betriebe, denn die Großunternehmen waren in der Hand des Proletariats, während die kleineren vom „Privatkapital" betrieben wurden.

Dies verursachte den klassenkämpferischen Effekt, da am Markt nicht nur Repräsentanten verschiedener Wirtschaftseinheiten miteinander konkurrierten, sondern Repräsentanten verschiedener sozialer Klassen.[119]

Die hier angedeuteten Entwicklungslinien ließen sich – wie gesagt – nur durch verstärktes Wirtschaftswachstum realisieren. Bucharin war jedes Mittel recht, das hierfür eingesetzt werden konnte. Aus diesem Grunde plädierte er beispielsweise für die Freigabe des Privathandels. „Der Händler", so argumentierte er, „ist Käufer sowohl bei unserer Staatsindustrie als auch bei unserem staatlichen Großhandel. Andererseits verkauft er – da unser eigenes staatliches und genossenschaftliches Handelsnetz sehr schwach ist – unsere Waren in die verschiedenen Gegenden des Landes. Dabei bereichert er sich natürlich . . . Dennoch trägt er, dank der allgemeinen Belebung des Warenumsatzes, auch zum Wachstum unserer Staatsindustrie und unseres Staatshandels bei."[120] Auf diese Weise vergrößere sich die Kapazität der gesamten Volkswirtschaft.

Noch ein weiterer Aspekt läßt – so Bucharins Analyse – die Freigabe des Handels nützlich erscheinen. Die hieran beteiligten bürgerlichen Schichten müssen Steuern zahlen. Dadurch erhält der Staat zusätzliche Einnahmen, die er für „die Sache des Sozialismus" einsetzen kann. „Auf diese Weise", so interpretiert Bucharin, „sind die ‚Konzessionen', die wir dem Kapitalismus machen, ist der ‚Rückzug', den wir angetreten haben, in Wirklichkeit unter den jetzigen Verhältnissen ein ökonomischer Angriff unsererseits, denn das Übergewicht unserer ökonomischen Gesamtkräfte tritt immer stärker zutage."[121]

Allerdings wäre zur Zeit des Kriegskommunismus, als die Fabriken stillagen und das Geld nur Papierwert hatte, eine solche Handelsfreiheit gefährlich gewesen. Ohne Industrie und ohne Finanzmittel hätte der Staat mit der Handelsbourgeoisie nicht konkurrieren können. Er hätte keinerlei wirtschaftliche Lenkungsinstrumente zur Verfügung gehabt.[122] – Diese Überlegung leitet bereits zum nächsten Abschnitt über, der sich mit Fragen des Klassenkampfes während der Übergangsperiode beschäftigt.

b) Fragen des Klassenkampfes während der Übergangsperiode

Die Frage, mit wem sich die Arbeiterklasse zu verbünden habe, war von den Bolschewiki eindeutig beantwortet worden: mit den Bauern. Die Bauernschaft selbst war sich nicht so sicher, mit wem zusammen sie ihre Interessen am ehesten realisieren könne. Neben dem Proletariat gab es im Rußland der zwanziger Jahre noch eine recht agile Bourgeoisie, die ebenfalls ein Aktionsbündnis mit den Bauern anstrebte. Unter solchen Umständen mußte um den Einfluß auf die Bauernschaft gekämpft werden; und da die kämpfenden Parteien zwei verschiedene Klassen repräsentierten, läßt sich in diesem Zusammenhang vom Klassenkampf zwischen Proletariat und

Bourgeoisie sprechen. Über Formen und Voraussetzungen des Klassenkampfes der dritten Transformationsphase macht Bucharin folgende Aussagen: „Dieser Kampf wird von unserer Staatsindustrie und dem Staatshandel gegen das private Kapital, gegen den Privathändler und Kaufmann geführt. Das Proletariat kann in diesem Kampf nur insoweit siegen, als es ihm wirklich gelingt, seine Industrie zu steigern, einen guten und billigen Handelsapparat zu haben und der ganzen Bauernschaft zu zeigen, daß die Staatswirtschaft in der Lage ist, die wesentlichen ökonomischen Bedürfnisse der Landbevölkerung besser zu befriedigen als der Privatkapitalist, der Privathändler, der Privatkaufmann, der private Zwischenhändler.“[123]

Die Auseinandersetzung mit diesen Schichten der bürgerlichen Klasse stellt das Proletariat, Bucharins Einschätzung nach, vor sehr schwere Probleme. Sie wird nicht auf einmal und dann für alle Zukunft entschieden, sondern erstreckt sich über den gesamten Zeitabschnitt dieser Übergangsphase. So hält es Bucharin beispielsweise 1928 für notwendig, aus den Direktiven des XV. Parteitags zu zitieren, in dem vor falschen Maßnahmen gegenüber den Bauern gewarnt wird – Maßnahmen, vor denen bereits Lenin zu Beginn der Neuen Ökonomischen Politik gewarnt hatte.[124]

„Es ist falsch“, so hieß es in der Direktive, „von der Forderung auszugehen, die Mittel für die Industrie durch maximales Auspumpen aus der Landwirtschaft zu gewinnen, weil diese Forderung nicht nur zu einem politischen Bruch mit der Bauernschaft führt, sondern auch eine Untergrabung der Rohstoffbasis der Industrie selbst bedeutet, eine Unterminierung ihres Binnenmarktes und des Exportes sowie eine Gleichgewichtsstörung des gesamten Wirtschaftssystems.“[125] Andererseits, so heißt es in dem Parteitagsdokument, sei es falsch, auf die Heranziehung der Agrarresourcen zum Aufbau der Industrie zu verzichten. Denn das würde das Entwicklungstempo bremsen und eine Gleichgewichtsstörung zum Nachteil der Industrialisierung des Landes verursachen.

Die richtigen Proportionen zu finden, scheint also auch nach mehreren Aufbaujahren noch ein Kernproblem bolschewistischer Politik gewesen zu sein. Im Rahmen des Klassenkampfes konnte sich eine nur geringfügige Fehleinschätzung hinsichtlich der Belastbarkeit der Bauern fatal auswirken. In einer Kampfsituation nützt jeder Fehler und jede Schwäche dem Gegner.[126]

Neben den Schwierigkeiten des politischen Augenmaßes gab es Mißgriffe, die auf die mangelnde Erfahrung der Arbeiterklasse zurückzuführen waren. Bucharin erwähnt als Beispiel die Handelsagenten, die ihre Waren teurer verkaufen als der Privathandel. Der Grund hierfür liege häufig in Sachunkundigkeit, den hohen Kosten des Apparates, der schlampigen Geschäftsführung usw.

Welche Gefahr von solchen Erscheinungen ausgehen konnte, war Bucharin vollkommen klar: „Wenn es der Bourgeoisie tatsächlich gelänge, die staatliche Industrie und den Staatshandel wirtschaftlich zurückzudrängen, dann zöge dies unvermeidlich auch eine Verstärkung des politischen Einflusses dieser Bourgeoisie auf die Bauernschaft nach sich.“

Über die Folgen solchen Einflusses gab sich Bucharin illusionslos: „Das würde unvermeidlich zum Sturz der Sowjetmacht und zur Wiedererrichtung der bürgerlichen Herrschaft führen.“[127]

Die mangelnde Erfahrung der Arbeiterklasse konnte der Sowjetherrschaft noch aus einem anderen Grunde gefährlich werden. Seit der Machtergreifung gehörte es zur Aufgabe bolschewistischer Politik, richtig einzuschätzen, welche Bereiche der Produktion das Proletariat rationalisieren, organisieren, planmäßig bewirtschaften kann und welche nicht. Dort, wo die Fähigkeiten und Kenntnisse des Proletariats noch nicht ausreichten, mußten andere, nicht-proletarische Kräfte die für das Funktionieren des Wirtschaftskreislaufes notwendigen Funktionen ausüben. Damit waren vor allem die Kleinproduzenten, Kleinbauern und die Händler gemeint.

Eine bedrohliche Entwicklung sah Bucharin für den Fall auf den Sowjetstaat zukommen, daß das Proletariat sich entgegen der „ökonomischen Rationalität" übernähme, daß es Wirtschaftsbereiche monopolisierte, ohne deren gesamtwirtschaftliche Funktion wirklich erfüllen zu können. Dies hätte für die Entwicklung der Produktivkräfte sehr nachteilige Wirkungen. Wenn das Proletariat den Kleinproduzenten und Bauern die Arbeit wegnähme, dann brauchte es einen erweiterten Verwaltungsapparat, der die ökonomischen Aufgaben, die zuvor die Kleinproduzenten und Bauern erfüllt hatten, übernehmen müßte. Die Kosten aber, die durch die Vergrösserung des Apparates entstünden, wären sehr viel größer als die Kosten, „die wegen der anarchistischen Zustände innerhalb der kleinen Produktionssphäre entstehen."[128]

Eine aufgeblähte Verwaltungsorganisation aber könnte zur „Fessel" für das weitere Anwachsen der Produktivkräfte werden. Falls das Proletariat diese Fesseln nicht selbst sprengte, würde dies von anderen Kräften besorgt werden. Die Konsequenz wäre auch in diesem Falle: das Ende der proletarischen Diktatur.

Die Neue Ökonomische Politik hatte Bucharins Ansicht nach zunächst die Funktion, eine solche Gefahr abzuwenden. Als Maßstab für die Beantwortung der Frage, welche Produktionszweige von dem „als Staatsmacht organisierten Proletariat"[129] verwaltet werden könnten und welche nicht, hob Bucharin vor allem die ökonomische Effektivität hervor. Die Effektivität war für ihn auch die Waffe, mit der die Bürokratie[130] beseitigt werden sollte. Und entsprechend dieser Aufgabe interpretierte er die Neue Ökonomische Politik nicht nur als „strategischen Rückzug", sondern auch als *progressiven Beitrag* zur sozialistischen Entwicklung der Sowjetunion.[131]

Wie sehen nun die Formen des Klassenkampfes unter den Bedingungen der Neuen Ökonomischen Politik aus? Welche Kampfmittel stehen dem Proletariat zur Verfügung?

Bucharin nennt zunächst Faktoren, die mit dem „Monopol der legitimen Gewaltsamkeit" (M. Weber) des Staates, hier des Sowjetstaates zusammenhängen, einem Monopol, das die bolschewistische Partei mit allem Einsatz – wie die Ereignisse von Kronstadt beispielhaft zeigen – zu behaupten sucht.[132] Die Diktatur des Proletariats nutzt nun diese politische Macht als das Hauptinstrument im Klassenkampf. Allerdings stützt sie sich nicht mehr allein auf die „klassischen" Säulen zur Durchsetzung staatlichen Interesses, auf die Armee und die Polizei. Vielmehr versucht sie seit Beginn der zwanziger Jahre mit flexibleren Methoden ihre Positionen zu stärken. Da ist die Gesetzgebung, die die Arbeiterklasse gegenüber privaten Unternehmen begünstigt, die den Gewerkschaften weitgehende Rechte garantiert, und z.B. den Unternehmer veranlaßt, für „seine" Arbeiter Versicherungsbeiträge zu zahlen. Des weiteren gibt es ein Besteuerungssystem, bei dem auf entsprechende Weise die Einnahmen und Gewinne privater Unternehmen besteuert werden. Andere Maßnahmen zielen auf die Verbesserung der Wettbewerbschancen auf dem Markt für die Staatsindustrie, den Staatshandel und die Kooperationen. Dazu gehören vor allem staatliche Hilfe zur Finanzierung der einzelnen Wirtschaftsprojekte. Bucharin schätzte die Erfolge auf diesem Sektor sehr hoch ein: „Falls im Verlaufe der Konkurrenz auf dem Markt die Staatsindustrie, der Handel, die Kooperationen den privaten Unternehmer verdrängen, ist dies ein Sieg im Klassenkampf, aber kein Sieg . . . mit Hilfe bewaffneter Auseinandersetzung, sondern in einer völlig neuen Hülle, . . . die unter einem kapitalistischen Regime für die Arbeiter und Bauernschaft undenkbar war.“[133]

An dieser Stelle könnte die Frage auftauchen, ob nicht die der Bourgeoisie nachgesagte Gefährdung der proletarischen Diktatur übertrieben und irreal sei angesichts der tatsächlichen Möglichkeiten des Staates. Dazu ist jedoch zu sagen, daß die Anwendung der hier geschilderten staatlichen Machtmittel ihre Grenze findet an den Bedingungen des gesellschaftlichen Gleichgewichts. Zur Reproduktion des Gleichgewichts kann sogar eine Förderung und ökonomische Stimulierung der Bourgeoisie zwingend notwendig sein, eine Maßnahme, die z.B. die dritte Übergangsphase in Rußland eingeleitet hatte.

Politische Möglichkeiten hängen mithin ebenso sehr ab von den Gesetzen der Wirtschaft wie von denjenigen Gesetzen, die von den Staatsorganen erlassen werden.

Was den Klassenkampf betrifft, so wird er nicht nur auf der Ebene von Industrie und Handel ausgetragen, sondern auch auf dem Lande. Als der typische Vertreter der Bourgeoisie tritt hier, so Bucharins Analyse, der sogenannte Kulak auf. Er wird von ihm als der „Ausbeuter“ und Dorfkapitalist“ bezeichnet, der dadurch charakterisiert ist, daß er sich Arbeitskraft mietet. Er nutze dabei die Notlage vieler armer Bauern aus und versuche zur Festigung seiner Position den Mittelbauern auf seine Seite zu ziehen. Der Mittelbauer gehört entsprechend Bucharins Interpretation zur arbeitenden und nicht zur ausbeutenden Klasse, und nehme im Klassenkampf eine Zwitterrolle ein. Der Mittelbauer habe zwei Seelen, die ihn einerseits mit den Kulaken verbinde, andererseits mit den Arbeitern.[134]

Die Kampfmittel gegen die verschiedenen bürgerlichen Schichten auf dem Lande hätten sich den erwähnten Bedingungen des allgemeinen Klassenkampfes anzupassen. So müßten „gegen die Läden der Dorfhändler keine Organe unmittelbaren Zwanges, sondern unsere guten Genossenschafts-Läden gestellt werden. Gegen den Dorfwucherer, der Geld zu einem unverschämten Prozentsatz verleiht und der sein Pferd einem Bauern ohne Pferd zu knechtenden Bedingungen gibt, müssen wir unsere Kreditgenossenschaft stellen, gute Organisationen billigen genossenschaftlichen Kredits . . . Unsere Waren müssen besser und billiger sein als die der Privathändler. Unsere Kreditdarlehen müssen größer und erheblich billiger als die Darlehen sein, die der Wucherer gibt.“[135]

Genossenschaften bilden also die organisatorische Basis des Sozialismus auf dem Lande. Sie stellten damit das Verbindungsglied dar zwischen der proletarischen Stadt und dem werktätigen Dorf.

Adressat der genossenschaftlichen Maßnahmen waren in der Hauptsache arme Bauern und Mittelbauern.[136] Dies war eine indirekte Form des Klassenkampfes, die den Kulak erst mittelbar, über den Markt, treffen konnte. Diese neue Form – Marktkonkurrenz als Klassenkampf – brachte die Zielvorstellungen bolschewistischer Politik angemessen zum Ausdruck. Es ging nicht so sehr um den Kampf *gegen* die Kulaken, sondern *für* die Mittelbauern.[137]

Erfolgreich konnte eine in diesen Formen geführte Auseinandersetzung nur enden, wenn eine Reihe von unumgänglichen Voraussetzungen erfüllt war. Dazu gehörte in erster Linie die Industrialisierung und Technisierung der Landwirtschaft sowie die Beseitigung des Analphabetismus und die Anhebung des Kulturniveaus. Solange diese Voraussetzungen nicht erfüllt seien, werde der Klassenkampf nicht nachlassen. Denn: In einem solchen Falle erfüllten die Kapitalisten auf dem Lande noch gesamtwirtschaftlich wichtige Funktionen.

Bucharin sah mithin die verschiedenen Formen des Klassenkampfes in enger Abhängigkeit vom ökonomischen und kulturellen Leistungsvermögen der proletarischen Diktatur. Je schneller es sich entwickelte, desto eher bestand Aussicht auf eine harmonischere Weiterentwicklung.

c) Die Genossenschaften

Einkaufs-, Absatz- und Produktionsgenossenschaften dienten dem Staat als Instrument zur Durchsetzung seiner planwirtschaftlichen Absichten.[138] Überragende Bedeutung erlangten sie vor allem für die Entwicklung der Landwirtschaft. Sie hatten die Funktion, den Zirkulationsprozeß zwischen Industrie- und Agrarprodukten zu steuern und die marktwirtschaftlichen Prozesse kalkulierbarer zu machen. Dadurch sollte die landwirtschaftliche Produktion, sowie die Produktion für die Landwirtschaft, leichter geplant werden können.[139]

Seit der Eroberung der Staatsgewalt durch das Proletariat hielt Bucharin eine „unkapitalistische Evolution der Bauernschaft" für möglich. Die Rolle, die die Genossenschaften hierbei spielen konnten, erläuterte er anhand eines Vergleichs mit den kapitalistischen Gesetzen: „Die genossenschaftlichen Vereinigungen der Bauernwirtschaften, die – soweit sie sich als lebensfähig erweisen – unter den kapitalistischen Verhältnissen unausbleiblich von selbst zu kapitalistischen Unternehmungen werden, da sie von der kapitalistischen Industrie, den kapitalistischen Banken und dem kapitalistischen Wirtschaftsmilieu überhaupt abhängen – diese Vereinigungen entfalten sich unter den Bedingungen der proletarischen Diktatur in einem System anderer Beziehungen und hängen von der proletarischen Industrie, den proletarischen Banken usw. ab."[140]

Die Vorteile der Genossenschaften wurden nicht von allen Bauern anerkannt. Im Gegenteil – ihre Erfahrungen während des Kriegskommunismus hatten ihr Vertrauen in diese Organisationsform stark gemindert. Bucharin vertrat, diesen Umstand berücksichtigend, die Auffassung, daß die Bauern auf besonders demokratische Weise erneut an die Genossenschaften herangeführt werden sollten. Vor allem müßte die „völlige Freiwilligkeit" beim Eintritt und „innergenossenschaftliche Demokratie" danach gewährleistet werden.[141]

Insbesondere müßten folgende Aufgaben zuvor gelöst werden, damit die Genossenschaften die ihnen zugedachte Rolle auch spielen könnten:

1. „ihre wirtschaftliche Konsolidierung, d. h. die Akkumulation von genossenschaftlichem ‚Kapital', die Entfaltung des genossenschaftlichen Warenumsatzes usw."
2. „die Mitbeteiligung der Massen am Aufbau der Genossenschaft; wenn diese Beteiligung wegfällt, verliert die Genossenschaft eines ihrer wesentlichsten Merkmale."[142]

Bucharin unterstrich darüber hinaus die ihm als notwendig erscheinende Entlastung der Genossenschaften von Tätigkeiten, die nicht in ihren unmittelbaren Aufgabenbereich fielen und für die Staatsorgane zuständig waren. „Wenn beispielsweise eine Kooperation damit begänne, die Steuern einzusammeln, dann wäre das nicht richtig." Denn er befürchtete: „Wenn einer Genossenschaft solche Aufgaben aufgebürdet würden, die von den Bauern große Opfer fordern, dann werden sie dorthin selbstverständlich nicht mit großer Lust gehen." Deswegen bestimmte Bucharin die Genossenschaften als „Organe des wirtschaftlichen Aufschwungs" und koppelte diese „positive" Funktion noch mit den Prinzipien der Freiwilligkeit und Wählbarkeit. Dadurch, so meinte er, werde die Genossenschaft zur „allerliebsten Organisation der Bauernschaft".[143]

Dies also waren die Voraussetzungen zur Beseitigung des Mißtrauens, das sich bei den Bauern als Resultat der zweiten Transformationsphase angesammelt hatte. Was die „objektiven" Interessen der Bauernschaft anging, so waren sie danach leicht mit der genossenschaftlichen Organisationsform in Einklang zu bringen. Die wichtigsten Interessen der Bauern bezogen sich zunächst auf möglichst günstige Bedingungen für den Absatz ihrer Produkte, für den Einkauf industrieller Erzeugnisse und für Kredite. Dem kamen die Genossenschaften entgegen. Bucharin schilderte die Vorzüge organisierten Wirtschaftens folgendermaßen: „Eine ganze Organisation hatte die besseren Möglichkeiten, um zu erfahren, wo und was am günstigsten zu kaufen ist, und ein Verkäufer traute ihr mehr als einer Einzelperson, wenn es darum ging, Kredit zu geben." Des weiteren könne eine Genossenschaft zu Großhandelspreisen einkaufen. Durch gemeinsame Verteilung und gemeinsamen Transport würden die Kosten gesenkt, und die Schaffung einer Absatzorganisation führe zu höheren Einkommen.

Durch die Nutzung dieser bäuerlichen Zusammenschlüsse würden also zunächst die Wettbewerbschancen für den einzelnen Landwirt verbessert. Aber dies war nicht das einzige Ergebnis. Die Bauernschaft vollzog durch die genossenschaftliche Organisation des Handels auch einen Lernprozeß, sie machte neue Erfahrungen auf dem Gebiet der kollektiven Arbeit. Auf diese Weise würde sie für die genossenschaftliche Produktion vorbereitet werden. Hierzu Bucharin: „So wächst das Organisationssystem der Landwirtschaft, die sich aus einzelnen und isolierten Einheiten in ein organisiertes Ganzes verwandelt. Die bäuerlichen Betriebe verändern nach und nach ihre eigene Natur, sie schließen sich zusammen und wachsen zu einem noch größeren Ganzen mit der Staatsindustrie zusammen. Und eine solche Wirtschaftskette, die in all ihren Teilen organisiert ist, das ist im wesentlichen Sozialismus."[144]

Der Weg zur landwirtschaftlichen Produktionsgenossenschaft sei jedoch lang, und Bucharin warnte vor jeder Überstürzung.[145] Wenn bei ihm vom „Hineinwachsen" in den Sozialismus, von „organischen", „evolutionären" Entwicklungslinien die Rede war, dann meinte er vor allem diese hier dargestellte Umstrukturierung der Landwirtschaft. Sie sollte – um auch das noch einmal hervorzuheben – über den Markt erfolgen, der zunächst als Forum des Klassenkampfes fungiert und auf dem „die fortgeschrittensten der fortschrittlichen Formen der Wirtschaft andere Formen durch Konkurrenzkampf verdrängen."[146] Je erfolgreicher die Genossenschaften und die Staatsbetriebe hierbei waren, desto überflüssiger wurde der Markt.[147]

Welche Widersprüche auf diesem Wege auftauchen, war bereits in dem Kapitel über die Formen des Klassenkampfes angedeutet worden. – Ein letzter Abschnitt soll die übergreifenden Zusammenhänge dieser Widersprüche, so, wie sie sich Bucharin darstellten, beleuchten.

d) Möglichkeiten zur Aufhebung der Widersprüche

Widersprüche sind, gemäß der Bucharinschen Gleichgewichtstheorie, Wachstumsbedingungen für die erweiterte Reproduktion des gesellschaftlichen Gleichgewichts. Ohne sie gäbe es keine Übergangsperiode. Die Aufhebung der Widersprüche, die zur Entwicklung neuer Widersprüche auf veränderter Grundlage führt, macht die Dynamik gesellschaftlicher Prozesse aus, so auch der sowjetischen Gesellschaft während der hier behandelten Aufbauphase.

Um welche Widersprüche ging es? Der wichtigste Widerspruch wurde bereits mehrfach genannt. Gemeint ist der Gegensatz zwischen der Staatswirtschaft einerseits, der Privatwirtschaft und speziell der kapitalistischen Privatwirtschaft andererseits. Repräsentiert wurde dieser Gegensatz durch das Proletariat und durch die Klasse der neuen Bourgeoisie. Beide Klassen kämpften gegeneinander um den Einfluß auf die Bauernschaft. Dieser Kampf fand in der Hauptsache auf dem Felde der Wirtschaft statt. Charakteristisch für die damalige Entwicklung der Widersprüche war die Tatsache, daß das Wachstum der verstaatlichten Wirtschaft zugleich mit einem Anwachsen der Privatwirtschaft erfolgen konnte.

Ihre Ursache hatte diese Entwicklung in dem niedrigen Entwicklungsstand der Produktivkräfte in Rußland. Alle weiteren Widersprüche lassen sich als Folgeerscheinungen dieser Ursache interpretieren. So die Widersprüche zwischen Stadt und Land, zwischen den einzelnen sozialen Schichten auf dem Lande sowie innerhalb der Städte.

Die Situation auf dem Lande und das Verhältnis von Stadt und Land wurde in den Abschnitten zuvor analysiert. Hier noch einige Grundzüge zur selben Problematik in den Städten. Dort war die soziale Ungleichheit zwischen den Klassen evident. Bucharin: „Man braucht nur die Nepmany und ihren Lebensstandard mit dem Leben der verwahrlosten und hungernden Kinder oder sogar mit der Menge Arbeitsloser zu vergleichen, um zu sehen, wie weit wir noch von dem Idealzustand entfernt sind, den wir uns als Aufgabe gesetzt haben." Bucharin unterscheidet insgesamt sechs verschiedene Schichten, die sich seit der Oktoberrevolution in der Stadt herausgebildet hätten:

1. Die neue Bourgeoisie (Nepmany), die Gewinne durch Ausbeutung fremder Arbeit erzielt. Ihr Lebensstandard erinnere an die kleineren Kapitalisten der Vorkriegszeit.
2. Die höheren Sowjetangestellten, zur Hauptsache Angestellte der Wirtschaftsverwaltungen, z. B. Trustdirektoren, Mitglieder der Syndikatsleitungen, die unersetzbaren Spezialisten usw.

3. Die sogenannten verantwortlichen Arbeiter.
4. Die Facharbeiter.
5. Die ungelernten Arbeiter.
6. Die Arbeitslosen, das Lumpenproletariat.[148]

Verursacht wurde diese starke Differenzierung – entsprechend Bucharins Analyse – durch die Zurückgebliebenheit der Arbeitermassen[149], die unter dem Kapitalismus die politisch und kulturell unterdrückten Schichten darstellten.

Unter den Bedingungen des gesellschaftlichen Mangels bestimmten Marktgesetze den Preis für knappe Güter. Spezialkenntnisse wurden für den Aufbau der Sowjetunion unbedingt gebraucht, waren aber knapp. Da bei geringem Angebot und großer Nachfrage die Preise steigen, mußte die Diktatur des Proletariats die Spezialisten privilegieren. Gewalt und Zwang kam als Alternative diesen Schichten gegenüber seit der Beendigung der zweiten, kriegskommunistischen Übergangsphase nicht mehr in Frage. Privilegierung aber erzeugte die Ungleichheiten, von denen hier die Rede ist. Der Zusammenhang mit den Marktgesetzen wurde von Bucharin folgendermaßen dargestellt: „Man könnte natürlich eines schönen Tages ein Dekret erlassen, nach dem alle höheren Sowjetangestellten, alle Ingenieure, alle Professoren, alle Trustdirektoren usw. genau so viel bekämen wie ein einfacher Tagelöhner. Aber wir würden bald überzeugt sein, daß bei solcher Lage der Dinge die Arbeiterklasse als Ganzes nicht gewinnen, sondern verlieren würde; sie würde deswegen verlieren, weil unter diesen Bedingungen die Arbeit auf den Kommandoposten unermeßlich viel anstrengender wäre, die Dinge erheblich desorganisierter verliefen . . . Es ist für die Arbeiterklasse günstig, ihre eigene Oberschicht (verchuška) besser zu unterhalten, und ebenso auch die Abkömmlinge der bürgerlichen Welt, die sogenannten Spezialisten, weil sie (die Arbeiterklasse) in solchem Falle in weit kürzerer Frist eine allgemeine Erhöhung der Produktivkräfte erreicht und aufgrund dieser Erhöhung erheblich schneller ihre eigene Lage verbessern kann und von einer bestimmten Zeit an durch Ausnutzung dieser Produktivkräfte eine verstärkte Produktion ‚gebildeter Leute' aus . . . ihrer eigenen Klasse sowie der Werktätigen überhaupt beginnen kann."[150]

Bucharin ließ in die Analyse gesellschaftlicher Widersprüche stets die Möglichkeiten für ihre Aufhebung einfließen. Auf diese – dialektische – Weise versuchte er die Dynamik der gesellschaftlichen Vorgänge einsichtig zu machen. Diese Dynamik entwickelte sich keineswegs einseitig in Richtung auf die Abschaffung der Widersprüche. Im Gegenteil. Es gab während der Übergangsperiode unter bestimmten Umständen auch Verschärfungen.

Bucharin sprach in diesem Zusammenhang sogar von „Krisen": „. . . das unbestreitbare Wachstum des Sozialismus wird von eigenartigen ‚Krisen' begleitet, die – bei allem Unterschied zwischen Gesetzmäßigkeiten der kapitalistischen Entwicklung – die Krisen des Kapitalismus gleichsam ‚wiederholen', nur im konkaven Spiegel."[151]

Bucharin nennt die Erscheinungen, die seine These belegen:

1. „Sowohl hier wie dort besteht ein Mißverhältnis zwischen Produktion und Konsumtion, aber bei uns wird die Relation ‚umgekehrt' gesehen (dort – Überproduktion, hier – Warenhunger; dort ist die Nachfrage der Massen erheblich geringer als das Angebot, hier ist die Nachfrage größer als das Angebot)."

2. „Sowohl hier wie dort werden Riesensummen an ‚Kapital' investiert, was mit spezifischen Krisen (beim Kapitalismus) und ‚Schwierigkeiten' (bei uns) verbunden ist; aber bei uns äußert sich auch dieses Wachstumsverhältnis ‚umgekehrt' (dort – Überakkumulation, hier – Kapitalmangel).
3. „Hier wie dort besteht ein Mißverhältnis zwischen den verschiedenen Produktionssphären, aber typisch bei uns ist der *Metallhunger*. Wir haben *Arbeitslosigkeit*, während zugleich die Zahl der beschäftigten Arbeiter zunimmt. Sogar die Agrarkrise vollzieht sich bei uns umgekehrt (Mangel an Getreideangebot)."[152]

Angesichts dieser Widersprüche stellte sich die Frage, ob Krisen nicht ebenso wie im Kapitalismus auch für die sozialistische Gesellschaft notwendig sind, ob sie allgemeine Gesetze darstellen. „Sind wir nicht", gibt Bucharin zu bedenken, „zu ‚Krisen' – ob periodisch oder nicht periodisch – auf umgekehrter Grundlage, auf anderem Wechselverhältnis zwischen Produktion und Konsumtion verurteilt? " Selbstverständlich verneinte Bucharin entschieden diese Frage. Für das Gesetz der unvermeidlichen Krisen gäbe es in der sowjetischen Gesellschaft der NEP-Zeit keine Basis. Die Widersprüche, mit denen es die Übergangsgesellschaft zu tun habe, resultierten aus der „relativen Anarchie", d. h. aus der „relativen Planlosigkeit", die ihrerseits durch die Existenz von Kleinwirtschaft, Marktbeziehung usw. hervorgerufen würden.

Zu den Marktbeziehungen noch einige Ausführungen von grundlegendem Charakter. Mit dem Übergang zu neuen Formen des Klassenkampfes und mit Beginn des Aufschwungs in der Landwirtschaft und der staatlichen Industrie, wird die bäuerliche Wirtschaft mehr und mehr eine *Warenwirtschaft*, d. h. sie erzeugte einen wachsenden Teil der Produktion für den Absatz im Verkauf. Die Agrarprodukte werden auf dem Markt in Geld eingetauscht und für dieses Geld werden andere Waren, vor allem Industrieerzeugnisse, gekauft, die der Bauer nicht produziert, aber braucht. Auf dem Markt trifft daher der Bauer mit der vom Proletariat verwalteten staatlichen Industrie zusammen und es entsteht folgende (Markt-) Lage: Bei Verkauf und Kauf von landwirtschaftlichen Waren erscheint der Bauer als Verkäufer, der Stadtbewohner als Käufer. Werden Industrieprodukte angeboten, so sind die Arbeiter die Produzenten und die Bauern die Konsumenten. Diese Situation birgt den entscheidenden Widerspruch jeder warenproduzierenden Gesellschaft, den Bucharin so formulierte: „Wie bekannt stehen die Interessen von Käufern und Verkäufern miteinander im Widerspruch." Dieser Widerspruch äußere sich konkret in der Frage der Preise. Verkäufer hätten ein Interesse an hohen Preisen, Käufer an niedrigen. Die widersprüchlichen Interessen führten unvermeidlich zu „Reibungen zwischen den beiden werktätigen Klassen."[153]

Die Aufhebung solcher Widersprüche vollzog sich während dieser Phase jedoch schon nicht mehr „elementar", „von unten". Die neue Wandlung in den Beziehungen wurde nunmehr „von oben" betrieben, „jenseits der Staatsmacht der Arbeiterklasse", d. h. „auf völlig anderer Grundlage". Denn: „Die Gesetzmäßigkeiten, die sich nach der Eroberung der Macht herausbilden, unterscheiden sich im Grundsatz von denen vor dem Umsturz ebenso wie auch der Charakter der Widersprüche." Im Kapitalismus wurden sie erweitert reproduziert, unter der Diktatur des Proletariats dagegen vermindern sie sich. Sie werden negativ reproduziert, mit der Tendenz ihrer endgültigen Aufhebung unter dem Kommunismus.

Es ist dies ein Merkmal des Theoretikers Bucharin, des Analytikers, daß er der sorgsamen Bestandsaufnahme dieser Widersprüche mehr Aufmerksamkeit schenkte als die politischen „Nur-Praktiker“, die Instrumentalisten, die den Apparat beherrschten, aber auf die Frage: „Wofür? “ nur wenig differenzierte Antworten bereithielten.

Revolutionäre Dialektik bedeutet in diesem Zusammenhang, daß die Aufhebung der Widersprüche von der Analyse der Widersprüche nicht getrennt werden darf. Andernfalls verselbständigen sich beide Bereiche mit dem Ergebnis einer getrennten „Gewalt an sich“ und einer „Theorie an sich“. Durch eine solche Verselbständigung aber werden die Widersprüche nicht gelöst, sondern im Gegenteil reproduziert. Daß die Gefahren solch mechanischen, unvermitteltem Handelns während der Übergangsperiode verstärkt vorhanden waren, läßt sich an vielen Erscheinungen des Machtmißbrauchs durch die Partei, sowie an den ökonomischen und sozialen Fehleinschätzungen belegen. Aber erst zu dem Zeitpunkt, als die Möglichkeit zur Korrektur[154] nicht mehr durch das analysierende Bewußtsein einzelner Politiker genutzt wurde, sondern nur noch durch die „blinde Macht“ der sozio-ökonomischen Gesetzmäßigkeiten erzwungen[155] wurde, erst zu diesem Zeitpunkt wurde die Verselbständigung von Theorie und Praxis „verlangt“. Auf diese Weise wurde in der Sowjetunion die Rückkehr zu bürgerlicher Theoriebildung eingeleitet.

Bucharin, der den Apparat vergleichsweise nur unvollkommen zu steuern verstand, hat sich in jeder Phase der Transformationsperiode, an deren Gestaltung er mitbeteiligt gewesen war, das Interesse für die Widersprüche bewahrt. Deshalb beschäftigt er sich mit den „Kosten“ der Revolution und dem Verhältnis von Zwang und Freiheit gegenüber den verschiedenen Klassen während des Aufbaus. „In der *kommunistischen* Gesellschaft“, so argumentierte er, „wird eine absolute Freiheit der Persönlichkeit sein und irgendwelche äußere Regelung der Beziehungen zwischen den Menschen fehlen, also Selbstaktivität ohne Zwang bestehen. In der *kapitalistischen* Gesellschaft gab es für die Arbeiterklasse keine Selbstaktivität und nur Zwang *von seiten der feindlichen Klasse.* In der Übergangsperiode ist die Selbstaktivität der Arbeiterklasse vorhanden neben dem Zwang, den die Arbeiterklasse, als Klasse für sich, für alle ihre Teile einführt. Der Widerspruch zwischen Zwang und Selbstaktivität drückt hier den sich widersprechenden Charakter der Übergangsperiode selbst aus, da das Proletariat schon den Rahmen des kapitalistischen Zwanges verlassen hat, aber noch nicht zum Mitwirkenden der kommunistischen Gesellschaft geworden ist.“[156] Die Folgen dieses Widerspruches bewirkten, daß die Arbeiterklasse „einerseits unten an der Sozialpyramide steht, andererseits oben“.[157]

Soweit die analytische Erörterung der Widersprüche innerhalb der proletarischen Klasse. Das Anschauungsmaterial hierzu wurde bereits in dem Kapitel geliefert, in dem vom praktischen Aufbau der Partei die Rede war.

6. Exkurs: Kontroverse über Fragen der gesellschaftlichen Widersprüche zwischen Stalin und Bucharin

Alle Hauptthesen Bucharins über die Transformation der sowjetischen Gesellschaft während der NEP wurden im Jahre 1929 von Stalin und seinen Anhängern kritisiert.

Es soll an dieser Stelle nicht diskutiert werden, welches die Ursachen für die Kritik waren.[158] Es soll vielmehr dargelegt werden, mit welchen Argumenten sie vorbebracht wurde.

Im Zentrum der Auseinandersetzung stand dabei die Frage, die für die Bestimmung der Entwicklungstendenzen einer Gesellschaft von besonderer Gewichtigkeit ist: die Frage nach dem Charakter der gesellschaftlichen Widersprüche. In seiner Rede vom April 1929 auf einer gemeinsamen Sitzung von ZK und ZKK der Kommunistischen Partei entwickelte Stalin[159] die Unterschiede, die es zwischen Bucharins „Theorie vom Hineinwachsen des Kapitalismus in den Sozialismus“ und seiner Theorie von der „Verschärfung des Klassenkampfes“ gab.

Als Hauptquelle für die Auseinandersetzung mit Bucharin benutzte Stalin dessen „Put' k socializmu“, eine Quelle, die auch in dieser Arbeit ausgiebig zitiert wird. Das Ziel des Stalinischen Argumentierens bestand darin, Bucharin mit allen möglichen Mitteln zu disqualifizieren.

Nun zu den einzelnen Einwänden. Bucharin hatte in seiner Theorie über den Weg zum Sozialismus entwickelt, daß die genossenschaftlichen Organisationen der „Kulaken“ in das sozialistische Wirtschaftssystem „hineinwachsen“ (vrastat')“. Er war davon ausgegangen, daß die sowjetische Diktatur des Proletariats über genügend Steuerungsmechanismen zur Kontrolle und Lenkung auch kapitalistischer Betriebe verfügte. Die Banken, das Verkehrswesen, ein Teil des Handels usw. konnten gegen ungewollte Expansionsbestrebungen der Kulaken und der kapitalistischen Unternehmer eingesetzt werden.

Ihre Betriebe würden also, wenn auch als Fremdkörper, mit in das sozialistische Wirtschaftssystem aufgenommen werden. Und erst nach und nach, mit zunehmender Industrialisierung des Landes und Qualifizierung der Arbeitskräfte, könnten die *Funktionen* der Kapitalisten auch vom proletarischen Staate erfüllt werden, womit die wichtigste *Voraussetzung* zur Beendigung des Klassenkampfes gegeben wäre. Insgesamt genommen handelt es sich, dieser Theorie nach, um einen allmählichen Vorgang, der – unter der Voraussetzung der proletarischen Diktatur – vom Nachlassen des Klassenkampfes über zeitweilige Verschärfungen bis zum Absterben des Klassenkampfes führt.[160]

Stalin erörterte in seiner Rede diese Theorie anhand des einen Satzes, in dem vom Hineinwachsen des Kapitalismus in den Sozialismus die Rede war. Er folgerte: „Entsprechend der Bucharinschen Theorie vom friedlichen Hineinwachsen der Kapitalisten in den Sozialismus kehrt sich alles von unten nach oben, der unversöhnliche Gegensatz der Klasseninteressen zwischen Ausbeutern und Ausgebeuteten verschwindet, die Ausbeuter wachsen in den Sozialismus.“[161]

Zur Einordnung der Bucharinschen Aussage stellte er den Grundsatz auf, es gebe: *„Entweder* die marxistische Klassenkampftheorie *oder* die Theorie vom Hineinwachsen der Kapitalisten in den Sozialismus; *entweder* den unversöhnlichen Gegensatz der Klasseninteressen *oder* die Theorie der Harmonie der Klasseninteressen.“[162] Und er fragte sich: „Kann man die Verdrängung der Kapitalisten und die Vernichtung der Wurzeln des Kapitalismus betreiben ohne einen erbitterten Klassenkampf? “[163] Stalin verneinte diese Frage und klassifizierte dementsprechend Bucharins Position als eine unmarxistische Abweichung.

Zunächst etwas verwirrend in dieser Auseinandersetzung ist die Tatsache, daß es um den Klassenkampf geht und nicht um die *Formen* des Klassenkampfes. Stalin sagt nicht, Bucharin befürworte zwar den Klassenkampf, habe aber keine angemessenen, erfolgversprechenden Formen hierfür gefunden. Und folglich geht es auch nicht um die Alternative von Gewalt oder Behutsamkeit als Mittel der Politik. Stalin behauptet, daß Bucharin den Klassenkampf *überhaupt* nicht führen will, – dies, obwohl er bei Bucharin gelesen haben muß, daß das Gegenteil der Fall ist.

Wie erklärt sich diese Position?

Sie wird dadurch deutlich, daß Stalin offenbar die NEP als eine Zeit auffaßte, in der der Klassenkampf unterbrochen worden war, eine Zeit des Stillhaltens sozusagen, ohne Funktion für die Veränderung der Klassenverhältnisse. Stalin sah die friedlichen, evolutionären, an Marktverhältnissen orientierten Formen des gesellschaftlichen Zusammenlebens nicht in ihrer *Funktion für den Klassenkampf.* Das Anwachsen der sozialistischen „Elemente" wertete er daher als Stärkung einer Klasse für den *bevorstehenden* Kampf, nicht als Teil des Kampfes.

Dieser Themenbereich hat noch einen weiteren Aspekt: das Problem der Verschärfung des Klassenkampfes. Stalin ging davon aus, daß gegenüber den antagonistischen, aber relativ ruhigen sozialen Verhältnissen seit 1927 eine Verschärfung eingetreten sei. Seitdem sei es den Kulaken gelungen, das erforderliche Kapital zu sammeln, um auf dem Markt maneuvieren zu können und Getreide horten zu können.[164] Die Verschärfung werde nicht dadurch verursacht, daß „die kapitalistischen Elemente schneller wachsen, als der sozialistische Sektor und deswegen ihren Widerstand verstärken."[165] Das Umgekehrte treffe zu. Das spezifische Gewicht des Kapitalismus sinke, und gerade *deswegen* „wittern diese kapitalistischen Elemente ihre Todesgefahr und verstärken ihren Widerstand." Das Absinken der Zuwachsrate der kapitalistischen Betriebe sei nur relativ zum schnellen Wachstum des Sozialismus zu verstehen. Absolut gesehen wüchsen die kapitalistischen Elemente noch, nur langsamer. Das gebe ihnen die Kraft zum verstärkten Widerstand.

Bucharin dagegen hatte die Verschärfung der Widersprüche nicht als allgemeine Entwicklungstendenz aufgefaßt, sondern als eine vorübergehende Erscheinung, die hier und da auftaucht. Die zeitweilige Zuspitzung der sozialen Antagonismen führte Bucharin auf eine „unvorsichtige Politik", „Unbrauchbarkeit des Sowjetapparates", „mangelnde Wendigkeit der Bürokratie" usw. zurück. Diese Erscheinungen haben nach Bucharins Überzeugung eine objektive und eine subjektive Seite. *Objektiv* lassen sich die Mängel in der Staats- und Wirtschaftsverwaltung auf das niedrige Qualifikationsniveau der Gesamtgesellschaft zurückführen. *Subjektiv* liegen sie in einer Vernachlässigung der Avantgardefunktion der Partei begründet. Die Partei hätte versuchen müssen, durch verstärkte Kulturarbeit die objektiven Ursachen für die Verschärfung der Widersprüche zu beseitigen.

Für Stalin hatte die Bucharinsche Argumentation keine objektive Seite. Er bezeichnet alle in diesem Zusammenhang von ihm vorgebrachten Begründungen als „zufällig".

Die Einwände Stalins sagen über Stalin mehr aus als über Bucharin. Das gilt ebenso für die meisten anderen Beiträge über Bucharins Theorie. Der Exkurs sollte gerade diesen Aspekt am konkreten Beispiel erläutern.

Zusammenfassung

Revolution bedeutet Störung des gesellschaftlichen Gleichgewichts. Wie nun dieses Gleichgewicht auf ökonomischem, sozialem, militärischem, politischem, administrativem, pädagogischem, kulturellem etc. Gebiet nach der Revolution wiederherzustellen und dann zu reproduzieren sei, darauf wollte Bucharins Transformationstheorie eine Antwort geben.

Seine wichtigsten Thesen hierzu lassen sich wie folgt zusammenfassen:

1. Der Übergang zum Sozialismus vollzieht sich auf unterschiedliche Weise, je nachdem, in welchem Entwicklungsstadium sich die Gesellschaft und ihre Klassen gerade befinden.
2. „Der Sozialismus kann ausschließlich auf dem wachsen, was schon da ist". Deswegen sind die verschiedenen sozialisitschen Formen „in einem gewissen Sinne die Verlängerung der früheren kapitalistischen Formen in anderer Form . . ., d. h., daß die speziellen Merkmale je nach dem Lande des Kapitalismus ihren speziellen Ausdruck in den speziellen Formen der sozialistischen Produktion finden . . .".
3. Ein weiterer Grund für die Mannigfaltigkeit der Strukturen einer Übergangsgesellschaft besteht in dem unterschiedlichen Verhältnis von sozialistischen und nichtsozialistischen Wirtschaftsformen innerhalb eines Landes.
4. Nicht Grundsätze, wie z. B. der Rätegedanke, der Planungsgedanke etc. sind für die Übergangstheorie entscheidend, sondern die Bestimmung aktueller Möglichkeiten für eine proletarische Diktatur.

   Das Hauptproblem hierbei lautet: Wie werden die unterschiedlichen Wirtschaftsformen (Staatsbetriebe, kapitalistische Unternehmen, private Bauernwirtschaften, Genossenschaften etc.), Klassen und Wirtschaftsantriebe miteinander koordiniert und untergeordnet.
5. Die Neue Ökonomische Politik stellt keinen strategischen Rückzug dar, sondern einen positiven Beitrag zur sozialistischen Entwicklung der Sowjetunion.
6. Der Klassenkampf gehört zu den für die Transformationsperiode konstitutiven Widersprüchen. Er wird in der Hauptsache auf der Ebene des Marktes und mit den Mitteln der Marktkonkurrenz ausgetragen. Als Operationsfeld des Klassenkampfes eignet sich der Markt deswegen, weil hier nicht nur Repräsentanten verschiedener Wirtschaftseinheiten aufeinander treffen, sondern Repräsentanten der verschiedenen Klassen der Übergangsgesellschaft.
7. Die Bauern spielen für die gesamtwirtschaftliche Reproduktion eine überaus wichtige Rolle. Das Bündnis mit ihnen ist eine existentielle Voraussetzung für die Diktatur des Proletariats. Kollektivierungsbemühungen müssen daher mit äußerster Behutsamkeit durchgeführt werden. Sie dürfen die Effektivität der Volkswirtschaft nicht beeinträchtigen. Erst wenn die Genossenschaften soweit entwickelt sind, daß ihre Vorzüge den Einzelbauern praktische bewußt werden, wird die privatwirtschaftliche Ernährungsbasis der Übergangsgesellschaft abgeschafft werden können.

Schlußbetrachtung

Bucharin ist mit seiner Theorie und mit seiner praktischen Arbeit an der Wirklichkeit der Sowjetunion Ende der zwanziger Jahre gescheitert. Das heißt aber nicht, daß er in der historischen Literatur[1] zu den Erfolglosen der Geschichte gezählt wird.

Wo immer sich innerhalb der kommunistischen Bewegung Tendenzen herausbildeten, die von der Linie offizieller sowjetischer Ideologie und Politik abwichen, finden sich Hinweise auf Bucharin. Auf seinen Einfluß zurückgeführt werden so gegensätzlich Erscheinungen wie: die „revisionistisch-kommunistischen Strömungen von Tito, Gomulka und Imre Nagy bis zu Togliatti, Malenkow, Chruschtschow, Dubcek u. a." – einerseits, und „die chinesische Politik, wie sie dann von Mao-Tse-Tung durchgeführt wurde" – andererseits.[2]

Zutreffend an dieser Einschätzung ist sicherlich, daß neben denjenigen theoretischen Positionen Bucharins, die in die offizielle Lehre des sowjetischen Sozialismus eingegangen sind, sich auch solche finden lassen, die auf andere Länder und andere Bedingungen anwendbar sind. Allerdings sollte nicht übersehen werden, daß eine Erörterung solcher Thematik leicht die *historische* Dimension der Bucharinschen Theorie aus dem Blick verlieren kann.

Dessen Werk, so abstrakt es auch teilweise sein mag, hängt unmittelbar mit den Entwicklungsstadien der russischen Revolution und der Anfangsphase des Sowjetstaates sowie dem damaligen Diskussions- und Reflexionsstand zusammen. Alle Thesen über den Sozialismus, auch die allgemeinen, werden an einer konkreten, gegebenen Gesellschaft gewonnen.

Eine Analyse, die Bucharins Theorie aus diesen Zusammenhängen herausnimmt und auf andere Verhältnisse überträgt, läuft Gefahr, seine Theorie zu *verselbständigen.*

Deshalb sollte in dieser Arbeit die „Leistung" Bucharins nicht daran gemessen werden, welche Ideen von wem verwertet wurden, sondern daran, welche Funktion Bucharins Theorie für die Entwicklung des Sozialismus in der Sowjetunion hatte.

Bucharin konkretisierte, was Marx in der Form der Negation beschrieb: daß der Kommunismus *kein* „Ideal" sei, nach dem sich die Wirklichkeit zu richten haben werde, sondern die „wirkliche Bewegung", die den *jeweiligen* Zustand aufhebt. „Die Bedingungen dieser Bewegung", so formulierte Marx, „ergeben sich aus der jetzt bestehenden Voraussetzung." Worin diese Voraussetzungen in Rußland bestanden, war Gegenstand Bucharinscher Analyse. Darüber hinaus aber versuchte er *positive* Bestimmungen des Sozialismus zu finden. Wenn der Sozialismus schon „kein Ideal" war, was war er dann? Wenn er sich als „wirkliche Bewegung" entwickelte, worin bestand dann seine Richtung?

Auf diese Fragen sollten die verschiedenen Ansätze seiner Theorie eine Antwort geben. Bei Marx war von den „Bedingungen" gesellschaftlicher Bewegung die Rede. Bucharins Gleichgewichtstheorie versuchte diese Bedingungen zu systematisieren.

Bedingungen – das sind auch soziale und ökonomische Zwänge, Sachzwänge, deren Mißachtung zu Sanktionen führt. Die meisten oppositionellen Strömungen in der Sowjetunion waren, sofern sie sich am Aufbau des Sozialismus orientierten, an der Vernachlässigung dieser Sachzwänge zugrundegegangen. Das gilt für die „Arbeiteropposition" ebenso wie für die Kronstädter oder Leo Trockij. Das gilt nicht für Bucharin.

Er war aus anderen Gründen gescheitert, die zusammenhingen mit der Schwäche des Sozialismus in der Sowjetunion. In diesem Lande gab es keine gefestigte sozialistische Basis. Die Produktivkräfte und das Proletariat waren gleichermaßen gering entwickelt. Die Ernährung der Bevölkerung hing nach wie vor von den Profitinteressen einer privatkapitalistischen Bauernwirtschaft ab. Eine Restauration der alten Verhältnisse war bei solchen Produktionsbedingungen immer noch denkbar.

In dieser Situation wurden der sowjetische Staat und die bolschewistische Partei zum Hauptträger der sozialistischen Entwicklung. Diese beiden Institutionen des Überbaus hatten sich also ihre Basis erst zu schaffen, sie drückten sie nicht aus. Das hatte weitreichende Konsequenzen. Eine Stärkung der Partei, und das heißt: ihre Zentralisierung, konnte als Stärkung des Sozialismus interpretiert werden. Zentralismus, die Verselbständigung des Apparates, die Politik der „einsamen Entschlüsse" Stalins – dies alles lag auf der Linie, durch die Bucharin zu Fall kam.

Anmerkungen

Einleitung

1 Hierzu gehören u. a. L. Kolakowski, Der Mensch ohne Alternative. München 1961. H. Levèbvre, Probleme des Marxismus, heute. Frankfurt 1965; in der BRD erschienen neben Arbeiten von E. Block vor allem Beiträge der „Frankfurter Schule" (Adorno, Horkheimer, Marcuse etc.).
2 Vgl. die Rekonstruktion anarchistischer Theorie und deren Übertragung auf gegenwärtige Verhältnisse durch G. und D. Cohn-Bendit, Linksradikalismus, Reinbek 1968. Vgl. auch: Bergmann/Dutschke/Levèvre/Rabehl: Rebellion der Studenten, Reinbek 1968.
3 Zur Entwicklung der sozialistischen Theorien in der UdSSR H. Dahm, Die Dialektik im Wandel der Sowjetphilosophie, Köln 1963; K. Marko, Evolution wider Willen, Graz 1968, sowie ders., Dogmatismus und Emanzipation in der Sowjetunion, Stuttgart 1971.
4 Ch. Bettelheim, Ökonomischer Kalkül und Eigentumsformen, Berlin 1970.
5 Über die Ursachen hierfür nur eine Bemerkung: Sie hängen zwar nicht nur, aber sicher auch zusammen mit der gegenwärtigen Situation des Klassenkampfes in Westeuropa. Diese Situation hat dazu geführt, daß Fragen des Sozialismus nicht aufgrund einer konkreten sozialistischen Praxis erörtert werden, sondern abstrakt und unhistorisch aus „Grundsätzen" des Marxismus abgeleitet werden. Der Vorwurf des Revisionismus gegenüber der Ära nach Stalin hat hier seine praktischen Wurzeln.
6 L. Schapiro, Die Geschichte der kommunistischen Partei der Sowjetunion, Frankfurt a. M. 1961.
7 G. von Rauch, Geschichte der Sowjetunion, Stuttgart 1969.
8 A. D. Ulam, Die Bolschewiki. Köln 1967. E. H. Carr, A History of Soviet Russia, London 1951 ff. Weitere Literaturangaben: vgl. die Bibliographien der oben genannten Werke. Besonders hingewiesen werden soll in diesem Zusammenhang auf die Anfang der zwanziger Jahre edierten Werke von A. J. Rykov, M. P. Tomskij, L. D. Trockij, J. V. Stalin und G. E. Zinovev.
9 Darunter Bucharin, Theorie des historischen Materialismus; N. Bucharin / E. Preobraschenskij, ABC des Kommunismus; Bucharin, Imperialismus und Weltwirtschaft.
10 N. Bucharin, Ökonomik der Transformationsperiode, Reinbek 1970.
11 P. Knirsch, Die Ökonomischen Anschauungen Nikolaj J. Bucharins, Berlin 1959.
12 In: Labedz, Leopold, Der Revisionismus, Köln-Berlin 1965.
13 In: Bibliographische Mitteilungen des Osteuropa-Instituts an der FU Berlin, Berlin 1959.
14 S. Heitmann (Hrsg.), Put' k socializmu v Rossii, New York 1967.
15 G. Löwy, Die Weltgeschichte ist das Weltgericht, Wien 1969. Hierin werden neben vielen Einzelheiten aus Bucharins Privatleben die historischen Ereignisse nachgezeichnet, an deren Zustandekommen er in direkter oder indirekter Form beteiligt war.
16 M. Merleau-Ponty, Humanismus und Terror, Frankfurt 1966.
17 G. Katkov, The Trial of Bukharin, London 1969.
18 Vgl. u. a. R. V. Daniels, Das Gewissen der Revolution. Köln 1962.
19 Geschichte der Kommunistischen Partei der Sowjetunion (Bolschewiki), Kurzer Lehrgang. Berlin 1946; Geschichte der Kommunistischen Partei der Sowjetunion. Berlin 1960; Geschichte der ökonomischen Lehrmeinungen, (Übersetzung aus dem Russischen), Düsseldorf 1965; J. Trifonov, Očerki istorii klassovoj bor'by v SSSR v gody NEPa 1921-1937, Moskva 1960. Die hier dargestellte Position der sowjetischen Historiographie bezieht sich nur auf die Zeit nach Bucharins Abgang von der politischen Bühne. Auf die zeitgenössischen sowjetischen Bewertungen wird, soweit sie sich auf Fragen der Theoriebildung beziehen, im Text dieser Arbeit eingegangen werden.
20 So M. Fainsod, Wie Rußland regiert wird, Köln 1965, R. Conquest, Power and Policy in the USSR. London 1961, R. N. Carew Hunt, The Theory and Practice of Communism, New York 1958.

21 Zum Stand der auf die Sowjetunion bezogenen Totalitarismusforschung siehe C. J. Friedrich in: C. J. Friedrich/M. Curtis/B. R. Barber, Totalitarianism in Perspective, London 1969.
22 W. J. Lenin, Werke, Berlin 1970, insb. die Bde. 27-33.

A. Bucharins methodischer Ansatz

1 N. Bucharin, Die Politische Ökonomie des Rentners (Die Wert- und Profittheorie der österreichischen Schule), deutsch Wien-Berlin 1926, im fogenden zitiert als Bucharin, Ökonomie des Rentners.
2 Hauptaufgabe des Buches war eine Widerlegung Böhm-Bawerks, des Hauptvertreters der Grenznutzentheorie.
3 Bucharin, Ökonomie des Rentners, S. 34, vgl. auch Bucharin, Theorie des historischen Materialismus, (deutsch erschienen in Hamburg 1922) Nachfolgend zitiert als Bucharin, Materialismus, S. 108.
4 Bucharin, Ökonomie des Rentners, a. a. O., S. 34.
5 Ebenda, S. 36.
6 Ebenda, S. 37.
7 Ebenda, S. 42.
8 Bucharin, Marx' Teaching, S. 35. „Aus der Tatsache, daß Menschen Geschichte machen, folgt nicht, daß die menschliche Aktivität sich außerhalb der Kontrolle durch Gesetze vollzieht . . . Jedes Individuum wird bereits ‚sozialisiert' geboren und seine Tätigkeiten werden durch die gesamten Bedingungen seines Lebens determiniert." Andererseits dürfe Geschichte auch nicht hypostasiert werden. Bucharin beruft sich in diesem Zusammenhang auf Marx, der in der „Heiligen Familie" geschrieben habe: "History is not some kind of special personality which man makes use of to attain his ends. History is simply the activity of man persuing his ends." ebenda, S. 34.
9 Der Weltkrieg bietet Bucharin hierzu ausreichendes Anschauungsmaterial, das er zur Verbreitung des objektivistischen Ansatzes häufig benutzt. Vgl. Bucharin, Vom Sturz des Zarismus bis zum Sturz der Bourgeoisie, Berlin 1919.
10 Bucharin, Ökonomie des Rentners, S. 39.
11 K. Marx, zitiert bei H. Fleischer, Marxismus und Geschichte, 1969, S. 36.
12 K. Korsch, Marxismus und Philosophie, S. 51-121.
13 G. Lukàcs, Geschichte und Klassenbewußtsein, 1967 (Nachdruck des 1922 verfaßten Manuskriptes).
14 T. Hirai, N. Bukharin and G. Lukàcs, 1967, S. 1-16.
15 Bucharin, Materialismus, S. 69.
16 Ebenda, S. 70
17 Ebenda
18 Bucharin, Ökonomie des Rentners, S. 51. Gerade dieser Ansatz wird von Befürwortern der Konvergenztheorie, die sich überdies noch auf Bucharin berufen, übersehen. So z. B. bei A. G. Löwy, Die Weltgeschichte ist das Weltgericht, 1969, S. 7.
19 Dieser methodische Ansatz ist ein Schlüssel zum Verständnis der verschiedenen „Positionen" Bucharins, dem nachgesagt wurde, bald „links", bald „rechts" zu agieren (vgl. R. V. Daniels, Das Gewissen der Revolution, a. a. O.). „Links" und „rechts" sind solange untaugliche Kategorien, wie der Bezugspunkt, die mögliche Mitte, abstrakt bleibt. Nach der von Bucharin angebotenen Methode müßte der Bezugspunkt in diesem Falle die besondere Situation sein, in der sich die russische Gesellschaft zu dem jeweils bestimmten Zeitpunkt befand.

Als „links" und „rechts" könnte eine politische „Position" bezeichnet werden, die die spezifischen Bedingungen dieser Situation – ihre Sachzwänge – unberücksichtigt ließe. Ob solche formalen Bezeichnungen in diesem Zusammenhang sinnvoll sind, kann mit Recht bezweifelt werden, selbst wenn sie allenthalben in Gebrauch sind. Vgl. in diesem Zusammenhang Lenin, Der „linke Radikalismus", die Kinderkrankheit im Kommunismus, Ausgewählte Werke, Bd. II, Berlin 1959, S. 756.
20 Bucharin über die historischen Bedingungen des Kapitals: „Erst als auf der Grundlage der

Warenproduktion die Produktionsmittel von einer einzigen Klasse als Eigentum monopolisiert und dem Eigentum der Arbeiter, der einzigen in ihrem Besitz verbleibenden Ware, entgegengestellt wurden, erst dann entstand das eigentliche Phänomen, das man Kapital nennt." (Ökonomie des Rentners, S. 54).

21 Ebenda.

22 Bucharin, Ökonomie des Rentners, S. 59.

23 R. Ahlberg, „Dialektische Philosophie" und Gesellschaft in der Sowjetunion, Berlin 1960, S. 14.

24 Bucharin, Transformationsperiode; ders., Materialismus.

25 Z. B. G. Lukacs, N. Bucharin: Theorie des historischen Materialismus (Rezension), S. 216-224.

26 R. Ahlberg, 1960, S. 15.

27 So z. B. in: „Imperialismus und Weltwirtschaft", eine 1915 geschriebene Imperialismustheorie, die 1918 erstmals veröffentlicht wurde.

28 Bucharin, K postanovke problem teorii istoričeskogo materializma, Moskva, 1923, S. 6.

29 Z. B. O. Negt, Marxismus als Legitimationswissenschaft, Frankfurt 1969, S. 27.

30 Bucharin, Transformationsperiode, 1922, S. 160.

31 Bucharin, Materialismus, S. 70.

32 Bucharin, Transformationsperiode, S. 73.

33 Ebenda, S. 157.

34 Bucharin, Materialismus, S. 93.

35 Bucharin, Transformationsperiode, S. 158. Zur Berechtigung dieses Vorgehens vgl. Marx im Nachwort zur 2. Aufl. des „Kapitals": „Die Forschung hat den Stoff sich im Detail anzueignen, seine verschiedenen Entwicklungsformen zu analysieren und deren inneres Band aufzuspüren. Erst nachdem diese Arbeit vollbracht ist, kann die wirkliche Bewegung entsprechend dargestellt werden." MEW, Bd. 23, Berlin 1969, S. 27.

36 Bucharin, Materialismus, S. 75.

37 Ebenda.

38 Bucharin, K postanovke problem, S. 6. Vgl. hierzu G. Wetter, Der Dialektische Materialismus, Wien 1952, S. 166.

39 Bucharin, Materialismus, S. 77.

40 Ebenda.

41 Die Frage der erweiterten negativen Reproduktion hat Relevanz nicht nur für die Entwicklung einer revolutionären Situation, durch die die Fortexistenz des Systems (z. B. einer Gesellschaft) erreicht werden kann. Sie bezieht sich vielmehr auch auf die vielfach übersehene Möglichkeit eines endgültigen Unterganges. Bucharin weist auf diesen Aspekt nachdrücklich hin. Vgl. Bucharin, K postanovke problem, S. 13 f.

42 Bucharin, Materialismus, S. 80.

43 Ebenda, S. 148.

44 Ebenda, S. 99. Mit der Betonung der gesellschaftlichen Natur des Menschen wendet sich Bucharin gegen die vom Einzelmenschen ausgehenden Vertragstheorien, wie sie z. B. von J. J. Rousseau und anderen entworfen wurden.

45 Materialismus, S. 94 und 116.

46 Ebenda, S. 120 und ders., Marx' Teaching, S. 17.

47 Bucharin, Marx' Teaching, S. 38: „Das Verhältnis der Gesellschaft zur Natur ist ein aktives, praktisches Verhältnis, es ist Arbeit, Produktionsprozeß. Der soziale Mensch ist vor allem kein animal rationale, sondern ein homo faber, ein tool-making animal. Somit ist die erste Prämisse die ‚körperliche Organisation der Individuen und der damit gegebene Zusammenhang mit der Natur' ".

48 Bucharin, Materialismus, S. 120.

49 Zur Kritik, die Lenin und Stalin in diesem Zusammenhang äußerten, wird in gesonderten Abschnitten näher eingegangen werden.

50 G. Lukàcs, N. Bucharin (Rezension), S. 217 f. Zum Verhältnis Bucharin – Lukacs vgl. T. Hirai, N. Bucharin and G. Lukàcs, S. 2 - 16.

51 O. Negt, Marxismus, S. 37.

52 Vgl. R. Ahlberg, der eine Untersuchung über die „Dialektiker" und „Mechanizisten" angestellt hat und Bucharin ausdrücklich aus dem Kreis der Mechanizisten ausschließt, a. a. O., S. 123.

53 Bucharin, Materialismus, S. 148.
54 Bucharin, K postanovke problem, S. 7.
55 Bucharin, Materialismus, S. 81.
56 Ebenda, S. 238.
57 Ebenda, S. 239.
58 Bucharin, K postanovke problem, S. 12.
59 Bucharin, Marx'Teaching, S. 13, und ders., Materialismus, S. 250. Entsprechend den zuvor dargestellten Grundsätzen braucht nun nicht mehr besonders hervorgehoben zu werden, daß dies nur für einen historisch bestimmten Entwicklungsstand gilt. Bucharin hat stets die Produktionsweise des Kapitalismus vor Augen.
60 „Genau so, wie im Prozeß der materiellen Produktion die Obenstehenden (1) eine besondere Rolle in diesem Prozeß spielen, wobei (2) diese Rolle daran gebunden ist, daß in ihren Händen sich die Produktionsmittel befinden und (3) sie Kraft dieses Umstandes auch im Prozeß der Verteilung des Produktes obenstehen, – ebenso geschieht es in fast allen Zweigen der überbauenden Arbeit; . . . mit der höheren Stellung ist sozusagen Besitz von ‚geistigen Produktionsmitteln' verbunden, die das Monopoleigentum einer Klasse ausmachen." Bucharin, Materialismus, S. 250 ff.
61 Ebenda, S. 263.
62 Bucharin, K postanovke problem, S. 9.
63 Bucharin, Materialismus, S. 279 ff.
64 K. Korsch, Marxismus und Philosophie, 1925, S. 99; vgl. einen ähnlichen Gedanken Lenins, der 1902, Engels zitierend, von drei Kampfformen sprach: dem politischen, ökonomischen und theoretischen Kampf. Die Betonung der aktiven Rolle der Theorie stellt einen der entscheidenden Akzente des Buches „Was tun? " dar.
65 Bucharin, Theory and Practice, London o. J., S. 11-33.
66 Ebenda, S. 13.
67 Ebenda.
68 K. Marx, Thesen über Feuerbach, MEW, Bd. 3, Berlin 1969, S. 20.
69 Ebenda.
70 Bucharin, Theory and Practice, S. 20.
71 Ebenda, S. 24.
72 MEW, Bd. 19, 1969, S. 362 ff.
73 Bucharin, Marx' Teaching, S. 13.
74 MEW, Bd. 3, S. 46 f.
75 A. G. Löwy, Die Weltgeschichte ist das Weltgericht, Wien 1969, S. 44.
76 D.h.: die Bestimmung der Funktion einer Theorie für eine bestimmte Klasse.
77 Bucharin, Ökonomie des Rentners, S. 4.
78 Bucharin, Der Theoretiker der Revolution, Wien 1924, S. 66-71.
79 Bucharin, Lenin kak marksist, S. 259.
80 Lenin, Werke, Bd. 32, Berlin 1970, S. 84 f.
81 Ebenda, S. 83.
82 Ebenda, S. 84.
83 Ebenda.
84 Ebenda, S. 85.
85 Bucharin unterscheidet dann im Dezember 1921 – die oben zitierte Kontroverse fand um die Jahreswende 1920/21 statt – die Notwendigkeit theoretischer Reflexion entsprechend der historischen Phase, auf die sie sich bezieht: „Bei der Erforschung der abstrakten Gesetze des kapitalistischen Mechanismus brauchte man nicht bei den Molekularbewegungen innerhalb der Klassen und der Differenziertheit dieser realen Gesamtheit zu verweilen. Dort wurden sie angenommen als eine Größe, die mehr oder weniger einheitlich ist. Die Übertragung dieser Anschauung – die im Rahmen der abstrakt-theoretischen Analyse des ‚reinen Kapitalismus' vollkommen richtig ist – auf die Analyse der Übergangszeit mit ihren äußerst fließenden Formen, mit ihrer sozusagen prinzipiellen Dynamik, würde den gröbsten methodologischen Fehler bedeuten." Bucharin, Transformationsperiode, S. 152.
86 Gemeint ist die Revolutionstheorie mit der These, Rußland könne – als schwächstes Glied in der Reihe der imperialistischen Staaten – zu einem Initialfunken werden.

B. Imperialismustheorie

1 Eine allgem. Bibliographie des Imperialismus ist zu finden in H. U. Wehler (Hrsg), Imperialismus, Köln-Berlin 1970.
2 Bucharin, Imperialismus und Weltwirtschaft, Wien-Berlin 1929, Nachdruck Frankfurt 1969.
3 Bucharin, k teorii imperialističeskogo gosudarstva, in: Revoljucija prava, Moskva 1925, S. 532. Diese Arbeit erschien in diesem Jahr zum ersten Male in Rußland.
4 Z.B. A.G. Löwy, Die Weltgeschichte ist das Weltgericht, 1969, S. 62 f. L. Schapiro, The Communist Party of the Soviet Union, New York 1964, S. 149 f. R.N. Carew Hunt, Marxism Past and Present, London 1954, S. 113 f.
5 Bucharin, Imperializm i nakoplenie kapitala. Moskva, 1925; die deutsche Übersetzung erschien 1926.
6 R. Luxemburg, Die Akkumulation des Kapitals. Ein Beitrag zur ökonomischen Erklärung des Imperialismus, (Berlin 1913), Frankfurt 1966.
Bucharins Kritik bezieht sich auf R. Luxemburgs Deutung der Marxschen Akkumulationsschemata. Es ging um das Verhältnis der Reproduktion von Produktionsmitteln zur Reproduktion von Konsumtionsmitteln. Nach Bucharin vernachlässigte R. Luxemburg die Tatsache, daß die Investitionsgüterindustrie Produktionsmittel nicht nur für den Bedarf der Konsumtionsgüterindustrie erzeugt, sondern auch für ihren eigenen Erweiterungsbedarf.
In einer Wirtschaft mit starker Ausdehnung der Produktionsmittelerzeugung besteht das Problem darin, wie das *Angebot von Konsumwaren* ausreichen soll, um die bei der Erzeugung von Produktionsmitteln entstandenen Lohneinkommen abzudecken.
Luxemburg, die die teilweise Unabhängigkeit der Produktion von Produktionsmitteln gegenüber der Produktion von Konsumtionsmitteln nicht in ihre Theorie einbezog, konnte daher das Problem des Kaufkraftüberhanges nicht erkennen. Die Frage, die sie stattdessen zu beantworten suchte, nämlich: woher die Kaufkraft für das *gleichzeitige* Angebot an Konsumgütern kommen könne, ist aus diesem Grunde irrelevant. Zur hier skizzierten Argumentation vgl. N. Bucharin, Imperialismus und die Akkumulation des Kapitals, S. 20 ff.
7 W.I. Lenin, Hefte zum Imperialismus, Berlin 1957. Die „Hefte“ enthalten Exzerpte und Notizen Lenins, die in der zweiten Hälfte des Jahres 1915 geschrieben wurden.
8 W.I. Lenin, Der Imperialismus als höchstes Stadium des Kapitalismus, Ausgewählte Werke, Bd. I, Berlin 1970, S. 763 – 873.
9 Knirsch und Löwy heben hervor, daß Lenin den parasitären Charakter des Imperialismus stärker betont habe, während für Bucharin der Krieg die wichtigste Rolle spielt. Vgl.: P. Knirsch, Die ökonomischen Anschauungen N. J. Bucharins, S. 131 und A.G. Löwy, Die Weltgeschichte ist das Weltgericht, S. 54. Die Bemerkungen über die wichtige Funktion des Krieges in Bucharins Theorie treffen zu. Was den Parasitismus der kapitalistischen Entwicklung in seiner „letzten Phase“ angeht, so hat nicht nur Lenin, sondern auch Bucharin diesen Aspekt weitgehend behandelt. Vgl. Bucharin, Ökonomie des Rentners, S. 22 ff. Der Begriff des „Rentnerstaates“ oder „Wucherstaates“ (Gosudarstvorostovščik) wird seitdem in der Literatur über den Imperialismus allgemein gebräuchlich. Zur kulturellen Seite des Zerfalls vgl. Bucharin, O mirovoj revoljucii, našej strane kulture i pročem, S. 171 – 215, insbesonders S. 195 f.
10 N. Bucharin, Vorwort vom November 1917 zu: Imperialismus und Weltwirtschaft, S. 14.
11 N. Bucharin, Lenin kak marksist, S. 245 f.
12 A. G. Meyer, Lenins Imperialismustheorie, 1970, S. 127.
13 N. Bucharin, Imperialismus und Weltwirtschaft, S. 69.
14 Karl Marx, Das Kapital, MEW Bd. 23, Berlin 1969, S. 653.
15 Bucharin, Imperialismus und Weltwirtschaft, S. 132.
16 Ebenda, S. 132.
17 Ebenda, S. 117.
18 Bucharin, Imperialismus und Weltwirtschaft, S. 119.
19 Bucharin, Transformationsperiode, S. 12.
20 Ebenda.

21 Bucharin, Die kapitalistische Stabilisierung und die proletarische Revolution. Bericht an das III. erweiterte Plenum des Exekutivkomitees der Komintern zum 1. Punkt der Tagesordnung: „Die Weltlage und die Aufgaben der Komintern". Moskau 1926, S. 38 f.
22 Bucharin, Transformationsperiode, S. 111.
23 Friedrich Engels, Der Ursprung der Familie, des Privateigentums und des Staates, in: Marx/ Engels, Ausgewählte Schriften, Bd. II, Berlin 1966, S. 295.
24 Bucharin, Imperialismus und Weltwirtschaft, S. 140.
25 Bucharin, Imperialismus und Weltwirtschaft, S. 177. Diese beiden Hauptmerkmale einer kapitalistischen Gesellschaft: die Warenwirtschaft und der Klassenantagonismus werden in der aktuellen Auseinandersetzung über die Natur des Kapitalismus häufig bagatellisiert. So stellvertretend für sehr viele andere Autoren: N. Leser, Die Odyssee des Marxismus, Wien 1971. Lesers in diesem Zusammenhang relevante These lautet: „Wer die dem Kapitalismus aufgezwungenen Veränderungen für so wesentlich hält, daß sie an sein Wesen rühren, wird keine Scheu vor der Konsequenz haben, auch den Sozialismus . . . neu zu bestimmen." – Die hier erwähnte Veränderung besteht darin, „daß wir es nicht mehr mit dem Kapitalismus zu tun haben, der eine revolutionäre sozialistische Totalalternative erfordert, sondern mit einem Kapitalismus, der den Weg für Reformen nicht nur freigibt, sondern ihn auch als vernünftiger und zielführender erscheinen läßt." (S. 304)
26 Bucharin hat sich hierüber im Rahmen der Debatte über den „Ultraimperialismus" ausgelassen. Das war eine von Kautsky entworfene Theorie, die die Monopolisierungstendenz des Kapitals zu Ende dachte. Bucharins Einwand bezog sich darauf, daß Kautsky die Folgeerscheinung, die erweiterte Reproduktion gesellschaftlicher Widersprüche, nicht berücksichtigte.
27 Bucharin, Imperialismus und Weltwirtschaft, a.a.O., S. 182.
28 Bucharin, Materialismus, S. 346.
29 Bucharin, Materialismus, S. 346.
30 Ebenda.
31 Bucharin, Transformationsperiode, S. 45.
32 Bucharin, Imperialismus und Weltwirtschaft, S. 179.
33 Ebenda.
34 Ebenda; zur Frage der Staatsform vgl. H. Kelsen, Sozialismus und Staat, Wien 1965.
35 Bucharin, Imperialismus und Weltwirtschaft, S. 179.

C. Revolutionstheorie

1 Vgl. Th. Geiger, Stichwort „Revolution", in: Handwörterbuch der Soziologie, hg. A. Vierkandt, 1959, S. 511-518; F. Marek, Philosophie der Weltrevolution, 1966.
2 Bucharin, Buržuaznaja revoljucija i revoljucija proletarskaja, S. 217.
3 So z. B. in Bucharin, Karl Kautsky und Sowjetrußland, 1925.
4 Bucharin, Buržuaznaja revoljucija, S. 218.
5 Ebenda.
6 Ebenda.
7 Vgl. auch Bucharin: Die eiserne Kohorte der Revolution, S. 732: „Die Arbeiterklasse kann im Rahmen des Kapitalismus nicht so erstarken, daß sie gänzlich reif zur Leitung der Gesellschaft wäre." Siehe auch Bucharins Rede vor den Delegierten der 4. Komintern, Protokoll des Vierten Kongresses der Kommunistischen Internationale, 1922, Hamburg 1923, S. 415.
8 Bucharin, Buržuaznaja revoljucija, S. 220.
9 Bucharin, Buržuaznaja revoljucija, S. 223.
10 Bucharin, Buržuaznaja revoljucija, S. 222.
11 Bei der die Störung des Weltgleichgewichts die entscheidende Rolle spielt.
12 Die von der relativen Stabilität des Kapitalismus und der mangelnden Einheitlichkeit der Arbeiterklasse ausgeht. Siehe auch weiter unten.

13 Bucharin, Buržuaznaja revoljucija, S. 217.
14 Bucharin, Materialismus, S. 362.
15 Bucharin, Buržuaznaja revoljucija, S. 240; vgl. auch derselbe, Lenin kak marksist, S. 256/257.
16 Über die Selbstorganisation des Proletariats und die „Fremdbestimmung" der Arbeiter durch eine Partei ist viel geschrieben worden. Es ist hier nicht der Ort, sich mit den kontroversen Ausführungen der verschiedenen Autoren zu diesem Thema auseinanderzusetzen. Stattdessen soll auf die Theorie Lenins zur „Spontaneität der Massen und Bewußtheit der Sozialdemokratie" verwiesen werden, die auch Bucharins Erörterungen zugrunde lag. Das „spontane Element", so heißt es bei Lenin, „stellt eigentlich nichts anderes dar als die *Keimform* der Bewußtheit". Dementsprechend bezeichnet er die systematischen Streiks, die in den zwanziger Jahren durchgeführt wurden, als „Keimformen des Klassenkampfes." Immerhin: Spontaneität als Keimform revolutionärer Veränderung – dies zeigt, daß Lenin die unorganisierten Aktionen der Arbeitermassen keineswegs unterschätzte. Dasselbe gilt für die Rolle des „Trade-Unionismus". Der Einwand, Lenin habe der Arbeiterschaft ein sozialdemokratisches Bewußtsein nicht zugetraut, ist an dieser Stelle irrelevant. Hier geht es um die Spontaneität und den Gewerkschaftskampf als *Voraussetzung* proletarischer Selbstorganisation. Vgl. W. J. Lenin, Ausgewählte Werke, Bd. I, Berlin 1970, S. 166.
17 Diese Definition berücksichtigt, daß nicht die physische Verschiedenheit der Dinge, mit denen z.B. die Kapitalisten umgehen, von Belang ist, sondern deren Position im Produktionsprozeß. Eigentümer eines Bergwerks oder einer Korsettfabrik gehören zur selben Klasse. Ebenso bilden Textil- und Metallarbeiter *eine* Klasse, da sie in bezug auf die anderen Personen (Ingenieure, Kapitalisten) sich in *gleichen* Verhältnissen befinden.
18 Bucharin, Materialismus, S. 323/24.
19 Ebenda, S. 325/26.
20 Bucharin: Transformationsperiode, S. 47; N. Bucharin, Technika i ekonomika sovremennogo kapitalizma, 1932, S. 65.
21 Karl Korsch charakterisierte den hier entwickelten Klassenbegriff als den („durch die scholastische, undialektische Denkweise Bucharins nur etwas zu sehr schematisierten") „materialistisch-dialektischen Klassenbegriff von Marx und Engels selbst". Korsch verteidigte mit diesem Satz Bucharin gegen Kautsky, der in seinem Buch „Die materialistische Geschichtsauffassung" (Bd. II: Der Start und die Entwicklung der Menschheit, Berlin 1925, S. 7 f. und S. 10 f.) behauptet hatte, Bucharin hätte mit seiner Klassendefinition den Klassengegensatz verewigt. Denn die Verschiedenheiten in der Stellung der am Produktionsprozeß beteiligten Menschen, insbesondere der Gegensatz zwischen den „höheren Befehlshabern und Lenkern der Schicksale des Produktionsprozesses und den die Anordnung dieser Leitung befolgenden Arbeiter" – so Kautsky – würde es auch in einer sozialistischen Gesellschaft geben. Korsch argumentierte hiergegen, daß „Klassenunterschiede auf die zwischen den verschiedenen Beteiligten im materiellen Produktionsprozeß . . . begründeten Beziehungen" zurückzuführen seien und bestätigte damit Bucharins Definition. Vgl. Karl Korsch, Die materialistische Geschichtsauffassung, S. 261 f.
22 Bucharin, Materialismus, S. 335.
23 Ebenda.
24 Bucharin, Materialismus, S. 338/39.
25 Bucharin, Über die Bauernfrage, Hamburg 1925, S. 38.
26 Bucharin, Materialismus, S. 340.
27 Bucharin, Materialismus, S. 340.
28 Bucharin, Anarchismus und wissenschaftlicher Kommunismus, (1. Aufl. 1918).
29 H. Marcuse, Die Gesellschaftslehre des sowjetischen Marxismus, 1964, S. 48 f.; W. Hofmann, Stalinismus und Antikommunismus, S. 31 ff.
30 Bucharin, Leninizm i problema kul'turnoj revoljucii, S. 360 f.
31 Die nicht ausgebeutete Bourgeoisie dagegen konnte bereits im Rahmen des Feudalismus kulturell höher stehen als die Klasse, die sie später stürzte. So sei in der bürgerlichen Kultur die scholastische spekulative Philosophie durch das Prinzip der naturwissenschaftlichen Erfahrung, der Dogmatismus der feudal gebundenen Gesellschaft durch den Kritizismus des „denkenden Individuums" ersetzt worden. Vgl. N. Bucharin, Proletarische Revolution und Kultur, Hamburg 1923.
32 Bucharin, Buržuaznaja revoljucija, S. 227.

33 Bucharin, Buržuaznaja revoljucija, S. 230.
34 Ebenda.
35 Ebenda, S. 232.
36 Eine historische Begründung für die Rolle der Intelligenz gab Lenin 1902 in seiner Abhandlung „Was tun?" Darin heißt es (Ausgewählte Werke, Bd. I, Berlin 1970, S. 166 f): „Die Lehre des Sozialismus ist . . . aus den philosophischen, historischen und ökonomischen Theorien hervorgegangen, die von den gebildeten Vertretern der besitzenden Klassen, der Intelligenz, ausgearbeitet wurden. Auch die Begründer des modernen wissenschaftlichen Sozialismus, Marx und Engels, gehörten ihrer sozialen Stellung nach der bürgerlichen Intelligenz an. Ebenso entstand auch in Rußland die theoretische Lehre der Sozialdemokratie ganz unabhängig von dem spontanen Anwachsen der Arbeiterbewegung, entstand als natürliches und unvermeidliches Ergebnis der ideologischen Entwicklung der revolutionären Intelligenz."
37 Bucharin, Die Partei der Arbeiterklasse, S. 795.
38 Bucharin, Die Partei der Arbeiterklasse, S. 795.
39 Ebenda, S. 796.
40 Dieser Ausgangspunkt der Analyse: daß der organisatorischen Selbständigkeit der Partei objektive Unterschiede der Schichtung in der Arbeiterklasse selbst entsprechen, kann leicht zu Fehldeutungen Anlaß geben. Daher sei an dieser Stelle betont, daß gemäß der Bucharinschen Theorie diese Schichtungen keineswegs auf nur ähnlich weitgehenden Differenzen beruhen wie die, die für die Unterscheidung der Klassen (s. o.) bestimmend sind.
41 Bucharin, Die Partei der Arbeiterklasse, S. 797.
42 vgl. hierzu: N. Bucharin, Leninizm i problema kul'turnoj revolj'ucii, S. 363.
43 Bucharin, Programm der Kommunisten (Bolschewiki), 1918, S. 11.
44 Bucharin, Transformationsperiode, S. 57.
45 Vgl. z. B. Bucharin, Die Diktatur des Proletariats in Rußland und die Weltrevolution, 1919, S. 74-85.
46 P. Knirsch interpretiert den hier dargestellten Revolutionsaspekt als Widerspruch zu Bucharins „sonstigem Denken", in dem der Zusammenbruch des Kapitalismus als eine *zwangsläufige* Erscheinung entwickelt werde. Es liege nicht „auf der Linie von Bucharins sonstiger Beweisführung", wenn „er jetzt auf einmal auf die übergroß werdende Unzufriedenheit der Arbeiter" zurückgreife. Dabei biete seine Imperialismustheorie – so Knirsch – „genügend Ansatzpunkte, den Untergang des Systems durch die weltwirtschaftliche Anarchie, durch eine Selbstzerfleischung der „Staatstrusts' zu behaupten." Vgl. P. Knirsch, Die ökonomischen Anschauungen Nikolaj I Bucharins, S. 34.
47 Bucharin, Transformationsperiode, S. 16.
48 Ebenda.
49 Bucharin, Materialismus, S. 300.
50 Bucharin, Transformationsperiode, S. 74.
51 Bucharin, Materialismus, S. 299.
52 Bucharin, Transformationsperiode, S. 186.
53 Ebenda, S. 131, vgl. auch Bucharin, Imperialismus und Weltwirtschaft, S. 143, wo der Staat als „geschäftsführender Ausschuß der herrschenden Klasse" bezeichnet wird.
54 Bucharin, Transformationsperiode, S. 187.
55 Bucharin, Transformationsperiode, S. 195.
56 Ebenda, S. 184.
57 Ebenda.
58 Eine Revolution, die den Zerfall des kapitalistischen Systems besiegelt, ist nicht allein durch die Tatsache des Sieges als sozialistische gekennzeichnet. Die Unterschiede ergeben sich aus den verschiedenen Umständen des Sieges und diese wiederum aus dem Entwicklungsstand der Produktivkräfte.
59 Darüber herrschte in den ersten Jahren nach der Revolution allgemeines Einverständnis. Auch Bucharin vertrat die Auffassung, so beispielsweise im März 1918 vor dem 7. Parteitag: „Bereits zu Beginn der Revolution haben wir gesagt, daß die russische Revolution entweder von der internationalen Revolution gerettet wird oder unter den Schlägen des internationalen Kapitals zusammenbricht." In: Sed'moj ekstrennyj s'ezd RKP (b), Mart 1918 goda, S. 24.
60 Lenin, Werke, Berlin 1961-65, Bd. 23, S. 384 ff., vgl. E. Fischer/F. Marek, Was Lenin wirklich sagte, Wien-München-Zürich, 1969, S. 49.

61 Lenin, Band 9, S. 44; E. Fischer, S. Marek, S. 40.
62 Bucharin, Transformationsperiode, a.a.O., S. 193-194. Auch zum folgenden Zitat.
63 gesperrt vom Verfasser.
64 Bucharin, Transformationsperiode, S. 191.
65 R. Löwenthal, World Communism, Oxford 1966; W. Laqueur, L. Labedz (Hrsg.), The Soviet Revolution 1917 - 1967.
66 Bucharin, Transformationsperiode, S. 191.
67 Bucharin, Transformationsperiode, S. 195.
68 Bucharin, Programm der Kommunisten, S. 21.
69 So spricht Bucharin in der „Theorie des historischen Materialismus", S. 362, davon, „daß der Übergang von einem Klassensystem zu einem anderen sich durch den erbitterten Kampf der Klassen vollzieht."
70 Marx/Engels, Die deutsche Ideologie: „Der Kommunismus ist für uns nicht ein *Zustand*, der hergestellt werden soll, ein *Ideal*, wonach sich die Wirklichkeit zu richten haben (wird). Wir nennen Kommunismus die *wirkliche* Bewegung, welche den jetzigen Zustand aufhebt. Die Bedingungen dieser Bewegung ergeben sich aus der jetzt bestehenden Voraussetzung." MEW, Bd. 3, S. 35. Vgl. auch E. Oberländer, Der Kommunismus als Zielvorstellung von Marx bis zur Gegenwart, S. 19-40.
71 Bucharin, Rede auf dem 7. außerordentlichen Parteitag der RKP (b) in: Sed'moj ekstrennyj s'ezd RKP (b), S. 151-152.
72 Ebenda.
73 ausgenommen: Lenin, Staat und Revolution, (1. Aufl. 1917) Ausgewählte Werke, Bd. II, Berlin 1959, S. 158-253.
74 Lenin, in: Sed'moj ekstrennyi s'ezd RKP (b), S. 161.
75 Ebenda.
76 G. Lukàčs, Geschichte und Klassenbewußtsein, S. 304.
77 Vgl. hierzu beispielweise Bucharins Bericht an die 8. Parteikonferenz vom Dez. 1918 über die Parteiarbeit auf dem Lande, in: Vos'maja konferencija RKP (b), dekabr' 1919, Protokoly, Moskva 1961, S. 156 ff.
78 Bucharin, Programm der Kommunisten, S. 14.
79 Bucharin, E. Preobraschenskij, ABC des Kommunismus, S. 58. Hier heißt es einschränkend: „Aber das muß im vorhinein, *wenn auch nur annähernd*, ausgerechnet sein."
80 Bucharin, Programm der Kommunisten, S. 14.
81 Bucharin, E. Preobraschenskij, Das ABC des Kommunismus, S. 60.
82 Von den vielen Autoren, die sich mit Fragen des Marxismus beschäftigen und die diesen Gesichtspunkt völlig unberücksichtigt lassen, sei der an den Schulen besonders verbreitete H. Ingensand, Die Ideologie des Sowjetkommunismus, Hannover 1962, genannt.
83 Bucharin, E. Preobraschenskij, Das ABC des Kommunismus, S. 14.
84 Ebenda, S. 17.
85 Bucharin, Programm der Kommunisten, S. 17.
86 Bucharin, E. Preobraschenskij, Das ABC des Kommunismus, S. 57.
87 Ebenda, S. 15.
88 H. Marcuse, Die Gesellschaftslehre des sowjetischen Marxismus, S. 141.
89 Bucharin, E. Preobraschenskij, Das ABC des Kommunismus, S. 61.
90 R. Michels, Zur Soziologie des Parteiwesens in der modernen Demokratie, (1910).
91 Diese These hat Aktualität gewonnen durch Milovan Djilas, Die neue Klasse, München 1957.
92 Vgl. K. F. Schumann, Zeichen der Unfreiheit, Freiburg 1968.
93 N. Bucharin, Materialismus.
94 N. Bucharin, Materialismus, a. a. O., S. 365.
95 Bucharin, Buržuaznaja revoljucija, S. 239. Mareckij erwähnt in diesem Zusammenhang, wenn auch in Klammern, daß Bucharin der erste gewesen sei, der „das Problem einer möglichen Entartung der proletarischen Diktatur aufgeworfen hat". D. P. Mareckij, Bucharin, N. J., in: Bol'šaja sovetskaja enciklopedija, Moskva 1927, tom VIII, S. 271 - 284, hier S. 283.

D. Die Transformationstheorie

1 Vgl. I. Deutscher: Stalin, Stuttgart 1951, S. 314 und L. Lawton: An economic history of Soviet Russia, vol. II, London o. J., S. 369, die Bucharin als den Begründer der These vom „Sozialismus in einem Lande" ansehen.

2 Dennoch bekannte sich Bucharin auch in der Mitte der zwanziger Jahre zur revolutionären Funktion agitatorischer Theorien und Programme. Auf dem 5. Kongreß der Komintern stellte er diesen Gedanken gegenüber den pragmatischen Einwänden deutlich heraus: „Es wurde die Frage der Sozialisierung aufgeworfen. Brandler hat uns hier auch erklärt, wir wollten Zeit gewinnen, vorbereiten, deswegen haben wir solche Experimente nicht gemacht. Genossen, gerade mit solchen Experimenten bereitet man die siegreiche Revolution vor, die die Arbeiterklasse in Bewegung setzen." Die Losung der Sozialisierung aber hatte, nach Bucharins Überzeugung, eine solche mobilisierende Wirkung (Zitat: Protokoll des 5. Kongresses der Kommunistischen Internationale, S. 277).

3 Bucharin hat das Nachlassen des Schwunges selbst angedeutet. Ende 1920 schrieb er in der „Kommunistischen Internationale": „Die Revolution kann nur als Weltrevolution siegen. Das haben wir tausendmal wiederholt. Jede Möglichkeit, den Kapitalismus in anderen Ländern zu Fall zu bringen, ist daher eine revolutionäre Notwendigkeit. Durch eine Verschleppung des ganzen Prozesses werden die kampfmüden Massen noch tausendmal mehr gequält." (Bucharin: Über die Offensivtaktik, S. 71.)

4 Vgl. R. Lorenz, Anfänge der bolschewistischen Industriepolitik. Köln 1963, S. 14.

5 Lenin, Über die heutige Wirtschaft Rußlands, Werke, Bd. 32, Berlin 1970, S. 343.

6 Lenin, Über die Naturalsteuer, S. 351.

7 Lenin, Über die Naturalsteuer, S. 351.

8 M. Dobb, Russian Economic Development since the Revolution, London 1927, S. 31 - 35.

9 Vgl. S. N. Prokopovicz, Rußlands Volkswirtschaft unter den Sowjets, Zürich 1944.

10 N. Bucharin, Tranformationsperiode, S. 129 f.

11 Entnommen der Darstellung von Lorenz, Anfänge der bolschewistischen Industriepolitik, S. 101 ff. Der Widerspruch gegen das ursprüngliche Parteiprogramm war durchaus beidseitig. Lorenz: „Wie die Arbeiter nicht bereit waren, sich mit einer bloßen Kontrolle über den kapitalistischen Betrieb zu begnügen, waren umgekehrt die Unternehmer und leitenden Angestellten in der Regel nicht willens, sich den Arbeitern zu unterwerfen." (S. 202)

12 Am 28. 6. 1918 erließ der Rat der Volkskommissare ein Dekret über die allgemeine Nationalisierung, wonach alle Industriebetriebe mit einem Kapital von mehr als einer Million in Staatseigentum überführt werden sollten. Dieser Termin bezeichnet den Beginn des Kriegskommunismus.

13 N. Bucharin, Transformationsperiode, S. 131.

14 Ebenda, sowie Bucharin, Über die Offensivtaktik, S. 69.

15 Vgl. Lukàcs, der in seinem 1919 geschriebenen Aufsatz „Was ist orthodoxer Marxismus? " entwickelte, daß die dialektische Totalitätsbetrachtung als einzige Methode deswegen „die Wirklichkeit als gesellschaftliches Geschehen" zu begreifen im Stande sei, weil sie einen Gegenstand „aus der Funktion in der *bestimmten* Totalität, in der er fungiert", erkenne und unterscheide (S. 27).

16 Sed'moj Ekstrennyj s'ezd RKP (b), im folgenden zitiert als: VII. Parteitag. Dieser Parteitag war wichtig nicht nur für die Regelung der außenpolitischen Konflikte (mit Deutschland), sondern auch deshalb, weil es der erste Parteitag nach der Revolution war und der Neubestimmung der kommunistischen Theorie und Praxis diente.

17 Zum Anwachsen der Mitgliederzahlen: siehe Otčet sekretariata za vremja s VI s'ezda (avgust 1917 g.) po fevral' 1918 g. in: VII. Parteitag, S. 238/239.

18 Ebenda, S. 106.

19 In der Adresse der „linken Kommunisten" vom 7. Parteitag, die von N. Bucharin, G. Oppokov (A. Lonov), M. Krizkij, A. Bibnov unterschrieben war und die in der oppositionellen Zeitung „Kommunist" Nr. 2, vom 6. 3. 1918 unter der Überschrift „Ko vsem členam partij" veröffentlicht wurde, wurde besonders der Einfluß der „deklassierten Soldaten auf den Kurswechsel

der Partei hervorgehoben. Der Artikel ist abgedruckt in: VII. Parteitag, Priloženija, S. 291. Zur Gruppe der „linken Kommunisten" gehörten u. a. so prominente Parteimitglieder wie die Leningefährtin Inessa Armand und V. Kuybyšev.
20 VII. Parteitag, S. 37.
21 VII. Parteitag, S. 17.
22 Daniels stellt sich nur vermeintlich auf den Standpunkt der Revolution, wenn er behauptet: die Perspektive der Linken und der Opposition gegen die am bloßen Überleben interessierten Repräsentanten der Sowjetmacht bewahre die demokratischen Werte des Sozialismus. R. V. Daniels, Das Gewissen der Revolution, S. 458 ff. In Wirklichkeit hatte Lenin lediglich über die revolutionären Fernziele die Nahziele und deren Praxis nicht vergessen. Ohnehin widerspricht die abstrakte Wertung, gemessen an allgemeinen, aber unhistorischen Maßstäben, dem dialektischen Charakter des Marxismus. Vgl. das Kapitel A dieser Arbeit.
23 VII. Parteitag, S. 28.
24 VII. Parteitag, S. 38.
25 VII. Parteitag, S. 38.
26 Bucharin ging von der Aggressivität der Imperialisten *als einem Faktum* aus und wollte sich den Folgen nicht tatenlos stellen, sondern ihnen aktiv begegnen. Lenin ging ebenfalls von der Aggressivität aus, spekulierte aber auf eine *Atempause* durch einen Friedensvertrag. Sie sollte der Reorganisation der russischen Armee dienen. Eine solche Atempause konnte aber nur dann real sein, wenn die Regierung des Deutschen Reiches zumindest eine bestimmte zeitlang Vertragstreue für wichtiger hielt als die Durchsetzung ihrer auf Expansion abzielenden Interessen.

Lenin machte die Vertragstreue zur Voraussetzung seiner Überlegungen. Bucharin hielt dagegen den imperialistischen „Appetit" für größer. Die Argumente, mit denen beide ihre unterschiedliche Einschätzung begründeten, beschäftigen sich weniger mit diesen unterschiedlichen Einschätzungen als vielmehr mit dem Vorwurf: einerseits, die Revolution zu stoppen, die Rolle der Partei als Avantgarde zu vernachlässigen (Bucharin), andererseits, sich mit Phrasen zu umgeben (Lenin).
27 VII. Parteitag, S. 108.
28 Vgl. Desjatyj s'ezd RKP (b), Mart 1921 goda, S. 324, im folgenden zitiert als: X. Parteitag.
29 Vgl. M. Fainsod, Wie Rußland regiert wird, Köln 1965, S. 106 f.
30 Hierzu: Organizacionnij otčet ZK, in: Vos'maja konferencija RKP (b), dekabr' 1919 goda, S. 220 f., im folgenden zitiert als: 8. Parteikonferenz.
31 8. Parteikonferenz, S. 158.
32 Ebenda.
33 8. Parteikonferenz, S. 159.
34 8. Parteikonferenz, S. 160.
35 Vgl. Vorwort des „Instituts des Marxismus-Leninismus beim ZK der KPdSU", zu: X. Parteitag, S. VI.
36 Lenin, Rede auf der 14. Sitzung des X. Parteitages, S. 411.
37 So z. B. R. V. Daniels, Das Gewissen der Revolution, S. 178 f und S. 460 f.
38 X. Parteitag, S. 550.
39 S. L. Dmitrenko, X s'ezd RKP (b) o edinstve partij, 1971, S. 27 - 44.
40 X. Parteitag, S. 573.
41 Voprosy partijnogo stroitel'stva, in: X. Parteitag, Materialy s'ezda, S. 644.
42 X. Parteitag, S. 219.
43 X. Parteitag, a. a. O., S. 646.
44 Das Prinzip, Posten auf dem Wege von Ernennungen zu besetzen.
45 X. Parteitag, S. 231.
46 Ebenda, S. 222.
47 Mit „Demokratismus" sind vor allem zwei konkrete politische Prinzipien gemeint: Öffentlichkeit und Wählbarkeit. Alle anderen Grundsätze der Demokratie wie die Freiheitsrechte, Rechtsstaatlichkeit etc. werden von diesem Begriff nicht erfaßt.
48 X. Parteitag, S. 223.
49 Ebenda.
50 Gerade diese beiden Bedingungen einer proletarischen Demokratie seien Bucharins damaligen

Opponenten, den Vertretern der Gruppe „demokratisches Zentrum" und „Arbeiteropposition" entgangen. Bucharin kam zu der Wertung, daß die Vertreter der „Arbeiteropposition" die Arbeiterdemokratie für die „ursprüngliche Form unserer Parteiorganisation" ansahen und daß sie, „selbst wenn die Geschichte der Partei rein militärische Aufgaben stellte, dennoch diese Form für die prinzipiell richtigste" hielten. (Vgl. X. Parteitag, S. 218). Der Delegierte Rafail vom „Demokratischen Zentrum" behauptete beispielsweise, daß „wir sogar während der allerschlimmsten Zeit gezwungen waren, den Weg der Arbeiterdemokratie innerhalb unserer Partei einzuschlagen." (Vgl. X. Parteitag, S. 273/274).

51 Im folgenden zitiert aus Bucharin: Anarchismus und wissenschaftlicher Kommunismus, S. 772 ff.

52 Bucharin, Programm der Kommunisten (Bolschewiki), S. 16 f.

53 Bucharin, Transformationsperiode, S. 134.

54 Bucharin, Transformationsperiode, S. 140; in seinem Aufsatz „Über die Offensivtaktik" vom Winter 1920 begründete Bucharin ausführlich die revolutionären Entwicklungsstadien der Bourgeoisie: „ Die Bourgeoisie begann mit einem *Aufstand* gegen die Feudalherrschaft. Danach organisierte sie ihre *Diktatur* gegen den Landadel, hieb erbarmungslos auf dessen Schädel ein, kämpfte mit allen ihr zu Gebote stehenden Mitteln gegen die Verschwörungen, die gegenrevolutionären Aufstände usw." Bucharin verfolgt hier die Etappen der bürgerlichen Gesellschaft unter dem Gesichtspunkt ihres Kampfes mit anderen Klassen. Solange dieser Kampf Angriff gegen die alten Klassen bedeutete, hatte er revolutionäre Funktion und konnte auch dem Proletariat als Lehrstück dienen. (S. 67).

55 Bucharin, Transformationsperiode, S. 140.

56 O. Anweiler, Die Rätebewegung in Rußland 1905-1921, Leiden 1958, S. 277.

57 N. Bucharin, Transformationsperiode, S. 141.

58 Formen und Auswirkungen der Destruktivität werden ausführlich behandelt in: E. H. Carr, The Bolshevik Revolution 1917 - 1923, Bd. II, London 1952, S. 394 - 397.

59 Eine solche Ordnung, in der Demokratie unter Berücksichtigung der Erfordernisse der Produktion (Fachkompetenz tendiert zur Hierarchie) praktiziert werden soll, nennt Bucharin während der Gewerkschaftskontroverse „Produktionsdemokratie".

60 Bucharin, Transformationsperiode, S. 142.

61 Bucharin, Ökonomik der Transformationsperiode, a. a. O., S. 144.

62 Bucharin, Dies ist der letzte entscheidende Kampf, S. 102.

63 Bucharin, Transformationsperiode, S. 147.

64 Bucharin, Unsere Lage an der Arbeitsfront, S. 106, derselbe, Feiertag oder Werktag, S. 63 f.

65 Vgl. z. B. R. Luxemburg, Organisationsfragen der russischen Sozialdemokraten, 1904, abgedruckt in: R. Luxemburg, Schriften zur Theorie der Spontaneität, Reinbek 1970, S. 69-88. R. Luxemburg sieht zwar, daß „der Sozialdemokratie im allgemeinen ein starker zentralistischer Zug innewohnt", weil sie „aus dem wirtschaftlichen Boden des seinen Tendenzen nach zentralistischen Kapitalismus" erwachsen sei und „in ihrem Kampfe auf den politischen Rahmen des zentralisierten bürgerlichen Großstaats" angewiesen sei (S. 72). Dennoch kommentiert sie Lenins Organisationsvorstellungen als einen „rücksichtslosen Zentralismus", als einen „Ultrazentralismus", der „in seinem ganzen Wesen nicht vom positiven schöpferischen, sondern vom sterilen Nachtwächter getragen zu sein" scheine (S. 78).

Es ist hier nicht der Ort, die Differenzen zwischen Luxemburg und Lenin zu erörtern. Als Grundlage hierzu siehe R. Lusemburgs Schrift „Massenstreik, Partei und Gewerkschaften", aus dem Jahre 1906, sowie neben Lenins „Was tun? " (1902) noch „Ein Schritt vorwärts, zwei Schritte zurück. Die Krise in unserer Partei" (1904) und seine Antwort an Rosa Luxemburg unter demselben Titel.

66 Lenin, „Was tun? " Ausgewählte Werke, Bd. I, Berlin 1970, S. 265/266.

67 Gemeint ist die Zeit nach 1905, als durch die Revolution Möglichkeiten zu legaler und demokratischer politischer Betätigung geschaffen wurden. Mit der zunehmenden politischen Verhärtung des autokratischen Regimes zentralisierte sich auch wieder die Partei. Mit Ausbruch des Weltkrieges war die Situation der Bolschewiki eher schlechter als vor 1905.

68 Diese positive Funktion des Kriegskommunismus wurde von Bucharin, auch in seinen späteren Wertungen, nicht außer acht gelassen. 1924 beispielsweise erklärte er: „Was war der Kriegskommunismus? Er war die rationelle Konsumtion der schon vorhandenen Vorräte. Er erfaßte

oder requirierte von jedem Bauern . . . alles mögliche, um die Armee und das städtische Proletariat zu versorgen. Das war damals die einzig mögliche Politik, denn ohne den Sieg im Bürgerkrieg kann man mit dem Aufbau des Sozialismus nicht einmal *beginnen.* Wir haben die Macht ergriffen, auch in wirtschaftlichen Organisationen, sie teilweise zerstört, andere aufgebaut – und auch das war eine sehr gute Sache, darin liegt die Rechtfertigung der Kriegskommunismuspolitik – andererseits haben wir die rationelle Konsumtion der schon vorhandenen Vorräte durchgeführt." (Protokoll des 5. Kongresses der Kommunistischen Internationale, S. 524.) Dieser zweite Bereich des bloßen Konsums führte dazu, daß die Produktivkräfte sich nicht entfalten konnten. Dies verursachte den Konflikt zwischen „unserer staatlichen Politik" und den wirtschaftlichen Antrieben der damals für die Produktion verantwortlichen Schichten.

69 Stalin hätte nie eine solche Macht erringen können, wenn es neben der bolschewistischen Partei *noch andere* Stützen der Sowjetmacht gegeben hätte. Diese Aussage bezieht sich sowohl auf die Situation im Inland wie im Ausland. Mit den anderen Stützen der Sowjetmacht sind vor allem andere soziale Verhältnisse gemeint. Hätte beispielsweise die sowjetische Bevölkerung mehrheitlich aus qualifizierten Industriearbeitern bestanden, die mit Bewußtsein den Aufbau des Sozialismus zu ihrer Aufgabe gemacht hätten, so wäre das Schicksal der Sowjetunion nicht nur von den Parteimitgliedern (einer Minderheit also) abhängig gewesen, sondern vom überwiegenden Teil des sowjetischen Volkes. Das hätte der Partei den Anspruch genommen, allein die Zukunft des *Sozialismus* zu verkörpern. Eine „monolithische" Machtausübung hätte unter diesen Umständen keine gesellschaftliche Funktion gehabt und wäre also mit den Erfordernissen des Sozialismus nicht zu begründen gewesen.

Es gibt Autoren wie beispielsweise W. Grottian („Das Sowjetische Regierungssystem". Köln/Opladen 1965), die Stalins Herrschaftsweise auf dessen organisatorisches und machtpolitisches Geschick sowie auf die Struktur der Leninschen Partei zurückführen (vgl. bes. das Kapitel „Die Gründe für die Verlagerung in der Macht der zentralen Parteiorgane 1918-1964, S. 85 ff.).

Entsprechend der oben dargestellten Argumentation gilt – zumindest für Lenin und Bucharin – die „Struktur" der Partei jedoch nicht als etwas ein für allemal „gegebenes", wie Grottian dies annimmt. Vielmehr richtet sich die Parteistruktur nach ihren jeweiligen Aufgaben und den geschichtlichen Bedingungen, unter denen sie gelöst werden müssen. Und so sind es die sozialen Verhältnisse der damaligen Zeit, die die von Grottain ausführlich dargestellte Parteistruktur erst möglich werden ließen.

70 Lenin, Werke, Bd. 32, S. 342.

71 Lenin, Werke, Bd. 33, S. 38, in einer Rede „Zum vierten Jahrestag der Oktoberrevolution".

72 Bucharins erste Analyse der dritten Transformationsphase erschien unter dem Titel „Die Neuorientierung in der ökonomischen Politik".

73 Die hier entwickelte Interpretation wird gestützt durch einen methodischen Beitrag des marxistischen Ökonomen E. Varga: „Wird die Richtung einer Politik geändert, so bedeutet es, daß die frühere Politik als unrichtig erkannt wurde. Diese Erkenntnis kann aber zweierlei Sinn haben. Entweder war die frühere Politik *falsch*, d. h. sie war auf einer falschen Einschätzung der Klassenverhältnisse aufgebaut, oder es ist *in den Verhältnissen selbst*, in den Voraussetzungen, auf denen jene Politik aufgebaut war, *ein Wechsel eingetreten.* In diesem letzten Fall war die Politik historisch richtig. Die bürgerliche und sozialdemokratische Presse sucht nachzuweisen, daß die frühere Politik der Kommunisten verfehlt war. Wir sind jedoch der Meinung, daß jene Politik historisch vollkommen richtig war. Unser Ziel – die Aufrechterhaltung der proletarischen Diktatur, dieser unerläßlichen Voraussetzung zum Sozialismus – war nur bei jener Politik erreichbar. Demselben Ziel dient auch die neue Politik, die sich den veränderten Verhältnissen vollkommen anpaßte." (Varga, „Sozialismus und Kapitalismus in Sowjet-Rußland", S. 952).

74 Bucharin in: Protokoll des Vierten Kongresses der Kommunistischen Internationale, S. 415.

75 Bucharin, in: Protokoll des IV. Kongresses der Kommunistischen Internationale, S. 415.

76 Eine davon findet sich bei I. Stalin, O pravom uklone v VKP (b), S. 223-293; vgl. die Darstellung weiter oben.

77 Bucharin, Lenin kak marksist, S. 238.

78 Ebenda.

79 Bucharin, Das Programm der Internationale und der kommunistischen Parteien, S. 416.

80 Bucharin, Lenin kak marksist, S. 240.
81 Bucharin, Protokoll des IV. Kongresses der Kommunistischen Internationale, S. 417.
82 N. Bucharin, Karl Kautsky und Sowjetrußland, S. 119.
83 Die Darstellung folgt: Friedrich Pollock: Die planwirtschaftlichen Versuche in der Sowjetunion, 1917-1927, Leipzig 1929, insbesondere S. 368-382.
84 F. Pollock betont allerdings, daß das eigenwillige Verhalten der Konsumenten so lange unwesentlich sei, als einer wachsenden Kaufkraft ein viel zu kleines Angebot gegenüber stehe, und das Angebot wegen des Staatsmonopols nicht durch private Produzenten vergrößert werden könne.
85 Siehe hierzu N. Bucharin, Programm der Kommunisten (Bolschewiki), Kapitel VIII. Die Banken-Gemeinbesitz der Arbeitenden, S. 43-48.
86 Bucharin, Put' k socialiszmu, S. 247.
87 Lenin, Über die Naturalsteuer, S. 357
88 Vgl. zu demselben Komplex E. Preobraschensky, Die Perspektiven der neuen Wirtschaftspolitik, S. 941-951.
89 Bucharin, 5. Kongress der Kommunistischen Internationale, Bd. 2, S. 522.
90 N. Bucharin, Protokolle des 5. Kominternkongresses, S. 523.
91 K. Marx, Das Kapital, 1. Teil, S. 604.
92 N. Bucharin, Protokolle des 5. Kominternkongresses, S. 523.
93 Ebenda.
94 Vgl. hierzu O. Schiller, Das Agrarsystem der Sowjetunion. Entwicklung seiner Struktur und Produktionsleistung. Tübingen 1960.
95 Bucharin, Transformationsperiode, S. 95.
96 N. Bucharin, Transformationsperiode, S. 99.
97 N. Bucharin, Transformationsperiode, S. 101; vgl. W. Hofmann, Die Arbeitsverfassung der Sowjetunion, Berlin 1956, hierin insb. das 1. Kapitel: Die sowjetische „ursprüngliche Akkumulation". Zum Komplex der Akkumulation in sozialistischen Ländern vgl. E. Mandel, Marxistische Wirtschaftstheorie, Frankfurt 1968, S. 652 ff. Allerdings nimmt er zu der hier behandelten ersten Phase, der „ursprünglichen Akkumulation" nicht Stellung.
98 Vgl. Lenins im Mai 1921 veröffentlichte Broschüre: Über die Naturalsteuer, S. 341-380.
99 Eine weitere auf Dezentralisierung, und das hieß im Rußland des Jahres 1921: Entstaatlichung, zielende Maßnahme war die Verpachtung der nationalisierten, dem obersten Volkswirtschaftsrat und seinen lokalen Organisationen unterstellten Betriebe. Verpachtet wurden vorwiegend Betriebe der Nahrungsmittelindustrie (Mühlen, Bäckereien), die bereits über eine relativ gute technische Ausrüstung verfügten. Als Pächter kamen vor allem Privatpersonen, hauptsächlich die früheren Besitzer in Betracht, die Verträge mit einer Laufzeit von einem bis sechs Jahten abschließen konnten.

Insgesamt spielte die Beteiligung des Privatkapitals in der Industrie keine besondere bedeutsame Rolle. Sie war begrenzt auf die Klein- und teilweise auf die Mittelindustrie. Überdies schränkte die Kurzfristigkeit der Verpachtung eine größere Ausdehnung des Privatkapitals wirksam ein.

Die Großindustrie dagegen blieb im Besitz und unter der Leitung des Staates und seiner Organe (die Beteiligung des ausländischen Kapitals, das in Konzessionsunternehmen in Rußland tätig werden konnte, stellte eine besondere Ausnahme dar), vgl. G. Gerschuni: Die Konzessionspolitik Sowjet–Rußlands, Berlin 1927, insbesondere S. 28-78; M. Dobb: Soviet Economic Development since 1917, London 1957; Fr. Pollok, Die planwirtschaftlichen Versuche in der Sowjetunion, 1917-1924, Leipzig 1929.

100 Bucharin, Put' k Socialismu i raboče – krest'janskij sojuz, S. 273; vgl. auch den Beschluß des ZK vom 24. Dezember 1923 „Ob očerednych zadačach ekonomičeskoj politiki", Pravda vom 6. Dezember 1923.
101 N. Bucharin, Zametki Ekonomista, S. 387. Er erläuterte diese Zusammenhänge im Rahmen einer Kritik des Trotzkismus. Wirklicher Adressat dieser Kritik war jedoch Stalin, der inhaltlich im Herbst 1928 eine vergleichbare Position bezog wie zuvor Trockij. Bucharin versuchte hiermit, die Pläne für eine forcierte Industrialisierung zu treffen. Hierzu D. Bronger, Der Kampf um die sowjetische Agrarpolitik 1925 - 1929, Köln 1967, S. 233 ff.
102 Bucharin, Über die Bauernfrage, S. 6; vgl. zu diesem Problem besonders Bucharins Ausfüh-

rungen auf dem XII. Parteitag vom 17. - 25. April 1923, S. 304, sowie Bucharin, Lenin kak marksist, S. 237.
103 Bucharin, Über die Bauernfrage, S. 7.
104 vgl. N. Bucharin, Über die Theorie der permanenten Revolution, S. 192 f. und S. 195.
105 Bucharin, Über die Bauernfrage, S. 39 f.
106 Ebenda, S. 40.
107 Ebenda, S. 41
108 Bucharin, Lenin kak marksist, S. 272.
109 Das bezog sich im wesentlichen auf Trockij und seine Anhänger. In seiner Kritik an Trockijs Theorie der „permanenten Revolution" entwickelte er auch seine Argumente gegen dessen agrarpolitische Vorstellungen. Trockij sei der Meinung, der Konflikt zwischen dem Proletariat und der Bauernschaft sei unvermeidlich. Bucharin dagegen hielt solchen Konflikt nur für *möglich*. Nur für den Fall sei der Konflikt unvermeidlich, daß das Proletariat zur Führung der Bauernschaft unfähig sei. Bucharin, Um den Oktober, S. 196.
110 N. Bucharin in: Fünfter Kongreß der Kommunistischen Internationale, Bd. I, S. 521.
111 Aus Bucharins Rede zur Programmfrage, in: Protokolle des V. Kongresses der Kommunistischen Internationale, S. 521 ff.
112 Ebenda.
113 Ebenda, S. 257.
114 Die 14. Parteikonferenz hatte einen Beschluß über die weitere Anregung des Warenumsatzes verabschiedet. Hierauf nahm Bucharin bei seiner Argumentation häufig Bezug. So auch z. B. in seinem „Doklad na XXIII črezvyčajnoj Leningradskoj gubernskoj konferencii VKP (b), S. 337, dem diese Ausführungen u. a. folgen. Bekräftigt wurde der Beschluß der 14. Parteikonferenz u. a. durch eine Resolution, die auf dem XIV. Parteitag angenommen wurde. Vgl. Rezoljucii i postanovlenija četyrnadcatogo s'ezda vsesojuznoj kommunističeskoj partii (b), S. 97.
115 N. Bucharin, Zametki ekonomista, S. 376.
116 Bucharin, Karl Kautsky und Sowjetrußland, S. 128.
117 Bucharin, Put' k socialismu, S. 288.
118 Ebenda, S. 289.
119 N. Bucharin, Protokoll des V. Kongresses der Kommunistischen Internationale, S. 525.
120 N. Bucharin, Put' k socialismu, S. 282.
121 N. Bucharin, K. Kautsky und Sowjetrußland, S. 126; zur Frage der Konzession vgl. G. Gerschuni, Die Konzessionspolitik Sowjetrußlands, Berlin 1927.
122 Die Hauptquellen zur Darstellung ökonomischer Streitfragen während der 20er Jahre sind bibliographiert in: R.V. Daniels, Das Gewissen der Revolution, S. 560 f.
123 Bucharin, Put' k socialismu, S. 262.
124 Vgl. insbesondere Lenins letzte Artikel: „Über das Genossenschaftswesen", „Wie wir die Arbeiter- und Bauerninspektion reorganisieren sollen", „Lieber weniger, aber besser", in: V. I. Lenin, Werke, Bd. 33.
125 Zitiert in Bucharin, Zametki ekonomista, S. 390.
126 Hierin liegt die materielle Basis für die Vehemenz, mit der Abweichungen vom Kurs der Partei bekämpft wurden. Bucharins gewichtigster Vorwurf gegen Trockij gipfelte in der Bemerkung, Trockij habe die „Eigentümlichkeit" der Revolution, der Anfangsphase, der einzelnen Übergangsetappen, nicht verstanden; statt einer Analyse der russischen Gegebenheiten habe er abstrakte Schemata geliefert. In bezug auf die Bauernschaft kritisierte er: „Das Wesen der Sache liegt bei Trotzki darin, daß das siegreiche Proletariat mit der breiten *Bauernschaft unvermeidlich* in einen unlösbaren Konflikt geraten muß, daß das Proletariat in einem Lande mit kleinbürgerlicher Mehrheit mit diesem Problem *nicht fertig wird* und daß die proletarische Herrschaft infolge dieses unvermeidlichen *Konflikts* zusammenbrechen muß, *wenn* von auswärts keine Hilfe . . . kommen wird." Vgl. N. Bucharin, über die Theorie der permanenten Revolution, S. 191 und S. 195. Auf einer solchen „Fehleinschätzung" beruhe auch Trockij's Vernachlässigung der Landwirtschaft und seine Überbetonung der Industrie. Beide Auffassungen seien jedoch mit den *Möglichkeiten* der sowjetischen Wirklichkeit nicht vermittelt gewesen. Vgl. N. Bucharin, „Doloj frakcionnost' ", Pravda, 1. Januar 1924.

127 Bucharin, Put' k socialismu, S. 264.
128 Bucharin, Protokolle des IV. Kongresses der Kommunistischen Internationale, S. 417.
129 Bucharin, Transformationsperiode, S. 131.
130 In seinem Rückblick auf die Entwicklung der vergangenen Jahre, den Bucharin in den „Bemerkungen eines Ökonomen" 1928 veröffentlichte, finden sich viele kritische Passagen, die sich auf den Zusammenhang Bürokratie – Wirtschaftswachstum beziehen: „Wir haben alles zu sehr überzentralisiert. Wir müssen uns fragen, ob wir nicht einige Schritte in Richtung des Leninschen Kommune-Staates tun sollten . . . Die Hyperzentralisierung in einer Reihe von Gebieten führt bei uns dazu, daß wir uns selbst zusätzliche Kräfte, Mittel, Resourcen und Möglichkeiten entziehen, und wir dank der vielen bürokratischen Hindernisse nicht in der Lage sind, die ganze Fülle der Möglichkeiten zu nutzen." N. Bucharin, Zameteki ekonomista, S. 396.
131 Bucharin, Protokoll des IV. Kongresses der Kommunistischen Internationale, S. 418.
132 Zu den Kronstädter Ereignissen vgl. P. Avrich, Kronstadt 1921, New Jersey 1970, und die dort angegebene Bibliographie.
133 Bucharin, Put' k socialismu, S. 281.
134 N. Bucharin, Doklad na XXIII črezvyčajnoj Leningradskoj gubernskoj konferencii VKP (b), S. 329.
135 N. Bucharin, Put' k socializmu, a.a.O., S. 283.
136 Der Klassenkampf der Knechte vollzog sich über die Gewerkschaftsorganisationen, die ihre Interessen gegenüber den Kulaken vor allem durch Anwendung arbeitsrechtlicher Bestimmungen wahrnahmen.
137 Bucharin, Doklad S. 335. Dieser Gesichtspunkt spielt vor allem in der Auseinandersetzung mit Stalin eine Rolle. Hierzu gehört auch, daß nach Bucharins Einschätzung die Kulaken keine aus sich selbst entstehende und wachsende ökonomische und politische Kraft darstellten. Sie seien daher nicht für sich allein genommen gefährlich, sondern durch ihre Rolle gegenüber den Mittelbauern.
138 Siehe S. 192 f.
139 Bucharin, Zametki ekonomista, S. 379/380; vgl. M. Lewin, La Paysannerie et le Prouvoir Sovietique 1928-1933, Paris 1966, speziell über die Genossenschaften im Jahre 1925, S. 88 f.
140 Bucharin, über die Bauernfrage, S. 46.
141 N. Bucharin, Put' k sozialismu, S. 311 und S. 288.
142 Ebenda.
143 Ebenda.
144 Ebenda, S. 271.
145 Diese Position Bucharins wird gedeckt durch das, was F. Engels über die Behandlung der Bauern, speziell der Kleinbauern, schrieb. Er führte aus: daß Sozialisten nach der Machtergreifung nicht daran denken könnten, „die Kleinbauern gewaltsam zu expropriieren (einerlei, ob mit oder ohne Entschädigung), wie wir dies mit den Großgrundbesitzern zu tun genötigt sind. Unsere Aufgabe gegenüber den Kleinbauern besteht zunächst darin, seinen Privatbetrieb und Privatbesitz in einen genossenschaftlichen überzuleiten, nicht mit Gewalt, sondern durch Beispiel und Darbietung von gesellschaftlicher Hilfe zu diesem Zweck. Und da haben wir allerdings Mittel genug, um dem Kleinbauern Vorteile in Aussicht zu stellen, die ihm schon jetzt einleuchten müssen." F. Engels, Die Bauernfrage in Frankreich und Deutschland, Marx/Engels, Ausgewählte Schriften, Bd. II, Berlin 1966, S. 401.
146 Protokoll des 5. Kongresses der Kommunistischen Internationale, S. 523.
147 Es würde über die Aufgabenstellung dieser Arbeit hinausgehen, wenn auf alternative Theorien zur Entwicklung einer sozialistischen „Basis" näher eingegangen würde. Nur I.A. Preobraženskij, der wichtigste Vertreter einer von Bucharins Theorie unterschiedenen Wirtschaftskonzeption, soll an dieser Stelle kurz erwähnt werden. Preobraženskij geht davon aus, daß der Rückstand der Investitionsgüterindustrie gegenüber der Landwirtschaft aufgehoben werden müsse. Die Mittel für die Finanzierung seines Industrialisierungsplanes sollten die *Bauern* bereitstellen. Über das Handelsmonopol und die Steuerhoheit sollte die Diktatur des Proletariats die Landwirte zwingen, den Grundstock für die ursprüngliche sozialistische Akkumulation zu legen. Vgl. A. Erlich, The Soviet Industrialization Debate 1924 – 1928, Cambridge 1960, S. 32-36. Preobraženskij's Denken war, ebenso wie das

Trockijs, stark an abstrakten Lösungen orientiert. So spielte die Weltrevolution im Kalkül Preobraženskij's eine konstitutive Rolle. Soweit die Industrialisierung durch verbesserte Planung, Rationalisierung und Sparmaßnahmen durchgesetzt werden sollte, traf sie sich mit Bucharins Vorstellungen.

148 Bucharin, Put' k socialismu, S. 302.

149 Vgl. Kapitel über die Revolutionstheorie.

150 Bucharin, Put' k socialismu, S. 304/305.

151 Bucharin, Zametki ekonomista, S. 377/378.

152 Ebenda.

153 N. Bucharin, Put' k socialismu, S. 272.

154 Korrekturen von Fehlern und Abweichung werden von Bucharin ausdrücklich als Möglichkeiten zur Aufhebung von Widersprüchen angesehen. Das bezieht sich auch auf die Partei. Nur wer die Partei nicht als monolithisches sondern als bewegliches, da in sich widersprüchliches, Gebilde auffaßt, kann ihre Entwicklung bewußt steuern. Diesen Gedanken führte Bucharin vor den Delegierten des V. Kongresses, 1924, aus: „Die Entwicklung unserer Parteien geht auch in Widersprüchen vor sich. Der Kampf gegen die Abweichung war der Prozeß des Werdens der wirklich bolschewistischen Parteien. Von einer Seite betrachtet sind dies die Krisen, die nach einer Reihe von Niederlagen kommen. Von anderer Seite betrachtet sind dies die Krisen unseres Wachstums." So begreift Bucharin die verschiedenen Formen von Abweichungen, die Parteikrisen hervorriefen, in ihrer Funktion für die Weiterentwicklung der Partei und nicht statisch als bloß verdammenswerte Erscheinung. Zitat: Protokoll des V. Kongresses der Kommunistischen Internationale, S. 279.

155 Vgl. die teilweise Reprivatisierung nach der Zwangskollektivierung der Landwirtschaft, die durch die Knappheit von Agrarprodukten erzwungen wurde, d. h. durch den Mechanismus von Marktgesetzen, und nicht durch eine Analyse der Widersprüche der damaligen Entwicklungsphase.

156 Bucharin, Transformationsperiode, S. 179.

157 Bucharin, Lenin kak marksist, S. 281.

158 Vgl. dazu L. Schapiro, The Communist Party of the Soviet Union, hier das Kapitel 20: The Defeat of Bukhanin, S. 361 ff.; zur speziellen Problematik P. H. Lange, Stalinismus versus „Sozialfaschismus" und „Nationalismus", Göppingen 1969; D. Bronger, Der Kampf um die sowjetische Agrarpolitik 1925-1929, sowie die hierin angegebenen Hinweise auf die einschlägige Literatur.

159 I. Stalin, O pravom uklone v VKP (b), S. 223-293, im folgenden zitiert als: Stalin, O pravom uklone.

160 Siehe oben, Kapitel III.

161 Stalin, O pravom uklone, S. 242

162 Ebenda, S. 243.

163 Ebenda, S. 244.

164 Stalin, O pravom uklone, S. 232.

165 Ebenda, S. 245.

Schlußbetrachtung

1 S. Heitmann (Hrsg), Put', Einleitung

2 G. Hillmann, Nachwort, Hamburg 1970, S. 181-186.

Bibliographie

I. Quellen

a) Schriften von Nikolaj I. Bucharin

Bucharin, N.: Anarchismus und wissenschaftlicher Kommunismus, 1. Aufl., 1918 (Neudruck in: Marxismus Archiv, Bd. 1, Frankfurt 1971.

–: Ataka. Sbornik teoretičeskich statej, 2. Aufl., Moskva 1924.

–: Über die Bauernfrage, Hamburg 1925.

–: Buržuaznaja revoljucija i revoljucija proletarskaja, in: Ataka, 2. Aufl., Moskva 1924, S. 216 – 241.

–: O charaktere našej revoljucii,o vozmožnosti pobedonostnogo socialističeskogo stroitel'stva v SSSR, in: V zaščitu proletarskoj diktatury, Moskva-Leningrad 1928, S. 158 – 200.

–: Die Diktatur des Proletariats in Rußland und die Weltrevolution, in: Die Kommunistische Internationale, H. 4/5, 1919, S. 74 – 85.

–: Doklad na XXIII črezvyčajnoj leningradskoj gubernskoj konferencii VKP (b), in: S. Heitman (Hrsg.) Put' k socialismu v Rossii, New York 1967, S. 317 – 353.

–: Feiertag oder Werktag, in: Russische Korrespondenz Nr. 8/9 1920, S. 63 ff.

–: Der Imperialismus und die Akkumulation des Kapitals, 2. Aufl., Wien-Berlin 1926.

–: Imperialismus und Weltwirtschaft, Wien-Berlin 1929.

–: Dies ist der letzte entscheidende Kampf, in: Russische Korrespondenz Nr. 10, Juli 1920, S. 102 f.

–: Karl Kautsky und Sowjetrußland. Eine Antwort, Wien 1925.

–: Die eiserne Kohorte der Revolution, in: Russische Korrespondenz, Nr. 11/12, Bd. II, 1922.

–: Novyj kurs economičeskoj politiki, in: S. Heitman (Hrsg.), Put' k socialismu, New York 1967.

–: Die internationale Lage und die Aufgaben der Kommunistischen Internationale, Hamburg-Berlin 1928.

–: Unsere Lage an der Arbeitsfront, in: Russische Korrespondenz 1920, Nr. 10, S. 106 f.

–: Lenin kak marksist, in: Ataka, 2. Aufl., Moskva 1924, S. 242 – 284.

–: Leninizm i problema kul'turnoj revoljucii, in: S. Heitman (Hrsg.), Put' k socializmu, New York 1967, S. 354 – 374.

–: Marx' Teaching and its Historical Importance, in: Marxism and Modern Thought, New York 1935, S. 1 – 90.

–: Die Neuorientierung in der ökonomischen Politik, in: Russische Korrespondenz 1921, Bd. II, Nr. 7/9, S. 671 – 677.

–: Ökonomik der Transformationsperiode, Hamburg 1922,

–; Die politische Ökonomie des Rentners. Die Wert- und Profittheorie der österreichischen Schule. Wien-Berlin 1926.

–: Über die Offensivtaktik, in: Die Kommunistische Internationale 1921, Nr. 15, S. 71 f.

–: Die Partei der Arbeiterklasse , in: Russische Korrespondenz 1921, Jg. 2, Bd. II, Nr. 7/9, S. 795 – 799.

–: Partija i oppozicionnyj blok, Leningrad 1926.

–: Partija i oppozicija na poroge XV s'ezda partii. Doklad t. Bucharina na sobranii aktiva Leningradskoj organizacii VKP (b) 26 oktjabra 1927 g., in: V zascitu proletarskoj diktatury, Moskva-Leningrad 1928, S. 201 – 260.

Bucharin, N.: Perspektiven der chinesischen Revolution, in: Die Kommunistische Internationale, H. 14, 1927, S. 663 – 676.
–: O meždunarodnom i vrutrennem položenii SSSR. Doklad, zaklučidel'noe slovo na XV. Moskovskoj gubpartkonferencii i rezoljucija po dokladu, Moskva 1927.
–: K postanovke problem teorii istoričeskogo materializma, in: Vestnik Socialističeskoj Akademii, Moskva – Petrograd 1923, Nr. 3, S. 3 – 15.
–: Programm der Kommunisten (Bolschewiki), Zürich 1918.
–: O mirovoj revoljucii, našej strane, kul'ture i pročem, in: S. Heitman (Hrsg.), Put' k socializmu v. Rossii, New York 1967.
–: Put' k socializmu i raboče-krest'janskij sojuz, in: S. Heitman (Hrsg.), Put' k socializmu v Rossii, New York 1967, S. 245 – 316.
–: Proekt programmy Kommunističeskogo Internacionala, in: Ataka, Moskva 1924.
–: Die Probleme der chinesischen Revolution. Hamburg 1927.
–: Proletarische Revolution und Kultur, Hamburg 1923.
–: Die kapitalistische Stabilisierung und die proletarische Revolution. Bericht an das III. erweiterte Plenum des Exekutivkomitees der Komintern zum 1. Punkt der Tagesordnung: „Die Weltlage und die Aufgaben der Komintern", Moskau 1926, S. 38 f.
–: Vom Sturz des Zarismus bis zum Sturz der Bourgeoisie, Berlin 1919.
–: Technika i ekonomika sovremennogo kapitalizma, in: Etjudy, Moskva-Leningrad 1932, S. 64 – 107.
–: K teorii imperialističeskogo gosudarstva, in: Revoljucija prava, Moskva 1925, S. 5 – 32.
–: Teorija sub'ektivnoj cennosti Bem-Bawerka, in: Ataka, 2. Aufl., Moskva 1924, S. 1 – 13.
–: Teorija proletarskoj diktatury, in: Ataka, 2. Aufl., Moskva 1924, S. 88 – 114.
–: Der Theoretiker der Revolution, in: Lenin, Leben und Werk, hrsg. vom ZK der KPR, Wien 1924, S. 66 – 71.
–: Theorie des historischen Materialismus. Gemeinverständliches Lehrbuch der marxistischen Soziologie, Hamburg 1922.
–: Über die Theorie der permanenten Revolution, in: Um den Oktober, Sammelband, Hamburg 1925, S. 179 – 211.
–: Theory and Practice from the Standpoint of Dialectical Materialism, in: Science at the Crossroad, London o. J., S. 11 – 33.
–: Tri reči k voprosu o našich raznoglasijach, Moskva 1925.
–: Političeskoe zaveščanie Lenina, in: S. Heitman (Hrsg.), Put- k socializmu v Rossii, New York 1967.
–: Zametki ekonomista, in: S. Heitman (Hrsg.), Put' k sozializmu v Rossii, New York 1967.
Bucharin, N./Preobraschenskij, E.: Das ABC des Kommunismus, 3. Aufl., Hamburg 1923.

b) Schriften von Marx und Engels

Marx, K./Engels, F.: Werke. Hrsg. v. Institut für Marxismus-Leninismus beim ZK der SED, Berlin 1956 - 1968.
Marx, K./Engels, F.: Ausgewählte Schriften in zwei Bänden, 1. Aufl., 1952, 16. Aufl., 1966.
Marx, K./Engels, F.: Die deutsche Ideologie, MEW, Bd. 3, Berlin 1969.
Marx, K.: Das Kapital, MEW, Bd. 23, Berlin 1969.
–: Kritik des Gothaer Programms, in: Marx/Engels, Ausgew. Schriften, Bd. 2, 16. Aufl., Berlin 1966, S. 7 – 38.
–: Zur Kritik der politischen Ökonomie (Vorwort), in: Marx/Engels: Ausgew. Schriften, Bd. 1, Berlin 1966, S. 334 ff.
–: Thesen über Feuerbach, MEW, Bd. 3, Berlin 1969.
Engels, F.: Die Bauernfrage in Frankreich und Deutschland, in: Marx/Engels, Ausgew. Schriften, Bd. 2, S. 388 – 407.
–: Der Ursprung der Familie, des Privateigentums und des Staates, in: Marx/Engels, Ausgew. Schriften, Bd. 2, Berlin 1966, S. 155 – 307.

c) Schriften von Lenin

Lenin, W. I.: Werke, hrsg. v. Institut für Marxismus-Leninismus beim ZK der SED, ins Deutsche übertragen nach der 4. russischen Ausgabe, (1. Aufl. 1962).
–: Ausgewählte Werke in zwei Bänden, Berlin (1. Aufl., 1951).
–: Ausgewählte Werke in drei Bänden, Berlin (1. Aufl., 1961).
–: Wie wir die Arbeiter- und Bauerninspektion reorganisieren sollen. Werke, Bd. 33, Berlin 1971, S. 468 – 473.
–: Über das Genossenschaftswesen. Werke, Bd. 33, Berlin 1971, S. 453 – 461.
–: Hefte zum Imperialismus, Berlin 1957.
–: Über die Gewerkschaften, die gegenwärtige Lage und die Fehler Trotzkis. Werke, Bd. 32, Berlin 1970.
–: Der Imperialismus als höchstes Stadium des Kapitalismus. Ausgew. Werke in 3 Bden, Berlin 1970, S. 763 – 873.
–: Lieber weniger aber besser. Werke, Bd. 33, Berlin 1971.
–: Über die Naturalsteuer. Werke, Bd. 32, Berlin 1970, S. 341 – 380.
–: Bericht über das Parteiprogramm auf dem VII. Parteitag der KPR (B), 19. März 1919 in: Ausgew. Werke, Bd. 2, 5. Aufl., 1959.
–: Der „linke Radikalismus", die Kinderkrankheit des Kommunismus. Ausgew. Werke, Bd. 2, Berlin 1959, S. 360 ff.
–: Staat und Revolution. Die Lehre des Marxismus vom Staat und die Aufgaben des Proletariats in der Revolution. (1. Aufl., 1917), Ausgew. Werke, Bd. 2, Berlin 1959, S. 159 – 253.
–: Was Tun? Fragen unserer Bewegung, in: Ausgew. Werke, Bd. 1, 8. Aufl., Berlin 1970, S. 139 – 314.

d) Schriften von Stalin und Trotzki

Stalin, J. W.: Werke, 13 Bde, Berlin 1955.
–: Voprosy leninizma izd. 11, Moskva 1952.
Trotzkij, L.: Geschichte der russischen Revolution, Bd. II: Oktoberrevolution, Berlin 1933.
–: Die wirkliche Lage in Rußland, Hellerau 1928.
–: Die verratene Revolution (1937), Zürich 1957.
–: Stalin. Eine Biographie, Köln 1952.

e) Protokolle und Resolutionen

Sed'moj ekstrennyj s'ezd RKP (b), Mart 1919 goda, stenografičeskij otčet, Moskva 1962.
Vosmaja konferencija RKP (b), dekabr' 1919 goda, protokoly, Moskva 1961.
Devjatyj s'ezd RKP (b), Mart-Aprel' 1920 goda, protokoly, Moskva 1960.
Desjatyj s'ezd RKP (b), Mart 1921 goda, stenografičeskij otčet, Moskva 1963.
Odinnadcatyj s'ezd RKP (b), Mart-Aprel' 1922 goda, stenografičeskij etčet, Moskva 1961.
Dvenadcatyj s'ezd RKP (b), 17. – 25. Aprelja 1923 goda, stenograficeskij otcet, Moskva 1968.
Trinadcatyj s'ezd RKP (b) Maj 1924 goda, stenograficeskij otcet, Moskva 1963.
Četyrnadcatyj s'ezd VKP (b) 18. – 31. dekabrja 1925 g. stenografičeskij otčet, Moskva 1927.
Pjatnadcatyj s'ezd VKP (b) dekabr' 1927 g., stenografičeskij otčet, 2 Bde., Moskva 1961/1962.
Šestnadcataja konferencija VKP (b) Aprel' 1929 g. stenografičeskij otčet, Moskva 1962.
Protokoly Central'nogo Komiteta RSDRP (b), avgust 1917 – fevral' 1918, Moskva 1958.
Kommunisticeskaja Partija Sovetskogo Sojuza v rezoljucijach i rešenijach s'ezdov, konferencij i plenumov CK, Teil I: 1898 – 1924; Teil II: 1924 – 1930, 7. Ausgabe, Moskva 1954.
Rezoljucii i postanovlenija cetyrnadcatogo s'ezda VKP (b), Moskva-Leningrad 1926.
Protokoll des Vierten Kongresses der Kommunistischen Internationale, Petrograd-Moskau, vom 5. November bis 5. Dezember 1922 (Hamburg 1923), Neudruck Milano 1967.
Fünfter Kongress der Kommunistischen Internationale, Protokoll, 2 Bde., (der Kongreß tagte vom 17. Juni bis 8. Juli 1924 in Moskau), Neudruck Feltrinelli Reprint 1967.

II. Darstellungen

Ahlberg, R.: „Dialektische Philosophie“ und Gesellschaft in der Sowjetunion, Berlin 1960.
Anweiler, O.: Die Rätebewegung in Rußland 1905 – 1921. Leiden 1958.

Baevskij, D.: „Bol'ševiki v bor'be za III. International“, in: Istorik Marksist, Nr. 11, 1929, S. 12 – 48.
Bergmann/Dutschke/Lefevre/Rabehl: Rebellion der Studenten oder Die neue Opposition, Reinbek 1968.
Bettelheim, Ch.: Ökonomischer Kalkül und Eigentumsformen. Zur Theorie der Übergangsgesellschaft, Berlin 1970.
Bronger, D.: Der Kampf um die sowjetische Agrarpolitik 1925 – 1929. Ein Beitrag zur Geschichte der kommunistischen Opposition in Sowjetrußland, Köln 1967.

Carr, E. H.: A History of Soviet Russia, London 1950 ff. (Bd. 1 – 3: The Bolshevik Revolution 1917 – 1923), (Bd. 4: The Interregnum 1923 – 1924), (Bd. 5 – 6: Socialism in one Country 1924 – 1926).
Černjak, I.: Političeskoe zaveščanie Lenina v izobraženii tov. Bucharina, Moskva 1930.
Cohn-Bendit, G. u. D.: Linksradikalismus – Gewaltkur gegen die Alterskrankheit des Kommunismus, Reinbek 1969.
Conquest, R.: Power and Policy in the USSR. The Study of Soviet Dynastics, London 1961.

Dahm, H.: Die Dialektik im Wandel der Sowjetphilosophie, Köln 1963.
Daniels, R. V.: Das Gewissen der Revolution. Kommunistische Opposition in Sowjetrußland, Köln – Berlin 1962.
Deutscher, I.: Stalin. Eine politische Biographie, 2. Aufl., Stuttgart 1962.
Djilas, M.: Die neue Klasse. Eine Analyse des kommunistischen Systems, München 1957.
Dmitrenko, S. L.: X s'ezd RKP (b) o edinstve partii, in: Vestnik Moskovskogo Universiteta, Nr. 3, 1971, S. 27 – 44.
Dobb, M.: Soviet Economic Development Since 1917, New York 1948.
Dvorkin, I.: Metod tov. Bucharina, Moskva 1930.

Erlich, A.: The Soviet Industrialization Debate 1924 – 1938, Cambridge 1960.

Fainsod, M.: Wie Rußland regiert wird, Köln – Berlin 1965.
Fetscher, I.: Der Marxismus. Seine Geschichte in Dokumenten, München 1967.
Fischer, E. / Marek, F.: Was Lenin wirklich sagte, Wien – München – Zürich 1969.
Fischer, R.: Stalin und der deutsche Kommunismus. Der Übergang zur Konterrevolution, Frankfurt 1948.
Fleischer, H.: Marxismus und Geschichte, Frankfurt 1969.
Friedrich, C. J. / Barber, M. R. / Curtis, M.: Totalitarianism, in: Perspective, Three Views, London 1969.

Gankin, O. H. / Fisher, H. H.: The Bolsheviks and the World War. The Origin of the Third International, Stanfort 1940.
Geiger, Th.: Stichwort „Revolution“, in: Handbuch der Soziologie, hrsg. v. A. Vierkandt, 1. Aufl., 1931, Nachdruck Stuttgart 1959, S. 511 – 518.
Gerschuni, E.: Die Konzessionspolitik Sowjetrußlands, Berlin 1927.
Geschichte der Kommunistischen Partei der Sowjetunion (Bolschewiki), Kurzer Lehrgang, Berlin 1946.
Geschichte der kommunistischen Partei der Sowjetunion, Berlin 1960.
Geschichte der ökonomischen Lehrmeinungen. Internationales Autorenkollektiv (Leitung: N. K. Karatajev), (1. Aufl., Moskau 1963), Düsseldorf 1965.
Geyer, D.: Die russische Revolution. Historische Probleme und Perspektiven, Stuttgart 1968.
Gramsci, A.: Kritische Notizen zu Bucharins „Theorie des Historischen Materialismus“, Auszüge in: A. Deborin/ N. Bucharin: Kontroversen über dialektischen Materialismus, Frankfurt 1969, S. 292 – 311.
Grottian, W.: Das sowjetische Regierungssystem. Die Grundlagen der kommunistischen Parteiführung, 2. Aufl., Köln – Opladen 1965.

Heitman, S.: Zwischen Lenin und Stalin. Nikolaj I. Bucharin, in: L. Labedz: Der Revisionismus, Köln – Berlin 1965.
Heitman, S. (Hrsg.): Put' k socializmu v Rossii, izbr. proizvedenija N. I. Bucharina, New York 1967.
Heitman, S./ Knirsch, P.: Bucharin, Bd. 1, in: Bibliographische Mitteilungen des Osteurop-Instituts an der Freien Universität Berlin, Berlin 1959.
Hillmann, G.: Zum Verständnis des Textes. Nachwort zu: N. Bucharin, Ökonomik der Transformationsperiode, Hamburg 1970.
Hirai, T.: N. Bucharin and G. Lukàčs, in: The Kyoto University Economic Review, vol. 37, No. 2, Oct. 1967, S. 1 – 16.
Hofmann, W.: Die Arbeitsverfassung der Sowjetunion, Berlin 1956.
–: Stalinismus und Antikommunismus. Zur Soziologie des Ost-West-Konflikts, Frankfurt 1969.
Horkheimer, M./ Adorno, Th. W.: Dialektik der Aufklärung. Philosophische Fragmente, Amsterdam 1947.
Hunt, C.: Marxism Past and Present, London 1954.
–: The Theory and Practice of Communism, New York 1958.

Ingensand, H.: Die Ideologie des Sowjetkommunismus, 2. Aufl., Hannover 1962.

Katkov, G.: The Trial of Bukharin, London 1969.
Kautsky, K.: Die materialistische Geschichtsauffassung, Bd. 2: Der Staat und die Entwicklung der Menschheit, Berlin 1927.
Kelsen, H.: Sozialismus und Staat. Eine Untersuchung der politischen Theorie des Marxismus, 3. Aufl., Wien 1965.
Kettenbach, H. W.: Lenins Theorie des Imperialismus, Teil 1: Grundlagen und Voraussetzungen, Köln 1965.
Knirsch, P.: Die ökonomischen Anschauungen N. I. Bucharins, Berlin 1959.
Kolakowski, L.: Der Mensch ohne Alternative. Von der Möglichkeit und Unmöglichkeit Marxist zu sein, München 1961.
Korsch, K.: Marxismus und Philosophie, in: Archiv für die Geschichte des Sozialismus und der Arbeiterbewegung, 11. Jg., Leipzig 1925, S. 51 – 121.
–: Die materialistische Geschichtsauffassung. Eine Auseinandersetzung mit K. Kautsky in: Archiv für die Geschichte des Sozialismus und der Arbeiterbewegung, Bd. 14, 1928, S. 179 – 209.

Lange, P. H.: Stalinismus versus „Sozialfaschismus" und „Nationalfaschismus". Revolutionspolitische Ideologie und Praxis unter Stalin 1927 – 1935, Göppingen 1969.
Laqueur, W./ Labedz, L. (Hrsg.): The Soviet Revolution 1917 – 1967. A Balance Sheet, in: Survey, No. 64, July 1967.
Lefèbvre, H.: Probleme des Marxismus heute, (Paris 1958), Frankfurt 1965.
Lawton, L.: An Economic History of Soviet Russia. Vol. II, London o. J.
Leman, N./ Pokrovskij, S.: Idejnye istoki pravogo uklona. Ob ošibkach i uklonach tov. Bucharina, Leningrad 1930.
Leser, N.: Die Odyssee des Marxismus. Auf dem Weg zum Sozialismus, Wien – München – Zürich 1971.
Lewin, M.: La Paysannerie et le Pouvoir Soviètique 1928 – 1933, Paris 1966.
Löwy, A. G.: Die Weltgeschichte ist das Weltgericht. Bucharin: Vision des Kommunismus, Wien – Frankfurt – Zürich 1969.
Lorenz, R.: Anfänge der bolschewistischen Industriepolitik, Köln 1963.
Lowenthal, R.: World Communism. The Disintegration of a Secular Faith, Oxford 1966.
Lukàcs, G.: N. Bucharin: Theorie des historischen Materialismus (Rezension), in: Archiv für die Geschichte des Sozialismus und der Arbeiterbewegung, 11. Jg., 1925, S. 216 – 224.
–: Geschichte und Klassenbewußtsein. Studien über marxistische Dialektik (1922), Neudruck Amsterdam 1967.
Luxemburg, R.: Die Akkumulation des Kapitals. Ein Beitrag zur ökonomischen Erklärung des Imperialismus (Berlin 1913), Frankfurt 1966.
–: Massenstreik, Partei und Gewerkschaften (1906), abgedruckt in: R. Luxemburg: Schriften zur Theorie der Spontaneität, Reinbek 1970, S. 89 – 162.
–: Organisationsfragen der russischen Sozialdemokraten (1904), abgedruckt in: R. Luxemburg: Schriften zur Theorie der Spontaneität, Reinbek 1970, S. 69 – 88.

Mandel, E.: Marxistische Wirtschaftstheorie, Frankfurt 1968.
Mareckij, D. P.: Bucharin, N. I., in: Bol'šaja sovetskaja enciklopedija, Moskva 1927, tom VIII, S. 271 – 284.
Marcuse, H.: Die Gesellschaftslehre des sowjetischen Marxismus, Neuwied – Berlin 1964.
Marek, F.: Philosophie der Weltrevolution. Beitrag zu einer Antologie der Revolutionstheorien, Frankfurt 1966.
Marko, K.: Dogmatismus und Emanzipation in der Sowjetunion. Philosophie, Reformdenken, Opposition, Stuttgart 1971.
–: Evolution wider Willen. Die Sowjetideologie zwischen Orthodoxie und Revision, Graz – Wien – Köln 1968.
Merleau-Ponty, M.: Humanismus und Terror (Paris 1947), Frankfurt 1966.
Meyer, A. G.: Lenins Imperialismustheorie, in: H. - U. Wehler (Hrsg.), Imperialismus, Köln – Berlin 1970, S. 123 – 154.
Michels, R.: Zur Soziologie des Parteiwesens in der modernen Demokratie (Leipzig 1910), Neudruck der 2. Aufl., Stuttgart 1957.

Negt, O.: Marxismus als Legitimationswissenschaft. Zur Genese der Stalinistischen Philosophie, Einleitung zu: A. Deborin/ N. Bucharin: Kontroversen über dialektischen und mechanischen Materialismus, Frankfurt 1969, S. 7 – 48.

Oberländer, E.: Der Kommunismus als Zielvorstellung von Marx bis zur Gegenwart, in: Beilage zur Wochenzeitung „Das Parlament", B 23/69 (Juni 1969), S. 19 – 40.

Pollock, F.: Die planwirtschaftlichen Versuche in der Sowjetunion 1917 – 1927, Leipzig 1929.
Preobraschenskij, E.: Die Perspektiven der neuen Wirtschaftspolitik, in: Russische Korrespondenz, Jg. 2, Bd. 2, Nr. 10/11, 1921, S. 941 – 951.
Prokopovicz, S. N.: Rußlands Volkswirtschaft unter den Sowjets, Zürich – New York 1944.

Rakovskij, K. G.: O pričinach pereroždenija partii i gosudarstvennogo apparata, 2. – 6. August 1928, veröffentlicht in: Bjulleten oppozicii Nr. 6, Oktober 1929, S. 14 – 20.
v. Rauch, G.: Geschichte der Sowjetunion, 5. Aufl., Stuttgart 1969.
Raupach, H.: Geschichte der Sowjetwirtschaft, Hamburg 1964.
Rudas, L.: N. Bucharin, Die Akkumulation des Kapitals (Buchbesprechung), in: Die Kommunistische Internationale, H. 7, 1925, S. 810 – 815.

Schapiro, L.: The Communist Party of the Soviet Union, (1960), New York 1964.
–: Die Geschichte der kommunistischen Partei der Sowjetunion, Frankfurt 1961.
Schiller, O.: Das Agrarsystem der Sowjetunion. Entwicklung seiner Struktur und Produktionsleitung, Tübingen 1960.
Schlesinger, R.: A Note on Bukharin's Ideas, in: Soviet Studies, Oxford 1960, S. 418 – 420.
Schmidt, A.: Zum Verhältnis von Geschichte und Natur im dialektischen Materialismus, in: Existentialismus und Marxismus. Eine Kontroverse zwischen Sartre, Garaudy, Hyppolite, Vigier und Orcel, Frankfurt 1965, S. 103 – 155.
Schumann, K. F.: Zeichen der Unfreiheit. Zur Theorie und Messung sozialer Sanktionen, Freiburg 1968.
Selektor, M. Z.: Dialektičeskij materializm i teorija ravnovesija, Moskva – Leningrad 1934.
Stammler, R.: Wirtschaft und Recht nach der materialistischen Geschichtsauffassung, 1. Aufl., Leipzig 1896.
Steigerwald, R.: Herbert Marcuses Dritter Weg, Berlin 1969.
Sternberg, F.: Der Imperialismus, Berlin 1926.

Trifonov, I.: Očerki istorii klassovoj bor'by v SSSR v gody NEPa 1921 – 1937, Moskva 1960.

Ulam, A. D.: Die Bolschewiki. Vorgeschichte und Verlauf der kommunistischen Revolution in Rußland, Köln 1967.

Varga, E.: Sozialismus und Kapitalismus in Sowjetrußland, in: Russische Korrespondenz Nr. 10/11, November 1921, S. 951 – 963.
Vol'fson, S.: Bucharin, Nikolaj Ivanovič, in: Literaturnaja Enciklopedija, tom I, Moskva 1929, Sp. 631 – 634.

Weber, H.: Demokratischer Kommunismus? Zur Theorie, Geschichte und Politik der kommunistischen Bewegung, Hannover 1969.
Wehler, H. - U. (Hrsg.): Imperialismus, Köln – Berlin 1970.
Wetter, G.: Der dialektische Materialismus. Seine Geschichte und sein System in der Sowjetunion, Freiburg 1960.

Register

Register